Sabine Kliemann (Hrsg.)
Diagnostizieren und Fördern in der Sekundarstufe I
Schülerkompetenzen erkennen, unterstützen und ausbauen

Die Herausgeberin und die Autoren

Sabine Kliemann ist seit 1994 in der Lehreraus- und -fortbildung tätig. Bis 2002 war sie didaktische Leiterin an einer Gesamtschule. Zurzeit führt sie ein Forschungsprojekt zum Diagnostizieren und Fördern in der Sekundarstufe I in der Arbeitsgruppe von Frau Prof. Dr. Hefendehl-Hebeker an der Universität Duisburg-Essen durch.

Helmut Achilles war u. a. Lehrer an einem Gymnasium. Zurzeit ist er Mitarbeiter beim Internetportal „Chancen NRW" des Ministeriums für Schule und Weiterbildung sowie Jurymitglied für das Gütesiegel „Individuelle Förderung".

Ulrich Dannenhauer ist Lehrer an einer Gesamtschule. Darüber hinaus ist er als Moderator in der Lehrerfortbildung tätig.

Peter Debray ist Lehrer an einer Gesamtschule. Darüber hinaus ist er als Moderator in der Lehrerfortbildung tätig.

Viola den Elzen-Rump ist wissenschaftliche Mitarbeiterin am Lehrstuhl für Lehr-Lernpsychologie der Universität Duisburg-Essen.

Peter Dobbelstein ist Referent im Ministerium für Schule und Weiterbildung des Landes Nordrhein-Westfalen im Bereich Bildungsforschung.

Susann Dreibholz ist Lehrerin an einer Gesamtschule sowie Fachleiterin für Mathematik (Gymnasium/Gesamtschule). Außerdem ist sie als Moderatorin in der Lehrerfortbildung tätig.

Heide Koehler war bis 2004 Schulleiterin einer Gesamtschule. Sie ist als Mitarbeiterin und Moderatorin im EU-MAIL-Projekt des Forum-Eltern-Schule (FESCH) tätig.

Prof. Dr. Detlev Leutner hat einen Lehrstuhl für Lehr-Lernpsychologie an der Universität Duisburg-Essen inne.

Dr. Andreas Pallack ist wissenschaftlicher Referent im Ministerium für Schule und Weiterbildung des Landes Nordrhein-Westfalen im Bereich Mathematik und Naturwissenschaften.

Prof. Dr. Rainer Peek hat einen Lehrstuhl für Empirische Schulforschung an der Humanwissenschaftlichen Fakultät der Universität zu Köln inne.

Dr. Frank Schneider ist Lehrer an einem Gymnasium und Fachleiter für Deutsch (Gymnasium/Gesamtschule).

Prof. Dr. Inge Schwank leitet das Institut für Kognitive Mathematik an der Universität Osnabrück und arbeitet insbesondere zur Diagnostik und Förderung von kognitiven Fähigkeiten, die zentral für das mathematische Denken sind.

Anne Siemes ist Lehrerin an einer Gesamtschule und Moderatorin in der Lehrerfortbildung.

Isabella Thien ist Lehrerin an einer Gesamtschule, Fachleiterin für Deutsch (Gymnasium/Gesamtschule) und Moderatorin in der Lehrerfortbildung.

Prof. Dr. Joachim Wirth hat einen Lehrstuhl für Lehr-Lernforschung am Institut für Pädagogik an der Ruhr-Universität Bochum inne.

Sabine Kliemann (Hrsg.)

Diagnostizieren und Fördern in der Sekundarstufe I

Schülerkompetenzen erkennen, unterstützen und ausbauen

Die in diesem Werk angegebenen Internetadressen haben wir überprüft (Redaktionsschluss 05.06.2008). Dennoch können wir nicht ausschließen, dass unter einer solchen Adresse inzwischen ein ganz anderer Inhalt angeboten wird.

Aus Gründen der leichteren Lesbarkeit wird in diesem Buch meist nur die männliche Anredeform verwendet. Dies erfolgt ausschließlich der Praktikabilität halber und soll keinesfalls die Bevorzugung eines bestimmten Geschlechts ausdrücken.

www.cornelsen.de

Bibliografische Information: Die Deutsche Bibliothek verzeichnet diese Publikation in der Deutschen Nationalbibliografie; detaillierte bibliografische Daten sind im Internet über http://dnb.ddb.de abrufbar.

Dieser Band folgt den Regeln der deutschen Rechtschreibung, die seit August 2006 gelten.

5.   4.   3.   2.   1.   Die letzten Ziffern bezeichnen
12   11   10   09   08   Zahl und Jahr der Auflage.

© 2008 Cornelsen Verlag Scriptor GmbH & Co. KG, Berlin
Das Werk und seine Teile sind urheberrechtlich geschützt. Jede Nutzung in anderen als den gesetzlich zugelassenen Fällen bedarf deshalb der vorherigen schriftlichen Einwilligung des Verlags.
Hinweis zu den §§ 46, 52a UrhG: Weder das Werk noch seine Teile dürfen ohne eine solche Einwilligung eingescannt und in ein Netzwerk eingestellt oder sonst öffentlich zugänglich gemacht werden.
Dies gilt auch für Intranets von Schulen und sonstigen Bildungseinrichtungen.
Redaktion: Gabriele Teubner-Nicolai, Berlin
Herstellung: Brigitte Bredow, Berlin
Umschlagkonzept: Bauer + Möhring, Berlin
Umschlaggestaltung: Torsten Lemme, Berlin,
unter Verwendung einer Zeichnung von Klaus Puth, Mühlheim
Layout und Satz: Beate Schubert, Berlin
Druck und Bindung: fgb·freiburger graphische betriebe
Printed in Germany
ISBN 978-3-589-22684-9

 Gedruckt auf säurefreiem Papier,
umweltschonend hergestellt aus chlorfrei gebleichten Faserstoffen.

Inhalt

1. Schülerkompetenzen erkennen und ausbauen
   (Sabine Kliemann) 6
2. Diagnosetheorien (Anne Siemes) 12
3. Diagnostische Tests – alter Hut oder konkrete Utopie?
   (Andreas Pallack) 22
4. Diagnostisches Potential von Klassenarbeiten und
   schriftlichen Übungen (Helmut Achilles) 36
5. Diagnostisches Potential von Lernstandserhebungen
   (Peter Dobbelstein, Rainer Peek) 46
6. Aufgaben mit diagnostischem Potential selbst erstellen
   (Ulrich Dannenhauer, Peter Debray, Sabine Kliemann,
   Isabella Thien) 57
7. Nachdenken über das eigene Lernen (Sabine Kliemann) ... 74
8. Förderkonzepte (Sabine Kliemann) 86
9. Lernstrategien im Unterrichtsalltag
   (Viola den Elzen-Rump, Joachim Wirth, Detlev Leutner) .. 101
10. Förderung durch individualisierte Lehrmethoden
    (Sabine Kliemann) 114
11. Lernberatung und individuelle Entwicklungspläne
    (Susann Dreibholz, Heide Koehler) 128
12. Förderung im Fach Deutsch mithilfe von Kompetenzmodellen
    (Frank Schneider) 145
13. Jahrgangsbezogene Beispiele für das Fach Englisch
    (Ulrich Dannenhauer, Peter Debray) 156
14. Mathematiklernen: Die verkannte Bedeutung des
    sprachlosen Denkens (Inge Schwank) 174

Literatur 186

Register 195

1 Schülerkompetenzen erkennen und ausbauen

Sabine Kliemann

Lehrerinnen und Lehrer stellen in ihrem Unterricht permanent Beobachtungen an:
- Anna hat große Probleme mit der Rechtschreibung.
- Benny rechnet auch komplizierte Multiplikationen zügig im Kopf.
- Chris verwechselt die Zeiten in der englischen Sprache.
- Dany arbeitet langsam aber fleißig.
- Eric ist schnell unterfordert und stört dann im Unterricht.
- Franka kann sich nur schwer konzentrieren.
- Gerrits Leistungen im Unterricht unterscheiden sich deutlich von denen in Klassenarbeiten.
- ...

Auf der Grundlage vieler mehr oder weniger systematischer Beobachtungen und Einschätzungen treffen Lehrkräfte Entscheidungen über Lehr- und Lernmaßnahmen. Pädagogisches Handeln in Bezug auf die lerngruppenbezogene Gestaltung von Unterrichtsprozessen und die individuelle Förderung baut auf den vorhandenen Ressourcen und Kompetenzen der Schülerinnen und Schüler auf. Diese zu diagnostizieren kann mit einer Schatzsuche verglichen werden, bei der Fähigkeiten und Talente gesucht und entdeckt werden, und die sich klar von der ausschließlichen Feststellung und Analyse von Defiziten abgrenzt. Das Bewusstsein der Lernenden über eigene Kompetenzen hat dabei Auswirkungen auf das Selbstkonzept und auf die weitere Entwicklung. Es stärkt das Selbstvertrauen und signalisiert: Ich kann etwas, auf dem ich aufbauen kann. ANDREAS SCHLEICHER, Leiter der PISA-Studie OECD, formulierte dazu auf einem Kongress zur Individuellen Förderung in Essen am 3. Februar 2007:

> „Lehrerinnen und Lehrer müssen davon ausgehen, dass gewöhnliche Schüler außergewöhnliche Fähigkeiten haben. Sie müssen die Verschiedenheit ihrer Schüler, ihre unterschiedlichen Interessen und Fähigkeiten, die Unterschiede in ihrem sozialen Umfeld konstruktiv aufnehmen."

So verstandene Diagnose mit dem Ziel einer individuellen Lernplanung kann als Chance betrachtet werden. Da die Kompetenzen von Schülern die Grundlage für schulische Lehr- und Lernprozesse bilden, gilt: Je besser sie erkannt

1 Schülerkompetenzen erkennen und ausbauen

und eingeordnet werden, desto besser kann darauf reagiert werden. Der diagnostischen Kompetenz der Lehrkraft kommt somit eine Schlüsselfunktion zu. Nach WEINERT (2004, 14) ist sie neben den Sachkompetenzen, den didaktischen Kompetenzen und den Klassenführungskompetenzen eine der vier zentralen Kompetenzen für den Lehrberuf. Er beschreibt diagnostische Kompetenzen als „ein Bündel von Fähigkeiten, um den Kenntnisstand, die Lernfortschritte und die Leistungsprobleme der einzelnen Schüler sowie die Schwierigkeiten verschiedener Lernaufgaben im Unterricht fortlaufend beurteilen zu können, sodass das didaktische Handeln auf diagnostischen Einsichten aufgebaut werden kann."

Pädagogische Diagnose kann zu verschiedenen Zeitpunkten einsetzen:
- vor Beginn einer geplanten Unterrichtssequenz (Lernausgangsdiagnose)
- prozessbegleitend während des Lernens (Lernprozessdiagnose)
- am Ende eines Lernprozesses (Lernergebnisdiagnose)

Sie basiert auf dem individuellen Leistungsprofil des Einzelnen, das unterschiedliche Ebenen berücksichtigen sollte:

Ebene I: Persönlichkeit	Ebene II: Lebens- und Schulsituation	Ebene III: Unterricht
– allgemeines Leistungsvermögen (Lernbereitschaft, Merkfähigkeit, …) – Arbeitsverhalten (Belastbarkeit, Konzentrationsfähigkeit, Aufmerksamkeitsstörungen, …) – Soziales Verhalten (Fähigkeit zur Kooperation, aggressives Verhalten, …) – Beziehung zur Lehrperson (positive oder negative Grundhaltung) – individuelle Interessen und Neigungen	– allgemeine Lebenssituation (behütendes Elternhaus, besondere familiäre Belastungen, …) – Schulische Situation (schulische Entwicklung)	– Subjektive Einstellung zum Schulfach – Leistungsbereitschaft – Beherrschung fachlicher Inhalte, Begriffe und Methoden – Verwendung von Medien und Werkzeugen – Fähigkeit fachliche Sachverhalte zu kommunizieren und verständlich zu argumentieren – Fähigkeit, fachliche Sachverhalte zu verstehen und Verstandenes zu nutzen

Persönlichkeit, Lebens- und Schulsituation lassen sich naturgemäß durch Lehrkräfte nur bedingt erfassen und beeinflussen. Das vorliegende Buch liefert dennoch Anregungen und Impulse für die Berücksichtigung dieser Ebenen. Schwerpunkt für pädagogische Diagnostik und Förderung ist der Unterricht. Begleitend zu diesem Buch enthalten die Kopiervorlagen dieser Reihe unterstützende Begleitmaterialien für das fachliche Arbeiten.

1 Schülerkompetenzen erkennen und ausbauen

Lehrkräfte tragen eine große Verantwortung. Ihre Beurteilungen entscheiden unter anderem darüber, welche beruflichen Möglichkeiten Schülern offen stehen. Fehleinschätzungen können dazu führen, dass die Unterrichtsgestaltung nicht adressatengerecht geplant und durchgeführt wird und somit wichtige Potentiale nicht ausgeschöpft werden. Je vielschichtiger Unterrichtssituationen gestaltet sind, desto fehleranfälliger werden Lehrerurteile.

Obwohl Lehrkräfte in ihrem Berufsalltag permanent diagnostizieren, indem sie beispielsweise ihre Schüler beobachten, Gespräche führen, schriftliche und mündliche Leistungen einschätzen und beurteilen, sind Einschätzungen und Diagnosen häufig problematisch. Ein Beispiel dafür liefert die Schulstudie SALVE (HOSENFELD/HELMKE/SCHRADER, 2002). In dieser Studie wurden Lehrer- und Schülerangaben zur Unterforderung zu einer zuvor durchgeführten Unterrichtsstunde in der 5. und 6. Jahrgangsstufe in Mathematik erfragt: Die meisten Lehrkräfte schätzten die subjektive Unterforderung seitens ihrer Schüler erheblich niedriger ein, als es diese selbst taten.

Exemplarisch sei an dieser Stelle auch auf die PISA-Studie von 2000 mit

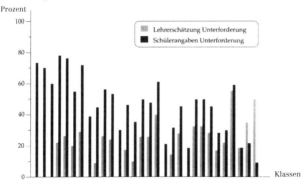

dem Schwerpunkt Lesefähigkeit hingewiesen. Auch aus diesen Ergebnissen (BAUMERT u.a. 2001) wurde deutlich, dass die Fähigkeit zu diagnostizieren ein schwieriges Unterfangen sein kann. In der Studie blieben die meisten schwachen Leserinnen und Leser von ihren Lehrkräften – so die Autoren der Studie – unerkannt. Obwohl „PISA keine umfassende Erhebung der diagnostischen Kompetenz von Lehrkräften beinhaltet", sollte das Ergebnis nachdenklich stimmen.

Die gründliche und gewissenhafte pädagogische Diagnose birgt immer die Gefahr von Beobachtungs- und Urteilsfehlern in sich, wie

- *Halo-Effekt (auch Hof- oder Heiligenschein-Effekt)* – Tendenz, aufgrund eines (oft auch äußeren) Eindrucks oder Merkmals ein verallgemeinerndes Gesamturteil abzugeben, z.B. von häufigem Zuspätkommen wird auf eine allgemeine Faulheit geschlossen;

1 Schülerkompetenzen erkennen und ausbauen

- *logischer Fehler* – Tendenz, von bestimmten Merkmalen fälschlicherweise auf andere zu schließen, z.B. vom Nichtverstehen bestimmter fachlicher Zusammenhänge wird auf mangelnde Intelligenz geschlossen;
- *Mildefehler/Strengefehler* – Tendenz, grundsätzlich eher gut/eher hart zu beurteilen;
- *Unsicherheitsfehler (auch Tendenz zur Mitte)* – Tendenz, aufgrund von Unsicherheit (oder um extreme Beurteilungen zu vermeiden) eher im mittleren Bereich zu bewerten, z.b. gibt eine Lehrkraft niemals ein „sehr gut", „mangelhaft" oder „ungenügend";
- *Projektionsfehler* – Tendenz, der zu beurteilenden Person eigene oder ähnliche Merkmale zuzuschreiben;
- *Erwartungseffekt* – die eher positive oder negative Wahrnehmung des Beobachters bei positiver oder negativer Erwartung;
- *Sequenzfehler* – Tendenz, Gleiches verschieden zu beurteilen, je nachdem, an welcher Stelle der „Urteilssequenz" ein zu Beurteilender steht;
- *Referenzfehler* – Tendenz, sich statt an objektiven Beurteilungskriterien an einer anderen Bezugsnorm zu orientieren, z.B. am Leistungsniveau innerhalb einer Lerngruppe.

Um Beobachtungs- und Urteilsfehler möglichst gering zu halten, hilft es,
- eigene Wahrnehmungen und Beurteilungen mit denen anderer Kollegen zu vergleichen und ggfs. zu diskutieren,
- ausreichend große Datenmengen zusammenzutragen und zu berücksichtigen,
- schriftlich Beobachtungen und Beurteilungen (mit Angabe des Datums) zu fixieren und zu verschiedenen Zeitpunkten zu vergleichen,
- Leistungen mit zuvor festgelegten und transparent gemachten Beurteilungskriterien abzugleichen.

Erfassung eigener diagnostischer Kompetenz
Um die eigene diagnostische Kompetenz zu erfassen und ggf. zu verbessern wird in Anlehnung an HELMKE (2007) folgender Zyklus vorgeschlagen:
1. Wählen Sie als Ausgangspunkt entweder ein für den Unterricht wichtiges Schülermerkmal (innerfachlich, z.B. Lesekompetenz, oder fachübergreifend, z.B. Leistungsängstlichkeit) oder einen konkreten Aufgabensatz aus.
2. Geben Sie eine persönliche Prognose zum Ergebnis der Datenerhebung ab.
3. Führen Sie eine Datenerhebung zur Erfassung des Schülermerkmals bzw. der -leistung (z.B. mithilfe eines Fragebogens, Tests, einzelner Aufgaben) durch.
4. Vergleichen Sie die Ergebnisse der Datenerhebung mit denen Ihrer Prognose.
5. Treten Diskrepanzen zwischen Ihrer Einschätzung und den tatsächlichen Ergebnissen auf, so analysieren Sie diese. Auf der Suche nach Erklärungen ist ein Austausch mit anderen Lehrkräften, Schülern, Eltern, ggf. auch Schulpsychologen hilfreich. (In dieser Phase des Zyklus befindet sich das größte pädagogische und didaktische Potential.)

1 Schülerkompetenzen erkennen und ausbauen

Das vorliegende Buch will Anregungen geben, diagnostische Kompetenz in der Schule weiterzuentwickeln. Damit lässt sich eine Grundlage für weiteres pädagogisches Handeln im Sinne eines auf den einzelnen Lerner und auf die Lerngruppe abgestimmten Unterrichtsprozesses schaffen.

Über die zuvor geschilderten Aspekte hinaus ist es für Lehrkräfte hilfreich und sinnvoll, über gewisse Grundkenntnisse und Fähigkeiten der pädagogischen Diagnostik zu verfügen, wie

- die Kenntnis von verschiedenen Diagnosetheorien und deren Abgrenzung zueinander (Kapitel 2), um auf dieser Grundlage unterrichtsmethodische Ansätze einschätzen und anwenden zu können;
- die Kenntnis von diagnostischen Testverfahren sowie deren Stärken und Schwächen, um selbst gezielt Materialien nach eigenen Kriterien auswählen zu können (Kapitel 3);
- die Kenntnis des Potentials von Instrumenten, die nicht in erster Linie der Diagnostik dienen (z. B. von Klassenarbeiten, die zur Leistungsbeurteilung herangezogen werden, Kapitel 4, oder von Lernstandserhebungen als Instrument der Unterrichtsentwicklung, Kapitel 5);
- die Kenntnis, welche Kriterien Aufgaben mit diagnostischem Potential erfüllen sollen, wie Aufgaben mit diagnostischem Potential zu erkennen sind und wie sich ggf. vorgegebene Aufgaben entsprechend verändern bzw. selbst erstellen lassen (Kapitel 6);
- die Kenntnis von Möglichkeiten und Instrumenten, mit denen Schüler ihre eigenen Kompetenzen reflektieren und bewerten können (Kapitel 7).

Diagnostische Kompetenz von Lehrkräften ist wichtig, aber nicht hinreichend für Leistungssteigerungen und Lernerfolge von Schülern. Sie bildet lediglich die Grundlage. Für die individuelle Förderung müssen vor allem geeignete didaktische Förder- und Strukturierungsmaßnahmen erfolgen (vgl. HELMKE 2003). MEYER (2004, 97) definiert:

- **„Individuelles Fördern** heißt, jeder Schülerin und jedem Schüler
(1) die Chance zu geben, ihr bzw. sein motorisches, intellektuelles, emotionales und soziales Potential umfassend zu entwickeln
(2) und sie bzw. ihn dabei durch geeignete Maßnahmen zu unterstützen (durch Gewährung ausreichender Lernzeit, durch spezifische Fördermethoden, durch angepasste Lernmittel und gegebenenfalls durch Hilfestellungen weiterer Personen mit Spezialkompetenz)."

Auf der Grundlage individueller Lernvoraussetzungen, wie Lerntempo, Lernvermögen und Lernstand, aber auch Interessen und Zugängen, sollen individuelle Potentiale geweckt, herausgefordert und entwickelt werden. Es geht also nicht primär um die Ausbesserung von Defiziten oder um das reine Üben von fachlichen Fähigkeiten.

1 Schülerkompetenzen erkennen und ausbauen

Entsprechend der These von WINTER (2006), „Diagnose und Förderung finden am besten möglichst nah am Unterricht selbst statt oder sogar in ihn integriert – die Betroffenen und Beteiligten sollen aktiv einbezogen sein", sollten Überlegungen zu Fördermaßnahmen in den Unterrichtsalltag integriert werden. Neben der Erschließung des individuellen Förderbedarfs und der Planung und Durchführung darauf abgestimmter Lernprozesse bedeutet dies konkret, dass Lehrkräfte unter Berücksichtigung der Heterogenität ihrer Schüler im Unterricht differenzierende Maßnahmen einbeziehen (s. Kapitel 10).

Der zweite Teil dieses Buches will Impulse für die Auseinandersetzung mit verschiedenen Aspekten schulischer Förderung liefern. Dabei soll folgenden Fragen nachgegangen werden:

- Was sollte bei der Planung eines Förderkonzeptes bedacht werden? Welche organisatorischen Voraussetzungen müssen geschaffen werden, damit inhaltliche Förderarbeit in der Schule erfolgen kann? (Kapitel 8)
- Welche Lernstrategien gibt es und wie können diese sinnvoll im Unterrichtsalltag eingebunden und gefördert werden? Wie können Fördermaßnahmen geplant und gestaltet werden, damit Schüler geeignete Lernstrategien auswählen und sie richtig anwenden können? (Kapitel 9)
- Wie kann die Gestaltung von Unterricht der Heterogenität von Lerngruppen gerecht werden? Welche Methoden der Differenzierung in Einzel-, Partner- und Gruppenarbeit könnten in der Unterrichtspraxis eingesetzt werden? (Kapitel 10)
- Wie können auf der Grundlage diagnostischer Aussagen alle am Lernprozess Beteiligten (Schüler, Eltern, Lehrer) gemeinsam einen individuellen Förderrahmen festlegen? Wie können Lernberatung und individuelle Entwicklungspläne in der Praxis gestaltet werden? (Kapitel 11)

Erfolgen schulische Diagnose und Förderung in verschiedenen Unterrichtsfächern, kommen zusätzlich fachspezifische Betrachtungen zum Tragen, von denen ausgewählte Aspekte in den letzten drei Kapiteln näher beleuchtet werden. So wird z. B. im Unterrichtsfach Deutsch der Nutzung von Kompetenzmodellen eine besondere Rolle zugesprochen. Modelle, die eine natürliche Kompetenzentwicklung in Stufen beschreiben, können bei der Diagnostik und in der Förderarbeit genutzt werden. In Kapitel 12 wird anhand von Beispielen aus den Bereichen Lesekompetenz, Schreibkompetenz und Rechtschreibung erläutert, was dies konkret für die Unterrichtsarbeit bedeutet.

Kapitel 13 zeigt Möglichkeiten zur Diagnose und Förderung unterschiedlicher *skills* in verschiedenen Jahrgängen des Englischunterrichts.

Kapitel 14 führt die Bedeutung der Diagnostik und Förderung von kognitiven Fähigkeiten vor, die den Einstieg ins arithmetische Denken und dessen Weiterentwicklung zum algebraischen Denken erleichtern und bereichern.

2 Diagnosetheorien

Anne Siemes

Der Begriff der pädagogischen Diagnostik wurde in den 60er Jahren des letzten Jahrhunderts geprägt, auch wenn Pädagogen sicherlich schon immer diagnostisch gehandelt haben. Mittlerweile gibt es verschiedene Definitionen von Diagnose. Historisch interessant ist die Konkretisierung der Bund-Länder-Kommission im Bildungsgesamtplan von 1974:

- „Unter Pädagogischer Diagnostik werden alle Maßnahmen zur Aufhellung von Problemen und Prozessen sowie zur Messung des Lehr- und Lernerfolges und der Bildungsmöglichkeiten des einzelnen im pädagogischen Bereich verstanden, insbesondere solche, die der individuellen Entscheidung über die Wahl der anzustrebenden Qualifikationen der Schullaufbahn, des Ausbildungsganges (...) und der Berufsausbildung sowie der Weiterbildung dienen" (zit. bei INGENKAMP 1997, 10).

Die Diagnose wird hier hauptsächlich als Mittel zur Selektion gesehen. Heute prägt die Definition von WEINERT (2000, 14) die Diskussion:

- „Dabei handelt es sich um ein Bündel von Fähigkeiten, um den Kenntnisstand, die Lernfortschritte und die Leistungsprobleme der einzelnen Schüler sowie die Schwierigkeiten verschiedener Lernaufgaben im Unterricht fortlaufend beurteilen zu können, sodass das didaktische Handeln auf diagnostische Einsichten aufgebaut werden kann."

Hier liegt die Betonung darauf, dass die durchgeführte Diagnose nicht der Auslese dient, sondern dass die kommenden Unterrichtsprozesse auf ihr aufgebaut werden. Vertiefende Darstellungen zur pädagogischen Diagnostik können z.B. bei INGENKAMP (1997) nachgelesen werden, Begrifflichkeiten zur diagnostischen Kompetenz bei WEINERT (2001, 27). Interessante Aspekte zur diagnostischen Kompetenz von Lehrerinnen liefert HELMKE (2007, 93–104).
Im Folgenden werden verschiedene Diagnosetheorien erläutert und systematisiert. Als zwei Pole können die Status- und die Prozessdiagnose bezeichnet werden.

- Bei der **Statusdiagnostik** wird überwiegend der Zustand einer Person erfasst. Dieses ist insbesondere bei Grundschulgutachten, bei einer möglichen Überweisung auf eine Förderschule, bei weiterer Förderung aufgrund von

2 Diagnosetheorien 13

Hochbegabung usw. von Bedeutung. Statusdiagnostik ist somit **Selektions-** bzw. **Auslesediagnostik**. Diese Vorstellung von Diagnose könnte der Bund-Länder-Kommission bei dem Bildungsgesamtplan von 1974 zugrunde gelegen haben. Bei aller Art von Laufbahnempfehlungen hat die Statusdiagnostik ihre Berechtigung. Der betreuende Pädagoge muss neben der Statusdiagnostik eine prognostische Entscheidung treffen. Es stellt sich für ihn die Frage: Wie wird sich das Kind entwickeln? „Bei der Prognose kommt zur genauen Einschätzung des Ist-Zustandes noch die zutreffende Einschätzung und Gewichtung entwicklungsrelevanter Personen- oder Kontextmerkmale (z. B. Art der Unterstützung durch das Elternhaus) dazu" (HELMKE, 2007, 93). Besonders bei pubertierenden Jugendlichen ist dies schwer einzuschätzen.

■■ Wenn der Schwerpunkt nicht auf den Status, sondern auf die Prozesse gelegt wird, ergibt sich ein umfassenderes Bild über das einzelne Kind. Bei der **Prozessdiagnostik** werden die Aspekte untersucht, die eine Veränderung beim Kind ermöglichen. Dieses kann ein Stärken/Schwächen-Profil oder eine Verhaltensanalyse sein. Wichtig ist, dass der Lernprozess im Fokus steht, z. B. durch ein Interview, durch Beobachtungen oder durch Analyse von Eigenproduktionen wie Lerntagebüchern. Der Schwerpunkt liegt immer auf der Entwicklungsmöglichkeit des Kindes. Prozessdiagnostik ist also **Modifikations-** bzw. **Förderdiagnostik**: Es werden Maßnahmen vorgeschlagen, wie ein Kind besser begleitet werden kann (Lernberatung, Maßnahmen zur Verhaltensänderung usw.).

HORSTKEMPER (2006, 5) weist darauf hin, dass die diagnostischen Ziele von der Selektions- und Förderdiagnostik Überschneidungen zeigen. Jede Selektion wird mit einer besseren Förderung des einzelnen Kindes begründet. Wird z. B. ein Kind von einer Schulform zu einer anderen herabgestuft („ausselektiert"), so passiert dieses mit der Absicht, das Kind in der neuen Schulform besser fördern zu können. Völlig unberücksichtigt bleiben bei der Herabstufung des Kindes die damit verbundenen emotionalen Aspekte für das Kind.

Zwischen den beiden Polen der Status- und der Prozessdiagnostik können verschiedene Übergangsformen eingeordnet werden. In der Literatur werden dafür unterschiedliche, zum Teil zur Verwirrung führende Begrifflichkeiten verwendet.

Die folgenden Diagnosetheorien, die unter die Oberbegriffe der Status- und Prozessdiagnostik fallen, werden zunächst theoretisch erläutert, Gemeinsamkeiten herausgestellt und Abgrenzungen verdeutlicht. Eine Übersicht im Anschluss daran beleuchtet die Zusammenhänge.

Abschließend werden die Diagnosetheorien jeweils an einem Aufgabenbeispiel aus dem Deutsch- und Mathematikunterricht veranschaulicht.

■ Die **defizitorientierte Diagnose** ist das zentrale Element der Statusdiagnostik, sie nimmt im Schulalltag einen großen Raum ein. Der Fokus liegt hierbei auf den Lücken („Defiziten"), die ein Schüler bei einer Aufgabenbearbeitung zeigt (s. Beispiele S. 18, 20). Dieses hat seine Berechtigung, wenn untersucht werden soll, welches Fehlermuster ein Schüler z. B. bei der schriftlichen Division hat (vergleiche hierzu GERSTER, 1984). Will man Defizite einer gesamten Lerngruppe diagnostizieren, kann der defizitorientierte Blickwinkel ebenfalls interessante Einsichten liefern. Hierbei muss man berücksichtigen, dass dabei insbesondere Defizite des durchgeführten Unterrichts aufgedeckt werden (können). Wurde beispielsweise im Matheunterricht die Prozentrechnung weitgehend schematisch mit der Formel erarbeitet, könnte sich bei einer variierenden Aufgabenstellung zeigen, dass die Schüler nicht 10 % eines Preises im Kopf überschlagen können. Die Aufdeckung eines solchen Gesamtdefizits einer Klasse könnte auf Lehrerseite zu reflektivem Verhalten anregen. Obwohl der punktuelle Einsatz der defizitorientierten Diagnose im Einzelfall sinnvoll ist, ist die hierzulande breite (oftmals einzige diagnostische) Anwendung kritisch zu sehen. Die defizitorientierte Sichtweise führt häufig zu einem Stigmatisierungs- und Selektionsprozess.

■ Die **verfahrensorientierte Diagnose** lenkt den Blick vom Endprodukt stärker auf den Prozess. Hierbei wird die sichere Durchführung eines Verfahrens überprüft. Die verfahrensorientierte Diagnose bietet sich bei geschlossenen Aufgaben an, bei denen die Fragestellung den Schülern nicht neu ist und wo auf bekannte oder naheliegende Verfahren zurückgegriffen werden kann. Hier interessiert lediglich, ob der Schüler bei Anwendung des Verfahrens die richtige Lösung erhält oder nicht. Die verfahrensorientierte Diagnose findet eher in den naturwissenschaftlichen Fächern Anwendung. So weist BÜCHTER (2005, 172) z. B. darauf hin, dass „die sichere Beherrschung eines Verfahrens nicht unwichtig beim Betreiben, insbesondere beim Anwenden von Mathematik (ist). Aber gerade in einem allgemeinbildenden Mathematikunterricht in der Schule sollte das Verstehen im Vordergrund stehen." Zum Beispiel ist Mathematiklehrkräften bekannt, dass Kinder es manchmal schaffen, einen nicht verstandenen Algorithmus durch Auswendiglernen zu reproduzieren. Es ist jedoch naheliegend, dass ein verstandenes Verfahren viel sicherer die richtige mathematische Einordnung liefert, vor allem, wenn es geringfügige Veränderungen in der Aufgabenstellung gibt (ein klassisches Beispiel bietet hier die sogenannte Kurvendiskussion).

■ Um nicht das reine Verfahren abzufragen, sondern tatsächliches Verstehen zu überprüfen, bieten sich verstehensorientierte Diagnoseaufgaben an. Bei der **verstehensorientierten Diagnose** wird überprüft, ob Schüler einen Begriff,

2 Diagnosetheorien

einen Text oder ein Modell verstanden haben. Tatsächlich sind jedoch viele Schulbuchaufgaben so konzipiert, dass sie in erster Linie Reproduktionen und verfahrensorientierte Abfragen beinhalten. Eine Aufgabe so umzugestalten, dass sie unverstandene Reproduktionen ausschließt und gleichzeitig die kognitiven Anforderungen nicht zu sehr erhöht (was häufig der Fall ist), ist allerdings nicht einfach. Vielfach kann mithilfe eines diagnostischen Interviews die verstehensorientierte Diagnose verbessert werden. Dieses lässt sich allerdings nicht innerhalb einer Unterrichtsstunde bei 30 Schülern individuell durchführen. An der Erstellung von geeigneten Aufgaben werden somit sowohl die Lehrer (siehe hierzu auch Kapitel 6) als auch die Schulbuchverlage weiterhin arbeiten müssen.

■ Neben die verstehensorientierte Diagnose ist die **ressourcenorientierte Diagnose** zu stellen. Hier liegt der Schwerpunkt darauf, dass sowohl die Vorkenntnisse der Schüler erfasst als auch deren Umfeld mitberücksichtigt werden. WILLENBRING (2004, 10) erklärt den Begriff Ressource folgendermaßen: „Im pädagogischen und psychologischen Sinne sind unter Ressourcen im allgemeinen physische und psychische Qualitäten von menschlichem Verhalten sowie entwicklungsfördernde Lebensbedingungen zu verstehen." Dabei wird zwischen Personenressouren und Umweltressourcen unterschieden. Die folgende Übersicht verdeutlicht dies (Details bei WILLENBRING (2004).

Umfeldbedingungen		
Personen-ressourcen	Physische Ressourcen	– Gesundheitsressourcen – Temperamentsmerkmale – physische Attraktivität
	Psychische Ressourcen	– Begabungsressourcen (z. B. kreative Fähigkeiten) – Leistungsressourcen (z. B. Konzentrationsfähigkeit) – weitere Persönlichkeitspotentiale (z. B. Problem-lösestrategien)
Umwelt-ressourcen	Ökonomische Ressourcen	– finanzielle Ausstattung der Familie und der Schule – Taschengeld
	Soziale Ressourcen	– familiäre Beziehungen – Lehrer-Schülerbeziehung – Beziehung in der Klasse, Peergroup, Freundschaften – Beziehungen zwischen Schule und Familie
	Ökologische Ressourcen	– Wohnsituation und Wohnlage – Tagesablauf des Kindes – Konzeption der Schule – Schulinterne Ressourcen – Klassensituation

Inwiefern die Lehrperson die Ressourcen eines Kindes und dessen förderndes Lernumfeld wahrnimmt, spielt in der ressourcenorientierten Diagnostik eine große Rolle.

■ Führt man die verstehens- und die ressourcenorientierte Diagnose zusammen, so mündet dies in die **kompetenzorientierte Diagnose**. Hierbei wird sowohl (verstandenes!) Vorwissen als auch das Lernumfeld in den Blick genommen. Ziel dieser Diagnose ist es, vor der Behandlung eines Themas die dazu vorhandenen Kompetenzen der Kinder zu erfassen und darauf aufbauend die Unterrichtssequenz zu planen. Dieser Ansatz unterscheidet sich wesentlich von der defizitorientierten Sichtweise, da dort nur diagnostiziert wird, was das Kind nicht kann. Richtet sich bei der Planung der Unterrichtsreihe der Blick auf die vorhandenen Kompetenzen, kann sich die einzelne Schülerin bzw. der einzelne Schüler viel besser in das Unterrichtsgeschehen einbringen und z. B. in Gruppenarbeitsphasen sein Vorwissen nutzen oder auch mögliche Lücken durch Mitschüler schließen lassen. Die in der Lerngruppe vorhandenen Ressourcen, das Lernumfeld, können so geschickt genutzt werden. Zugegebenermaßen kann man nicht vor jeder Unterrichtsreihe eine aufwändige Diagnose machen. Aber Lehrkräfte sollten den eigenen diagnostischen Blick kontinuierlich schulen, um auf Dauer den Unterricht zu verändern. An dieser Stelle sei die Sichtweise von HELMKE (2007, 89 f.) angemerkt: Lehrerdiagnosen müssen keineswegs besonders genau sein, allerdings muss sich der Diagnostiker der Ungenauigkeit, der Vorläufigkeit und der Revisionsbedürftigkeit seiner Urteile bewusst sein. Helmke betont, dass eine ungefähre Diagnose des Lehrers durch eine permanente Überprüfung im Verlauf des Unterrichts geprägt sein muss.

■ Kompetenz- und ressourcenorientierte Diagnostik sind nicht überschneidungsfrei (vgl. das Schaubild S. 17 und das Beispiel einer Mathematikaufgabe S. 18). Auch die defizitorientierte und die kompetenzorientierte Diagnose dürfen nicht völlig isoliert voneinander betrachtet werden. Schließlich kann eine kompetenzorientierte Diagnoseaufgabe auch vorhandene Defizite aufdecken. Der elementare Unterschied ist jedoch, dass bei der kompetenzorientierten Aufgabe direkt untersucht wird, warum die Schülerin bzw. der Schüler ein „Defizit" (passender „eine Fehlvorstellung") hat. Denn der grundlegende Unterschied bei der kompetenz- und ressourcenorientierte Diagnose ist der Blick auf das damit verbundene Interventionspotential. Es gilt von der Stelle ausgehend aufzubauen, an der es noch eine tragfähige Grundvorstellung gibt, und diese dann weiterzuentwickeln, um mögliche Fehlvorstellungen zu beheben. Dies führt in die schon eingangs beschriebenen **Modifikations-** bzw. **Förderdiagnostik**. Bei der Förderdiagnose werden, wie schon erwähnt, Maßnahmen beschrieben, die zu einer Veränderung des Lernens oder der Umweltbedin-

2 Diagnosetheorien 17

gungen führen sollen. So können beispielsweise Vereinbarungen getroffen werden, die das häusliche Lernen mitbetreffen: Die Schaffung eines Arbeitsplatzes für das Kind; feste Zeiten, in denen sich das Kind ohne ablenkenden Lärm mit dem Unterrichtsstoff auseinandersetzt oder alternative Verfahren des Vokabellernens u.v.m.

▪ Alle bisher genannten Diagnosetheorien nehmen das einzelne Kind in den Blick. Einen anderen Schwerpunkt setzt die **systemische Diagnostik**. Hier wird das soziale System zum Gegenstand der Diagnostik gemacht. „Eine systemische Perspektive im humanwissenschaftlichen Bereich ist dadurch gekennzeichnet, dass menschliches Handeln nicht isoliert, sondern im Kontext der sozialen und materiellen Beziehungen verstanden wird" (WERNING 2004, 4). Dabei werden die Interaktionen zwischen allen Beteiligten beobachtet und eingeordnet. Hilfreich kann dieses z.B. bei einem besonders auffälligen Kind sein (insbesondere bei Verhaltensauffälligkeit): Eine Kollegin oder ein Sozialpädagoge begleitet das Kind in den Unterricht und beobachtet neben der Schüler-Schülerinteraktion die Lehrer-Schülerinteraktion. Die unterrichtende Lehrkraft wird durch die Rückmeldung des Beobachters einen systemischen Blick auf das Lernumfeld des Kindes werfen und so ihre Perspektive erweitern können. Die systemische Diagnostik ist somit als ergänzende Diagnosemöglichkeit neben der Status- und der Prozessdiagnostik zu sehen.

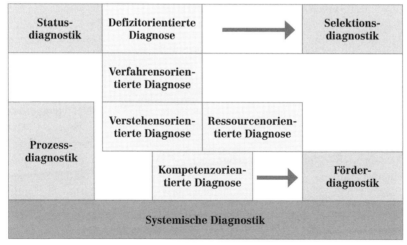

Zusammenhang zwischen den verschiedenen Diagnosetheorien

Im Folgenden sollen die unterschiedlichen Diagnosetheorien an Beispielen aus den Unterrichtsfächern Mathematik und Deutsch erläutert werden.

Mathematik

	Aufgabe: $\frac{1}{4} + \frac{3}{8} + \frac{1}{6} =$
a) defizitorientiert	a) Kreuze das richtige bzw. die richtigen Ergebnisse an: $\boxed{\frac{11}{12}}$ $\boxed{\frac{5}{18}}$ $\boxed{\frac{19}{24}}$ $\boxed{\frac{5}{8}}$ $\boxed{\frac{38}{48}}$
b) verfahrens- orientiert	b) Berechne das Ergebnis (gib auch Zwischenschritte an).
c) verstehens- orientiert	c) Deine Freundin fehlt lange im Unterricht. Da sie eine ansteckende Krankheit hat, darfst du sie nicht besuchen. Du sollst ihr schriftlich (und ausführlich!) erklären, wie man die obige Aufgabe rechnet. Dabei soll deiner Freundin klar werden, warum du so rechnest.
d) ressourcen- orientiert	d) Denke dir eine Geschichte zu dieser Gleichung aus oder male ein passendes Bild dazu: $\frac{1}{4} + \frac{3}{8} + \frac{1}{6} = \frac{19}{24}$
e) kompetenz- orientiert	e) Denke dir eine mögliche Textaufgabe oder ein passendes Bild zur obigen Aufgabe aus. Berechne auch das Ergebnis (und gib die Zwischenschritte an).

Aufgabenbeispiel von Anne Siemes

Die Aufgabenteile a) bis e) sind jeweils unabhängig voneinander zu betrachten. Der **Aufgabenteil a)** ist rein defizitorientiert. Ein richtig gesetztes Kreuz lässt nicht unbedingt darauf schließen, dass die Addition von Brüchen verstanden wurde. Vielleicht wurde das richtige Kreuz zufällig gesetzt (immerhin betrifft die Trefferwahrscheinlichkeit 20%). Umgekehrt kann man bei einem falsch gesetzten Kreuz nicht unbedingt einen bestimmten Fehlertyp diagnostizieren. Wenn die beiden richtigen Ergebnisse ($\frac{19}{24}$ und $\frac{38}{48}$) angekreuzt wurden, ist die Wahrscheinlichkeit hoch, dass die Addition von Brüchen (und das Erweitern bzw. Kürzen von Brüchen) beherrscht wird. Es könnte aber auch sein, dass nur das Kürzen bzw. Erweitern beherrscht wird und das Kind erkannt hat (nahegelegt durch die Aufgabenstellung), dass zwei Lösungen richtig sind. Man kann somit keinen validen Rückschluss auf die vorhandenen Kompetenzen des Kindes ziehen.

Aufgabenteil b) erfordert eine verfahrensorientierte Diagnose. An der Rechnung (den Zwischenschritten) erkennt die Lehrperson, ob das Kind das Finden eines gemeinsamen Nenners und das Erweitern beherrscht. Ob es dieses Verfahren verstanden hat oder die Aufgabe nur mechanisch abarbeitet, wird jedoch nicht deutlich.

2 Diagnosetheorien

Dieses wird in dem verstehensorientierten Ansatz der **Aufgabenstellung c)** erfragt. An der schriftlichen Erläuterung kann deutlich werden, ob die Notwendigkeit des gemeinsamen Nenners für die Addition von Brüchen klar ist. Allerdings setzt diese Fragestellung voraus, dass dem Schüler nicht völlig neu ist, eine Rechenstrategie schriftlich festzuhalten. Denn sonst wird er möglicherweise so starke Formulierungsschwierigkeiten haben, dass das schriftliche Resultat nicht unbedingt auf seine vorhandenen Kompetenzen schließen lässt. Und damit müsste die Lehrkraft wieder ein diagnostisches Interview führen, welches im Klassenverband kaum 30-mal möglich sein wird (vor allen Dingen, wenn man eine gewisse Regelmäßigkeit der Diagnose voraussetzt).

Erst die **Aufgabenstellungen d) und e)** fragen neben dem Verständnis des Rechenverfahrens das Bruchverständnis ab. Die Mathematiklehrer wissen, dass ein solides Bruchverständnis Voraussetzung für alle weiteren Rechenoperationen mit Brüchen ist. Erst nach Abfrage des Bruchverständnisses weiß die Lehrkraft, wo sie mit der Förderung beginnen kann. So wäre es denkbar, dass z. B. ein Kind, das bei Aufgabe a) $\frac{11}{12}$ angekreuzt hat, über richtige Grundvorstellungen verfügt. Es hat sich lediglich bei der Achterreihe verrechnet und einen falschen Hauptnenner gefunden. Die Lehrerin weiß nach Ankreuzung nicht, welche Bruchvorstellungen der Schüler hat.

In Aufgabenstellung d) und e) soll der ressourcenorientierte Ansatz vom kompetenzorientierten Ansatz unterschieden werden. Der ressourcenorientierte Ansatz d) versucht, einen Teil des Lernumfeldes des einzelnen Kindes zu berücksichtigen, indem dieses sich entsprechend eigener Lebenserfahrungen freier entfalten kann. Bei e) ist dieses mehr auf im Mathematikunterricht erlangte Lernerfahrungen beschränkt. Erfahrungsgemäß lassen die Kinder bei beiden Fragestellungen ihrer Fantasie freien Lauf, insbesondere dann, wenn ihre erfundene Aufgabe den anderen Mitschülern als Aufgabe gestellt werden soll. Der Unterschied zwischen d) und e) ist daher (je nach Schülerlösung) marginal, letztendlich geht es bei beiden Aufgabenstellungen darum, nicht nur das Verständnis der Rechentechnik, sondern überdies die Bruchvorstellung abzufragen und somit auf vorhandene Kompetenzen der Kinder rückzuschließen. Die ressourcenorientierte Aufgabenstellung d) verzichtet sogar auf die Überprüfung der Rechentechnik.

Es ist einsichtig, dass mit dem kompetenzorientierten Diagnoseansatz das Vorwissen besser zu erfassen ist als mit dem defizit- oder verfahrensorientierten Ansatz. Es ist aber auch festzustellen, dass die Bearbeitung des defizitorientierten (und auch des verfahrensorientierten Aufgabenteils) viel schneller zu korrigieren ist. Zeigen sich allerdings z.B. in einer Lerngruppe gehäuft Defizite, weiß die Lehrkraft immer noch nicht, an welches Grundverständnis sie bei den Kindern anknüpfen kann. Es würde daher in logischer Konsequenz eine kompetenzorientierte Diagnose folgen müssen.

Deutsch

	Aufgabe: Personenbeschreibung einer fingierten Freundin/eines fingierten Freundes nach dem Muster „Aussehen (Einhalten einer vorgegebenen Abfolge von Beschreibungskriterien), Eigenschaften, Besonderheiten (was macht die Person aus?)"
a) defizit- orientiert	a) Beschreibe die Person anhand der erarbeiteten Beschreibungskriterien und beachte dabei die eingeübte Abfolge.
b) verfahrens- orientiert	b) Beschreibe die Person anhand der erarbeiteten Kriterien. Begründe anschließend, warum du in der von dir gewählten Abfolge vorgegangen bist.
c) verstehens- orientiert	c) Ein Mitschüler/eine Mitschülerin hat Schwierigkeiten, eine Person so zu beschreiben, dass man sie sich vorstellen kann. Du hilfst ihm/ihr, gehst mehrere mögliche Abfolgen durch. Anschließend entscheidest du nach einem kurzen Gedankenaustausch, zu welchen Kriterien man etwas ausführlicher schreiben sollte. Die wichtigsten Ideen dazu schreibst du auf.
d) ressourcen- orientiert	d) Wenn du deine Freundin so beschreiben könntest, wie du es allein z.B. für ein Tagebuch machen würdest, wie würde deine Beschreibung aussehen? Könnte jemand, der deine Freundin nicht kennt, eine ziemlich gute Vorstellung von ihr bekommen? Bearbeite die beiden Fragen.
e) kompetenz- orientiert	e) Du kennst alle Kriterien zur Personenbeschreibung. Natürlich kannst du anhand dieser Kriterien auch Tiere beschreiben. Stelle dir dazu einen Comic-Kater, der eine Hauptfigur in einem Film ist, vor und beschreibe ihn sehr anschaulich. Lies deine Beschreibung anschließend jemandem, der gut zeichnen kann, vor und bitte ihn, anhand deiner Beschreibung eine Zeichnung anzufertigen. Trifft er dein Bild, das du im Kopf hast? Tauscht euch über die Übereinstimmungen und Unterschiede aus, haltet die interessantesten Ergebnisse schriftlich fest.

Aufgabenbeispiel von Isabella Thien

Die Aufgabenteile a) bis e) sind jeweils unabhängig voneinander zu betrachten. **Der Aufgabenteil a) ist rein defizitorientiert.** Ein chronologisch festgelegtes, im Unterricht eingeübtes Abarbeiten einer stereotypen Abfolge von Beschreibungsmerkmalen mit den dazugehörigen Textversatzstücken kann ein rein mechanische, träge Wissensleistung sein; eine Verstehensleistung wird nicht verlangt. Bei Defiziten in dieser Aufgabenstellung kann z. B. fälschlicherweise auf grundlegendes Nichtverstehen (von logischen Abfolgen) dieses Aufgabentypus geschlossen werden, eine Feststellung dieser Vermutung ist nur

2 Diagnosetheorien

durch ein individuelles diagnostisches Gespräch möglich. Mögliche eigene Lösungswege sind kategorisch ausgeschlossen, sie würden sogar als ein Defizit angesehen werden, da sie nicht der vorgegebenen Norm entsprächen. Teildefizite (Auslassen einiger vorgegebener Beschreibungsmerkmale) lassen keine Aussagen über etwaige Teilleistungsschwächen zu, da es sich um einen reinen Vergessensakt aufgrund von Prüfungsdruck handeln könnte. Man kann somit keinen Rückschluss auf vorhandene Kompetenzen des Kindes ziehen.

Aufgabenteil b) ermöglicht eine verfahrensorientierte Diagnose: Hier zeichnet das Kind schriftlich nach, warum es welche Abfolge gewählt hat. Die Lehrkraft kann so nachvollziehen, ob eine Logik des Beschreibungsweges vorliegt und inwiefern diese eine bestimmte Kompetenzstufe darstellt.

Der Aufgabenteil c) ist komplex: Seine Bearbeitung erfordert das Wissen um die Unterscheidung in Ober- und Unterbegriffe, das Verstehen um die sachliche Logik einer bestimmten Abfolge und den begründeten Umgang mit Alternativen. Die Komplexität der Aufgabenstellung ermöglicht es, dass vorhandene Kompetenzen schnell erkannt werden können. Diese gilt es, weiterhin durch ähnlich offene Aufgabenstellungen zu fördern und zu fordern.

Aufgabenteil d) fragt nach dem grundlegenden Verständnis, was die Beschreibungsmöglichkeiten von Personen anbelangt. Hier soll ein bekanntes Muster (Einhalten einer sachlogischen Abfolge von Beschreibungselementen) in eine andere Situation übertragen, möglicherweise modifiziert werden. Die gewählte Modifikation soll auf ihre Wirkung hin beurteilt werden, es wird ein Perspektivwechsel vorgenommen. Das Lernumfeld des Kindes wird berücksichtigt, sodass noch nicht abgerufene Kompetenzen sichtbar werden können.

Aufgabenteil e) beschränkt sich mehr als der ressourcenorientierte Ansatz auf die im Deutschunterricht erlangten Lernerfahrungen. Hier wird das grundlegende Verständnis einer Darstellungsform vorausgesetzt, sodass diese – wie bei d) übertragen werden kann und mögliche fehlende Beschreibungskriterien hinzugefügt werden können. Zusätzlich ist noch verlangt, dass die zu beschreibende „Person" kreiert werden muss. Dabei geht es um die Überprüfung eines grundlegenden Verständnisses, was die sachlogische Kohärenz einer Beschreibung betrifft.

Es ist nachvollziehbar, mit dem kompetenzorientierten Diagnoseansatz ist das Vorwissen im Sinne von Könnensleistungen (s. Aufgabenteil e) klarer zu erfassen als mit dem defizit- oder verfahrensorientierten Ansatz. Die Bearbeitung des defizitorientierten (und auch des verfahrensorientierten Aufgabenteils) ist schneller zu korrigieren. Zeigen sich gehäuft Defizite, weiß die Lehrkraft nicht, an welches Grundverständnis sie anknüpfen kann. Es würde daher in logischer Konsequenz eine Diagnose folgen, die entweder individuell diagnostisch oder ressourcen- oder kompetenzorientiert für die Klasse erfolgen müsste.

3 Diagnostische Tests – alter Hut oder konkrete Utopie?

Andreas Pallack

■ „Eine zutreffende Einschätzung des Leistungsstandes ist allerdings eine außerordentlich schwierige Aufgabe, die ohne den Einsatz von professionell entwickelten, am Lehrplan orientierten diagnostischen Instrumenten kaum zu erfüllen ist." ■

(SCHRADER/HELMKE 2001, 50)

Diagnostische Tests sollen Lehrerinnen und Lehrern erlauben, die fachbezogenen Kompetenzen ihrer Schülerinnen und Schüler zu diagnostizieren und leisten damit einen Beitrag zur Entwicklung geeigneter Lernarrangements für den Unterricht. „Nebenbei" haben solche Tests auch Potenzial zur Steigerung der diagnostischen Kompetenz von Lehrkräften, da eigene Einschätzungen mit dem Ergebnis des Tests abgeglichen werden können.

Was sind diagnostische Tests?

Sucht man im Internet – z.B. bei Google – unter dem Stichwort „diagnostische Tests", erhält man über eine Million Treffer. Die Sichtung einiger Links zeigt, dass das Etikett *diagnostischer Test*[1] nicht hinreichend ist, um Materialien zur Diagnose von fachbezogenen Kompetenzen auszuweisen. Das leuchtet ein, da der Begriff Diagnose z.B. sowohl im KFZ-Bereich wie auch in der Medizin verwendet wird. Ein diagnostischer Test ist zunächst nicht mehr als ein systematisches Verfahren, um über einen Gegenstand oder ein Lebewesen etwas herauszufinden, das nicht unmittelbar offensichtlich ist. Der diagnostische Test hilft dem Testenden, z.B. dem KFZ-Schlosser oder dem Internisten, seine Diagnose zu stellen, um auf dieser Basis einen Reparatur- bzw. einen Therapievorschlag zu entwickeln.

Diagnose im schulischen Rahmen hat – damit es sich nicht um einen reinen Selbstzweck handelt – ein primäres Ziel: Schülerinnen und Schülern zu helfen, die Ziele ihres Bildungsganges bestmöglich zu erreichen. Oder mit anderen

---

1 Die Bezeichnungen von Testtypen sind nicht vereinheitlicht. Eine strukturierte Übersicht über verschiedene Bezeichnungen findet man bei INGENKAMP (2005, 157).

Was sind diagnostische Tests?

Worten: Die Verbesserung des Lernens ist die wichtigste Funktion des Testens. Hier zeigt sich ein wichtiger Unterschied zum *Bewertungsinstrument Test*: Während unter Tests im schulischen Rahmen häufig kleinere (benotete) Leistungsüberprüfungen verstanden werden, handelt es sich bei diagnostischen Tests um Instrumente der formativen Evaluation: Der Test ist integraler Bestandteil des Lernprozesses und steht nicht an seinem Ende.

Allein durch die Bearbeitung eines Tests wird das Lernen aber nicht unterstützt. Die Lerneffekte während der Testsituation sind in der Regel vernachlässigbar. Das ist nicht weiter verwunderlich. Eine Hypertonie lässt sich auch nicht durch das Messen des Blutdrucks beheben. Aus der Sichtweise, dass im Zentrum des Testens der Test steht, stammt die kritische bis sarkastische Metapher „Vom Wiegen wird die Sau nicht fett", die man mit der Einführung zentraler Tests in Schulen in zahlreichen Artikeln und Kolumnen fand.

Das illustriert: Ein *guter* diagnostischer Test darf nicht nur aus Aufgabenmaterial bestehen. Zum Test müssen notwendig Materialien gehören, die den Testenden (in unserem Fall also den Lehrer) in die Lage versetzen, den Test als konstruktiven Teil des Lernprozesses zu begreifen und zu nutzen.

Ein für die Schule konstruierter *diagnostischer Test* mit dem Anspruch, das fachliche Lernen der Getesteten zu verbessern, muss deswegen Hinweise enthalten,
a) für welche Situationen er eingesetzt werden kann (Ziel: Was soll der Test messen?),
b) wie der Test abläuft (Verfahren: Wie wird getestet?),
c) welchen Mehrwert die Auswertung des Tests für die unterrichtliche bzw. schulische Arbeit hat (Ergebnis: Was sind die Messergebnisse und wofür kann man sie nutzen?).

Das führt zu der folgenden Charakterisierung:
Ein diagnostischer Test ist ein Material, das mindestens
1) eine Aufgabenstellung oder Sammlungen von Aufgabenstellungen enthält, die fachbezogene Kompetenzen überprüfen,
2) auf einen Schwerpunkt, d.h. auf einen komplexeren Ausschnitt schulischen Lernens fokussiert ist (z.B. Prozesse wie Textverstehen, Hörverstehen, Problemlösen oder Inhalte wie Bruchrechnung),
3) in begrenzter Zeit unter kontrollierten Bedingungen bearbeitet werden kann,
4) eine Auswertungsanleitung und
5) ein Manual zur Deutung der Auswertung bzw. der Ergebnisse enthält bzw. dessen Deutung offensichtlich ist.

Exkurs Testtheorie

Vertiefende Darstellungen zur Testtheorie finden Interessierte u. a. in BÜHNER (2004), KNOCHE (1990), GRUBITZSCH (1999). Hier wird ein kleiner Exkurs in die Theorie der Beurteilung von Tests angeboten, der sich auf (Haupt-)Gütekriterien zur Beurteilung der Qualität von Tests konzentriert.

Hauptgütekriterien für Tests sind die **Objektivität**, die **Reliabilität** und die **Validität**.

■ Die **Objektivität** misst, inwiefern das Testergebnis unabhängig vom Messenden ist. Die Anwendung eines Tests ist nahezu nutzlos, wenn das Testergebnis in erster Linie auf subjektiven Interpretationen beruht. Die Auswertungsobjektivität lässt sich häufig empirisch untersuchen (vgl. z. B. BORTZ et al. 2000, 449 – 502). Die Objektivität eines Tests wird auch durch seine Durchführung (immer unter vergleichbaren Bedingungen) wie durch die Interpretation des Testergebnisses beeinflusst.

■ Das Maß der Reproduzierbarkeit einer Messung unter gleichbleibenden Bedingungen wird durch die **Reliabilität** (Zuverlässigkeit) beschrieben. Untersucht wird, wie genau ein Test misst, und zwar mithilfe empirischer Kriterien (s. z. B. BÜHNER 2004, 115 – 150) – unabhängig vom Inhalt des Tests.

Mit Blick auf den hier formulierten Anspruch an diagnostische Tests sind Objektivität und Reliabilität zwar wichtige notwendige Gütekriterien, für den Testenden steht jedoch in der Regel ein Kriterium im Mittelpunkt, das sich mit der inhaltlichen Seite des Tests befasst. Das leistet die sogenannte Validität.

■ Unter der **Validität** einer einzelnen Aufgabe oder eines Tests insgesamt versteht man ein Maß, das angibt, inwiefern eine Aufgabe oder ein Test tatsächlich misst, was gemessen werden soll. Man kann drei grundsätzliche Validitätsarten unterscheiden: *Inhaltsvalidität, Kriteriumsvalidität* und *Konstruktvalidität* (vgl. BÜHNER 2004, 30). Während die beiden letztgenannten berechenbare und damit notwendig empirische Kriterien sind, handelt es sich bei der Inhaltsvalidität um ein nur bedingt empirisch prüfbares Kriterium. Die Aufgabenstellung (in Tests werden Aufgaben und Aufgabenteile auch häufig Items genannt) und ihre Gestaltung bestimmen die Qualität des Tests maßgeblich. Da dieses Kriterium auch für die Konstruktion von Klassenarbeiten oder Tests durch Lehrkräfte von Interesse ist, wird ihm im nächsten Abschnitt besondere Aufmerksamkeit gewidmet.

Die Abhängigkeit von eventuell subjektiven Beurteilern ist für Empiriker häufig unbefriedigend, denn: Es gibt kein standardisiertes empirisches Verfahren, um die Inhaltsvalidität zu bestimmen. Anders verhält es sich bei der *Kriteriums-*

validität und *Konstruktvalidität*. Bei der *Kriteriumsvalidität* wird überprüft, inwiefern eine Testleistung mit anderen über den Probanden bekannten Kenngrößen korreliert. Man stelle sich z.B. vor, dass ein Test den Anspruch erhebt, messen zu können, inwiefern junge Studierende ihr Studium erfolgreich absolvieren werden. Der Test könnte dann beispielsweise einer Stichprobe aus dieser Population vorgelegt werden. Nach einigen Jahren erfasst man zusätzlich, ob und mit welchem Erfolg das Studium beendet wurde. Die Korrelation der Testleistung und des Studienerfolges ist ein Indikator zur Beurteilung dieser Art der Validität.

Bei der *Konstruktvalidität* orientiert man sich zur Beurteilung der Validität z. B. an etablierten Instrumenten. Man stelle sich vor, dass ein neuer Test zur Messung von Intelligenz entwickelt wurde. Intelligenztests gibt es seit vielen Jahren, mittlerweile ist eine Vielzahl von ihnen erhältlich. Um abzuschätzen, ob der neue Test auch Intelligenz misst, kann man Probanden beide Tests vorlegen und die Ergebnisse miteinander korrelieren. Erhält man eine hohe Korrelation, so spricht das dafür, dass die Tests das gleiche oder zumindest ein ähnliches Konstrukt messen und entsprechend konstruktvalide sind. Ebenso kann man untersuchen, ob sich Tests voneinander abgrenzen lassen und eben nicht das gleiche Konstrukt messen.

Aufgaben – der Kern diagnostischer Tests

Aufgaben sind das Messinstrument diagnostischer Tests. Mit ihrer Qualität steht und fällt auch die Qualität des Tests. Die Aufgaben müssen sich auf den im Test gesetzten Schwerpunkt konzentrieren. Ist das nicht der Fall, so misst der Test nicht, was er messen soll. Wie Nuancen in einer Aufgabenstellung die Validität beeinflussen können, soll das folgende Beispiel illustrieren:

Finde die Rechtschreibfehler und korrigiere:
Als Peter nach Hause kahm, wahr es schohn ser kül.
Als Peter, der an diesem Dienstag lange Schule hatte, nach Hause kahm, wahr es schohn ser kül.

Beide Sätze enthalten die gleichen Fehler. Geprüft werden soll, ob die Schüler Dehnungs-h's richtig setzen können bzw. unnötige Dehnungs-h's erkennen. Der eingeschobene Satzteil „der an diesem Dienstag lange Schule hatte" liefert keinen Beitrag zum Testen der Fertigkeit, Dehnungs-h's richtig setzen zu können. Im Gegenteil: Einige der Testpersonen werden diesen Textabschnitt nach allen möglichen Fehlern durchsuchen (z.B. Dinstag oder Dienstag) und ggf. gerade in diesem Abschnitt einen vermeintlichen Fehler finden. Mit Blick auf das Ziel der Testaufgabe hat die erste Version eine höhere Inhaltsvalidität als die zweite. Doch auch die erste Version hat noch Tücken. So kann nicht vorausgesetzt werden, dass die Schüler die Bedeutung aller Wörter in dieser Schreibweise erkennen. Gerade beim Auslassen des h's kann das zu Schwierigkeiten führen. Die Validität lässt sich jedoch erhöhen, indem man den Schülern mitteilt, dass es hier um das Setzen bzw. Weglassen von h's geht. Damit lässt sich auch die angesprochene Problematik des Erkennens der Wörter mildern:

Entscheide jeweils, ob die Wörter mit oder ohne h geschrieben werden:
Als Peter nach Hause ka(h)m, wa(h)r es scho(h)n se(h)r kü(h)l.

Dieser Zusatz wäre jedoch kontraproduktiv, wenn es darum ginge, Rechtschreibfertigkeiten in Gänze zu messen. Um die Inhaltsvalidität einer Aufgabe zu beurteilen, muss man sehr genau wissen, was die Aufgabe im Rahmen des Tests messen soll.

Inhaltsvalidität in der Kritik
Kritiken an Leistungsstudien konzentrieren sich häufig auf die Inhaltsvalidität der eingesetzten Aufgaben. Die Aufgabenanalysen von WOLFRAM MEYERHÖFER 2003 (auch z.T. abrufbar unter http://www.math.uni-potsdam.de/prof/o_didaktik/a_mita/ac/Veroe) beschäftigten sich mit Items aus dem PISA-Programm. Da PISA auch den Anspruch hat, Schülerleistungen in bestimmten Domänen längsschnittlich zu messen (vgl. PRENZEL et al. 2004, 355–369, MEYERHÖFER 2003, 156), unterliegt ein großer Teil der Aufgaben der Geheimhaltung. Bei der Inhaltsvalidität muss man sich auf das Urteil von beteiligten Experten verlassen. Die Eignung der veröffentlichten Aufgaben wird von Experten unterschiedlich eingeschätzt und zum Teil kontrovers diskutiert. MEYERHÖFER (2003, 174) kommt mit Blick auf eine PISA-Aufgabe (die recht bekannte Aufgabe Bauernhöfe) zu folgendem Schluss: „Bereits die Generierung von Lösungswegen hat gezeigt, dass die Aufgabe mehr bzw. anderes misst, als die PISA-Gruppe hier darstellt. Sie misst zunächst auch andere Kompetenzen. Zusätzlich misst die Aufgabe in vielerlei Weise Testfähigkeiten wie Resistenz gegen Realitätsbehauptungen, gegen An-der-Nase-herumgeführt-werden (bzw. Verhöhnung) und gegen verbale Umstellung des Problems, Irritationsresistenz, Durchhaltefähigkeit." WÖSSMANN (2007, 42f.) stellt dar, warum die in den Leistungsstudien gemessenen Kompetenzen trotzdem (also unabhängig von Kritik an Testaufgaben) tragfähig sind und zentrale Bedeutung haben:

„Die Fakten geben eine eindeutige Antwort: Ja, die in PISA & Co. gemessenen Basiskompetenzen in Mathematik, Naturwissenschaften und Textverständnis sind von großer, wenn nicht existenzieller Bedeutung – für unsere Volkswirtschaft und für die einzelnen Menschen. Die Belege dafür sind überwältigend." Seine Argumentation basiert im Wesentlichen auf Zusammenhängen zwischen Testleistung und externen Kriterien, wie z.B. Ungleichheit von Einkommen oder Wirtschaftswachstum. Seine Ausführungen orientieren sich entsprechend nicht an der Inhalts-, sondern eher an der Kriteriumsvalidität.

Diese Gegenüberstellung zeigt, wie verschieden die Güte von Tests – und damit verbunden ihre Qualität – bei unterschiedlichen Herangehensweisen eingeschätzt werden kann.

Bei Instrumenten wie z. B. den nordrhein-westfälischen Lernstandserhebungen gibt es keine geheimen Aufgaben. Die öffentliche Diskussion um die Inhaltsvalidität ist gewollt und liefert einen Beitrag zur Professionalisierung des fachlichen Diskurses über Leistungsmessung in Schulen (vgl. HEYMANN/PALLACK 2007, 34). Damit geht allerdings auch der Nachteil einher, dass längsschnittliche Untersuchungen nur schwer zu realisieren sind.

Testdesigns und -verfahren

Es gibt eine Vielzahl von Testdesigns, die in Abhängigkeit von der Zielsetzung und den Rahmenbedingungen Anwendung finden. Das Einfachste ist sicherlich, allen Schülern den gleichen Test zu geben und sie die hierin enthaltenen Aufgabenstellungen nacheinander abarbeiten zu lassen.

S1, S2, ...   S1, S2, ...   S1, S2, ...
   A1   A2   A3   ...

Ein zurzeit in der Schul- und Bildungsforschung häufig verwendetes Testdesign ist das Multi-Matrix-Design, das z.B. bei Studien wie PISA oder IGLU zum Einsatz kam. Die Schülerinnen und Schüler bekommen unterschiedliche Testhefte. Der Gesamttest besteht aus mehreren Testheften, wobei alle Hefte über Anker, also identische Aufgaben, miteinander verbunden sind. Erfüllen die Aufgaben spezifische Testkriterien, so kann man sowohl die Aufgabenschwierigkeiten als auch die Fähigkeiten der Getesteten auf einer Skala abbilden.

In der Schule nutzt man bei schriftlichen Überprüfungen häufig ein ähnliches Prinzip (z. B. bei der Gestaltung von Klassenarbeiten). Um Abschreiben zu erschweren, werden zwei (z.B. A- und B-Versionen) oder drei Versionen der Arbeiten entworfen, deren Aufgaben sich in der Reihenfolge, aber durchaus auch in der Art der Aufgabenstellung voneinander unterscheiden können. Die Aufgaben werden hier so gestaltet, dass alle Varianten das Gleiche messen und somit – in Bezug auf die Klasse – fair sind, was in Klassenarbeiten natürlich immer nur argumentativ und nicht empirisch begründet werden kann.

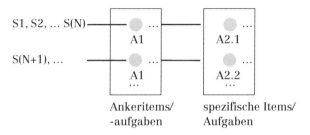

Es gibt auch Tests, die bewusst unterschiedliche Anforderungen stellen. Das bedeutet, dass der Test auf die Voraussetzungen der Schüler Rücksicht nimmt, um in der beschränkten Testzeit möglichst optimal zu messen. Dieses Verfahren bietet sich an, wenn Tests in verschiedenen Schulformen eingesetzt werden. So finden sich z.B. an der Hauptschule eher Schülerinnen und Schüler im unteren Leistungsbereich, während am Gymnasium eher solche aus dem oberen Leistungsbereich anzutreffen sind. Gäbe man beiden Gruppen identische Tests, so könnten die meisten Gymnasiasten unter- oder die meisten Hauptschülerinnen und Hauptschüler überfordert sein. Ein solches Testdesign mit zwei Testheften fand unter anderem bei Lernstandserhebungen in Nordrhein-Westfalen Anwendung (vgl. PALLACK et al. 2005).

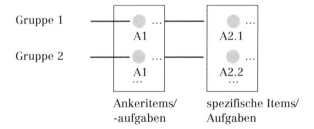

Die bisher vorgestellten Testverfahren und -designs setzen voraus, dass die Tester relativ viel über die Voraussetzungen der zu Testenden wissen. Es gibt jedoch auch Verfahren, bei denen das nicht unbedingt notwendig ist, bei denen sich sozusagen die Tests interaktiv während der Testdurchführung an die Leistung der zu Testenden herantasten. Wie so ein adaptives Testen funktioniert, sei hier an einem Beispiel aus der Bruchrechnung illustriert:

Während es zu Beginn der Bruchrechnung noch recht einfach ist, Fehlvorstellungen in der direkten Kommunikation mit Schülerinnen und Schülern aufzuspüren, so ist es nach der Behandlung der Bruchrechnung mit großem Aufwand verbunden. Fehlvorstellungen zeigen sich dann häufig nur noch in fehlerhaften Rechnungen, die in anderen Kontexten durchgeführt werden. Diese müssen vom Lehrer interpretiert werden (zur Problematik des Bruchrechnens s. z.B. FREUDENTHAL 1970, 248).

Entsprechend hilfreich sind diagnostische Tests, die Schülerfehler finden und diagnostizieren, ob diese systematisch sind (eine gute Übersicht über Schülerfehler in der Bruchrechnung findet man bei PADBERG 2002). Doch wie äußern sich systematische Schülerfehler beim Rechnen mit Brüchen überhaupt und warum ist ihre Analyse so komplex?

Aufgabe:

Berechne: $\dfrac{6}{3} - \dfrac{5}{2}$

Schülerlösung: $\dfrac{6}{3} - \dfrac{5}{2} = 1$

Richtige Lösung: $\dfrac{6}{3} - \dfrac{5}{2} = 2 - 2\dfrac{1}{2} = -\dfrac{1}{2}$

Lehrer, die für typische Schülerfehler sensibilisiert sind, können aus der Analyse der Schülerlösung wahrscheinlich auf Fehlermuster wie die folgenden schließen (vgl. PALLACK 2001, 35):

$$\dfrac{6}{3} - \dfrac{5}{2} = \dfrac{6-5}{3-2} = \dfrac{1}{1} = 1$$

Das Ergebnis ergibt sich, wenn Zähler und Zähler sowie Nenner und Nenner jeweils voneinander abgezogen werden. Es gibt aber auch andere typische Schülerfehler, die zum gleichen Ergebnis führen:

$$\dfrac{6}{3} - \dfrac{5}{2} = \dfrac{6}{3} + \dfrac{2}{5} = \dfrac{8}{8} = 1$$

$$\dfrac{6}{3} - \dfrac{5}{2} = 2 - 2\dfrac{1}{2} = 2 - \dfrac{1}{1} = 2 - 1 = 1$$

Im ersten Fall wurde die Divisionsregel (Rechenzeichen umkehren und Kehrwert des zweiten Bruchs bilden) auf die Subtraktion angewendet. Der zweite Fall enthält die Fehlvorstellung, dass – ähnlich wie beim Rechnen mit Variablen – eine gemischte Zahl als Multiplikation aufgefasst werden kann. Entsprechend kann man kürzen.

Dieses Beispiel demonstriert, dass es selbst mit einem hohen Grad an diagnostischer Erfahrung schwer bis unmöglich ist, eine angemessene Diagnose auf der Basis dieser einen Aufgabe zu stellen. Jedoch liefern fehlerhafte Lösungen Indizien für mögliche systematische Schülerfehler.

MARTIN HENNECKE erprobte eine Vielzahl von Aufgaben zur Bruchrechnung und untersuchte dabei Schülerfehler. Jeder Aufgabe konnten Fehlertypen zugeordnet werden. Zu diesen Fehlertypen wiederum gab es eine bestimmte Schülerzahl, bei denen diese beobachtet werden konnten. Daraus ließen sich Fehlerwahrscheinlichkeiten ermitteln. Diese Analysen sind komplex und lassen sich nur computergestützt verarbeiten. Hier gezeigt ist ein recht einfacher Rechengraph, der die Rechenwege von Schülerinnen und Schülern visualisiert. Komplexe Rechengraphen füllen bis zu 20 DIN-A4-Seiten und erfassen bis zu 8854 Arbeitsschritte (vgl. HENNECKE 2007, 73).

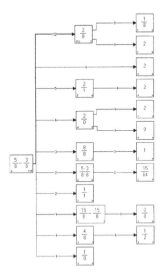

Der zugehörige computergestützte Test (siehe auch http://www.lehr-lern-systeme.de) läuft dann wie folgt ab: Die Testpersonen bearbeiten Aufgaben am Rechner. Die Aufgaben sind in Kategorien eingeteilt, die mithilfe empirischer Untersuchungen zur Bruchrechnung gewonnen wurden. Aus fehlerhaften Antworten berechnet der Computer potentielle systematische Fehler. Um die Diagnose zu erhärten, werden weitere Aufgaben gestellt. Treten bei mehreren Aufgaben ähnliche Fehlertypen auf, so kann mit zunehmender Sicherheit davon ausgegangen werden, dass die Schülerin bzw. der Schüler diesen Fehler systematisch macht. Dieses Diagnoseergebnis mündet dann in eine recht treffsichere Rückmeldung.

Unterschiedliche Nutzer bekommen bei dieser Art des Testens also in der Regel nicht die gleichen Aufgaben. In Abhängigkeit von den Antworten passt das Programm die Schwierigkeit der Aufgaben dem Nutzerverhalten an.

Tests, die sich während der Testdurchführung an das Verhalten des Probanden anpassen, nennt man auch *adaptive Tests*.

Testdesigns und -verfahren

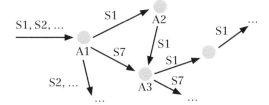

Das adaptive Testen ist ein Forschungszweig, der mit der Verbreitung der Computer immer größere Bedeutung bekommen wird. Auch wenn es heute eher Spartenprodukte sind, die im schulischen Rahmen eingesetzt werden können, so sollte diese Art des Testens nicht unterschätzt werden. Adaptive Tests versprechen hohe Diagnosegenauigkeit im Verbund mit geringer Testzeit. Jedoch muss auch das computerbasierte Testen kritisch begleitet werden (kritische Ausführungen s. z.B. bei BOOTH 1999, 192 ff.).

Ergebnisse diagnostischer Tests

Am Ende eines diagnostischen Tests muss stets ein Ergebnis stehen. Die Art und die Darstellung der Ergebnisse – und damit auch der Rückmeldung – können stark variieren. Das Spektrum reicht von differenzierten Einzelanalysen bis zu einer Charakterisierung des Gesamttests mit einer einzigen Zahl. Um dieses Spektrum zu illustrieren, stelle ich im Folgenden drei Instrumente [2] mit grundsätzlich verschiedenen Rückmeldeformaten vor.

Aufgabenbezogene Rückmeldung
a) Überlege, wie viele Tage du **ungefähr** gelebt hast und kreuze die entsprechende Zahl an!
  50 ❑   500 ❑   5 000 ❑   50 000 ❑   500 000 ❑   5 000 000 ❑
b) Erkläre, warum du diese Anzahl Tage gewählt hast!
(aus: LfS/QA 2006, 21)

Diese Aufgabe wurde im Rahmen des Modellversuchs SINUS-Transfer NRW entwickelt und dort erprobt. In der Broschüre „Kompetenzorientierte Diagnose" wird ausführlich beschrieben, was man aus Schülerlösungen schließen kann und welche Fehlvorstellungen oder Deutungsmuster möglicherweise zugrunde liegen. Ich beschränke mich hier auf die Rezeption eines Ausschnitts dieser Ausführungen.

---

[2] Diese Instrumente erheben selbst nicht den Anspruch, als *diagnostische Tests* bezeichnet zu werden.

3 Diagnostische Tests – alter Hut oder konkrete Utopie?

Die Aufgabe fokussiert auf Größenordnungen des Lebensalters von Schülerinnen und Schülern. Da sich die Antwortmöglichkeiten jeweils um den Faktor 10 unterscheiden, kommt man auch bei groben, aber tragfähigen Abschätzungen (z.B. 15 · 300) auf Ergebnisse in der richtigen Größenordnung. Das Ankreuzen der richtigen oder falschen Lösung im Verbund mit der eingeforderten Erklärung erlaubt eine angemessene Diagnose. So wird z.B. berichtet, dass Lernende ihre Antwort 500 mit „Ich bin ja noch gar nicht so alt" begründen.
Je nach Bearbeitung, angekreuzter Anzahl und zugehöriger Erläuterung lassen sich Rückschlüsse ziehen, z.B. auf

- Größenvorstellungen der Schülerinnen und Schüler bezüglich der Anzahl der Tage, die ein Jahr hat,
- Rechenfertigkeiten im Bereich der Grundrechenarten mit natürlichen Zahlen,
- die Fähigkeit, angemessen zu runden bzw. aus den Antwortvorgaben auszuwählen,
- die Fähigkeit, dem Sachverhalt angemessen eine Überschlagsrechnung durchzuführen,
- die Fähigkeit, eine Lösung auf ihre Plausibilität zu überprüfen oder
- die Fähigkeit, einen eigenen Lösungsweg für andere nachvollziehbar darzustellen.

Der Testende (in der Regel die Lehrkraft) kann die Schülerantwort mit Blick auf die mithilfe der Erprobung gewonnenen Rückschlüsse analysieren und so zu einer ersten Diagnose kommen, die dann z.B. durch weitere Fragen oder Beobachtungen erhärtet werden kann.

Es gibt einen reichen Fundus von Aufgaben, die Schüler zu Eigenproduktionen anregen. Solche Eigenproduktionen können durch die Lehrkraft analysiert, die Beobachtungen wiederum zu einer Diagnose verdichtet werden. Das Ergebnis eines Tests, der wesentlich aus solchen Aufgaben besteht, sind differenzierte Rückmeldungen, die sich an den Schülerlösungen manifestieren.

Normorientierte Rückmeldung
Ein Beispiel für einen lehr- bzw. lernzielorientierten Schulleistungstest ist der Bruch- und Dezimalrechentest 6 von HAENISCH und LUKESCH (1981). Dieser Test ist vor dem Hintergrund aktueller Curricula nur noch bedingt gültig, weswegen sein Einsatz in der Praxis heute kritisch geprüft werden müsste.

Der Test besteht aus zahlreichen Rechenaufgaben, die den Test in zwei Subtests (Bruchrechentest und Dezimalrechentest) splitten. Die Aufgaben wurden erprobt; konkret wurden sie von mehreren Tausend Schülern bearbeitet. Eine detaillierte Auswertung dieser Bearbeitungen findet man in der zugehörigen Handanweisung.

Ergebnisse diagnostischer Tests 33

Damit Lehrer Anhaltspunkte bekommen, wie der Erfolg einzuschätzen ist, wurde der fertige Test nochmals von 785 Schülerinnen und Schülern bearbeitet. Daraus wurde die folgende Klassifizierung abgeleitet:

Testteil	schlecht	mittel	gut	sehr gut
Gesamttest	bis 28 (29,17%)	29-33 (20,83%)	34-38 (25,00%)	ab 39 (29,17%)
Bruchrechnen	bis 19 (25,00%)	20-24 (41,67%)	25-29 (20,83%)	ab 30 (16,67%)
Dezimalrechnen	bis 7 (20,83%)	8-10 (41,67%)	11-13 (29,17%)	ab 14 (4,17%)

In Klammern ist jeweils der Prozentsatz der Klassen angegeben, der sich bei der Eichstichprobe innerhalb der gewählten Intervalle befand (HAENISCH/LUKESCH 1981, 31). Die Lehrkraft erhält damit Anhaltspunkte, um die Ergebnisse der eigenen Klasse einzuordnen.

Kriterienorientierte (kompetenzniveaubasierte) Rückmeldung

Eine andere Art der Rückmeldung liefern Tests, die Testpersonen wie auch Aufgaben auf einer Skala verorten. Solche Verortungen werden auch bei Leistungsstudien, wie z.B. Desi, vorgenommen:

Kompetenzniveau	Beschreibung
C (ab 650 Punkten)	Die Schülerinnen und Schüler können abstrakte Informationen ohne direkten Alltagsbezug (z.B. Gegensätze, Unterscheidungen, Textstrukturen) verstehen, auch wenn diese sprachlich komplex und in partiell schneller Sprechgeschwindigkeit präsentiert werden, wie Muttersprachler dies in natürlicher Interaktion tun. Außerdem können Personen auf diesem Niveau mehrere Informationen beim Hören verknüpfen, um die Hauptaussage zu verstehen, auch wenn diese Informationen über eine längere Äußerung hinweg verteilt sind.
B (540 bis 649 Punkte)	Die Schülerinnen und Schüler können zusätzlich zu der auf A beschriebenen elementaren Kompetenz implizit geäußerte Informationen erschließen (Schlussfolgern) und wörtlich aus dem Text entnommene Informationen interpretieren. Auf diesem Niveau werden zudem abstraktere Informationen in alltäglichen Kontexten (z.B. Äußerungen über Emotionen) verstanden, auch wenn die Äußerungen sprachlich komplexer und in durchgängig normaler Sprechgeschwindigkeit präsentiert werden.
A (451 bis 539 Punkte)	Die Schülerinnen und Schüler können konkrete Einzelinformationen aus Kontexten alltäglicher Kommunikation verstehen, wenn diese Informationen mehr oder weniger wörtlich im Text enthalten sind, deutlich gesprochen und in einfacher Sprache präsentiert werden. Neben diesem elementaren Detailverstehen sind sie in der Lage eine sehr begrenzte Anzahl von Informationen beim Hören zu verknüpfen, um Hauptaussagen zu verstehen.

Kompetenzniveaus in Englisch Hörverstehen

Die Leistung wird mithilfe von Kompetenzniveaus beschrieben. Schüler erreichen in dem Test eine bestimmte Punktzahl und damit einen Fähigkeitswert, der mithilfe eines testtheoretischen Modells geschätzt wird. Die Kompetenzniveaus liefern Hinweise zur Ausprägung der Kompetenz bei den Getesteten. Das Ergebnis solcher Tests ist eine Zahl (hier z. B. 580 Punkte und damit Kompetenzniveau B). Die inhaltliche Bedeutung dieser Zahl kann aus der Beschreibung der Kompetenzniveaus abgeleitet werden, die wiederum auf den zugrunde gelegten Aufgaben beruhen.

Ergebnisse diagnostischer Tests
Der Begriff Diagnose wird unterschiedlich verstanden bzw. ausgelegt. Während bei Tests, wie zum Beispiel Lernstandserhebungen, in den jeweiligen Domänen die Existenz von latenten Variablen (das sind nicht direkt messbare Variablen, wie zum Beispiel Problemlösekompetenz) postuliert und als treffgenaues Ergebnis eine geringe Unsicherheit bei der Zuordnung von Schülerinnen und Schülern zu einem Kompetenzniveau verstanden wird, wird bei diagnostischen Aufgaben (z. B. im Sinne von LfS/QA 2006) intuitiv ein ganz anderer Diagnosebegriff verwendet. Bei diesen Aufgaben werden zwar auch empirische Erfahrungen genutzt, jedoch sind diese nicht ohne Weiteres mit testtheoretischen Mitteln zu beschreiben. Beispiele für systematische Analysen von Schülereigenproduktionen findet man z. B. auch bei RUF/GALLIN 1998 oder SPIEGEL/SELTER 2004.

Um die Problematik der Messungenauigkeit bei Vergleichsuntersuchen oder Lernstandserhebungen zu verstehen, benötigt man einiges Hintergrundwissen aus der klassischen (s. z. B. KNOCHE 1990 oder KRANZ 2001) und probabalistischen Testthorie (s. z. B. LIND 1994 oder STEYER/EID 1993). Bei Tests wie den Lernstandserhebungen in Nordrhein-Westfalen oder den PISA-Tests werden Modellannahmen unterstellt (hier die Gültigkeit des Raschmodells), die dann empirisch überprüft werden. Die Messgenauigkeit solcher Tests hängt von der Anzahl und Art der Items und damit auch von der Testdauer ab. Lernstandserhebungen sind wegen ihrer Messungenauigkeit nur sehr eingeschränkt zur Individualdiagnose geeignet (vgl. Kapitel 5 in diesem Buch). Die Erhöhung der Messgenauigkeit geht mit einer zunehmenden Untauglichkeit für die pädagogische Praxis einher.

Der gute diagnostische Test

Bei der Beantwortung der Frage „Was ist ein guter diagnostischer Test?" gibt es verschiedene Perspektiven, die sich zum Teil ergänzen, zum Teil aber auch divergieren können.

Gute diagnostische Tests und alltäglicher Unterricht sind zwar kein Widerspruch, jedoch sind scharf diagnostizierende Materialien wegen der großen Heterogenität von Schülergruppen – vor allem in den höheren Jahrgangsstufen – für die meisten Unterrichtsszenarien kaum praktikabel. Diagnostische Tests sind in diesem Sinne eine konkrete Utopie: Jeder weiß, was die Instrumente leisten sollten, aber niemand ist zurzeit in der Lage, für hinreichend viele Unterrichtssituationen Materialien zu entwickeln, sodass ihr regelmäßiger Einsatz praktikabel wäre (eine Übersicht findet man z.B. bei BRÄHLER et al. 2002).

Deswegen sollte man jedoch den Kopf nicht in den Sand zu stecken und abwarten, bis sich Arbeitsgruppen von Verlagen auf das Abenteuer *diagnostische Tests für jede Unterrichtssituation* einlassen. Im Gegenteil: Sich der Prinzipien aber auch der Schwächen diagnostischer Tests bewusst zu sein, erlaubt es Lehrkräften, gezielt Materialien auszuwählen und für die eigenen Diagnosezwecke zu verändern (Anregungen dazu findet man in Kapitel 6 dieses Buches). Auch die Kombination verschiedener Methoden ist sinnvoll und möglich. So demonstrieren MÖLLER/PALLACK/FLEISCHER (2007), wie die Detailanalyse von Schülerproduktionen bei Lernstandserhebungen für den weiterführenden Unterricht produktiv genutzt werden kann. Sie untersuchten Lösungen in einer Lernstandserhebung Mathematik von schwachen Schülerinnen und Schülern. Gemeint sind Schüler, die in Mathematik (hier Schwerpunkt Problemlösen) maximal das unterste Kompetenzniveau erreichen. Auch sie haben natürlich einige Testaufgaben bearbeitet. Aus den richtigen und fehlerhaften Lösungen lassen sich Indizien zur weiterführenden Diagnose gewinnen.

> ■ „Der Lehrer ist daher der wichtigste Pädagogische Diagnostiker und muß sich während seiner Aus- und Fortbildung in dieses Gebiet intensiv einarbeiten und sich bemühen, immer auf dem neuesten Stand der Erkenntnisse zu bleiben." ■
> (SCHWARZER 1979)

Diagnose in der Unterrichtspraxis sollte als gezielte Interaktion mit Lernenden verstanden werden, deren primäres Ziel es ist, Entscheidungen für die Unterrichtsgestaltung begründet und nachvollziehbar zu treffen. Ob als Instrumente fertige diagnostische Tests, diagnostische Aufgaben, Beobachtungen oder Interviews eingesetzt werden, ist dabei sekundär. Zentral ist, dass sie dem Anspruch, Lernen zu optimieren, gerecht werden und diese Zielsetzung unterstützen.

4 Diagnostisches Potential von Klassenarbeiten und schriftlichen Übungen

Helmut Achilles

■ „Die Leistungsbewertung soll über den Stand des Lernprozesses der Schülerin oder des Schülers Aufschluss geben, sie soll auch Grundlage für die weitere Förderung der Schülerin oder des Schülers sein. ..." ■
(Schulgesetz für das Land NRW vom 15.2.2007)

Entsprechende diagnostische Funktionen der Leistungsbewertung werden in den Schulgesetzen der meisten Bundesländer explizit ausgewiesen.

Für die Vorbereitung, Durchführung, Korrektur und Besprechung von Klassenarbeiten und schriftlichen Übungen wird ein beträchtlicher Teil der Lehrerarbeitszeit aufgewendet. Wie lässt sich eine Leistungsbewertung durch die Korrektur von schriftlichen Leistungsnachweisen möglichst arbeitszeitsparend durchführen? Wie kommt gleichzeitig die eingesetzte Lehrerarbeitszeit möglichst ökonomisch einer effektiven Diagnose und der nachfolgenden individuellen Förderung der Lernenden zugute?

Die Klassenarbeit im Rahmen der Unterrichtsreihe

Traditionell werden Klassenarbeiten am Ende einer Unterrichtsreihe geschrieben. Die Schüler haben sich dann hinreichend lange mit den Inhalten und Methoden auseinandergesetzt, um sich in dem behandelten Problemkreis sicher bewegen zu können. Die Inhalte wurden vertieft bearbeitet, sodass in der Klassenarbeit auch komplexere Anforderungen gestellt werden können.

Allerdings erweckt diese zeitliche Einordnung der Klassenarbeit am Ende der Unterrichtsreihe bei den Lernenden auch leicht den Eindruck, das Thema sei abgeschlossen, man benötige die erworbenen Kompetenzen später nicht unbedingt, es lohne sich nicht, in der Klassenarbeit offenbar gewordene Lerndefizite nachzuarbeiten, da man nicht die Gelegenheit habe, den Lernzuwachs sich selbst oder der Lehrperson gegenüber nachzuweisen. Diese Einstellung zu den Ergebnissen der Klassenarbeit macht die diagnostischen Möglichkeiten wirkungslos.

Die Klassenarbeit im Rahmen der Unterrichtsreihe 37

Außerdem erweckt die Momentaufnahme der spezialisierten Kenntnisse am Ende der Unterrichtsreihe bei der Lehrkraft unrealistische Erwartungen hinsichtlich einer Nachhaltigkeit der erworbenen Kompetenzen. Nicht alle in der Klassenarbeit geforderten Kompetenzen sind Basiskompetenzen zuzurechnen, die im Unterricht immer wieder verwendet und dadurch ständig trainiert werden. Auch für die Lernenden verschwimmt, welche Kompetenzen sie auf Dauer selbst verantworten müssen.

Die angesprochenen Probleme können teilweise aufgefangen werden, wenn die Klassenarbeit bereits im Laufe der Unterrichtsreihe geschrieben wird:

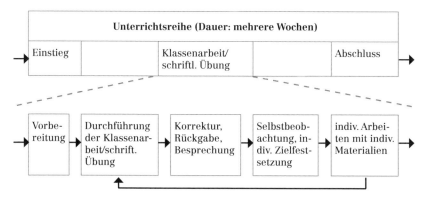

Tatsächlich kann eine Klassenarbeit zu jedem Zeitpunkt geschrieben werden und gibt dann dem Lernenden eine individuelle Rückmeldung über den Stand des eigenen Lernprozesses. Die gerade im Unterricht behandelten Inhalte und Kompetenzen sowie die Basiskompetenzen zurückliegender Unterrichtsreihen eröffnen genug Aufgabenstellungen, die (möglicherweise nicht immer in der bisher gewohnten Tiefe) in einer Klassenarbeit überprüft werden können. Insbesondere bleibt dem einzelnen Lernenden genügend Zeit, Lücken noch im Rahmen der Unterrichtsreihe individuell aufzuarbeiten und z. B. in einem Test den Lernfortschritt nachzuweisen, während leistungsfähigere Schülerinnen und Schüler Themen der Unterrichtsreihe vertiefen können.

Damit bietet sich hier der Einstieg in eine zeitlich begrenzte innere Differenzierung des Unterrichts an, die die Lerngruppe ganz unterschiedlich fördert, die aber trotzdem an gemeinsamen Zielen festhält (und damit auch die Möglichkeiten des sozialen Lernens wahrt). Diese Differenzierung ist an der Interessenlage der Schüler orientiert:

Leistungsschwächere und langsamere Lernende bekommen die Gelegenheit, sich mit den geforderten Kompetenzen noch weiter auseinanderzusetzen. Leistungsstärkere Schülerinnen und Schüler werden so gefordert, dass die Freude an der eigenen Leistungsfähigkeit angemessen unterstützt wird. Dabei kann gerade durch die Rückmeldung einer diagnostisch orientierten Klassenarbeit die für die Individualisierung notwendige Selbstständigkeit und realistische Selbsteinschätzung unterstützt werden.

In einer so unterrichteten Lerngruppe wird die weitere Spreizung der Leistungsschere nicht künstlich behindert. Es ist zu überlegen, wie und wann die Lerngruppe wieder zusammengeführt werden kann. Das wird spätestens mit dem Beginn einer neuen Unterrichtsreihe möglich sein.

Im Folgenden werden die verschiedenen Aspekte einer zeitlich so terminierten Klassenarbeit genauer untersucht.

Vorbereitung einer Klassenarbeit

Im Idealfall sollte eine Klassenarbeit die grundlegenden Kompetenzen in einem Fachgebiet widerspiegeln, die der Lernende ohne eine gezielte Vorbereitung auf die Klassenarbeit besitzt. Dazu gehört auch eine mühelose, schnelle Anwendung von Grundfertigkeiten (z. B. in der Mathematik Kopfrechnen, Anwenden elementarer Algorithmen). Weitere Kompetenzen – etwa die Fähigkeit, sich kurzfristig in ein Thema einzuarbeiten – sollten Gegenstand besonderer Klassenarbeiten sein. Auf alle Fälle müssen die von der Fachkonferenz verbindlich festgelegten Basiskompetenzen und deren Operationalisierungen Grundlage der Konstruktion von Klassenarbeiten sein. Es muss vermieden werden, nur kurzfristig angelernte Fähigkeiten zu überprüfen.

Da in den Übungsphasen zur Entwicklung prozessbezogener Kompetenzen auch Unterrichtsgegenstände behandelt werden, die nicht zu den Basiskompetenzen gehören, ist es für den Lernenden mitunter schwierig zu entscheiden, was in einer Klassenarbeit vorausgesetzt wird. Im Allgemeinen kann man nur dann ein zielbewusstes, selbstständiges Arbeiten erwarten, wenn dem Schüler deutlich gemacht wird, welche Kompetenzen von ihm gefordert werden. In der Regel sind die Angaben in den Lehrplänen nicht hinreichend operationalisiert und damit wenig informativ. In diesem Zusammenhang werden verschiedene Informationsmöglichkeiten praktiziert:

- Das eingeführte Schulbuch enthält besondere Kapitel, in denen die verbindlichen Basiskompetenzen festgelegt sind.
- Die von den Lehrplänen geforderten Kompetenzen werden von der Fachkonferenz für jede Jahrgangsstufe operationalisiert dargestellt und digital oder in Papierform den Lernenden zur Verfügung gestellt. Diese Darstellungen sollten im Unterricht Verwendung finden, damit eine Verbindung herstellbar ist.
- Fragebögen, die zur Unterstützung der Selbsteinschätzung entwickelt werden, können insgesamt die Basiskompetenzen einer Jahrgangsstufe be-

Vorbereitung einer Klassenarbeit

schreiben (Beispiele für Selbsteinschätzungsbögen finden sich z. B. bei Wildt 2007; siehe auch Kapitel 7).
- Häufig werden Schüler durch das Angebot einer „Probearbeit" informiert. Die Gefahr ist relativ groß, dass sie z.b. über solche Probearbeiten nur punktuell einen „Aufgabentyp" lernen. Damit können Fähigkeiten zwar kurzfristig automatisiert werden, das Verstehen bleibt aber auf der Strecke. Die Überprüfung von prozessorientierten Kompetenzen kann so sehr erschwert werden.

Der Schüler muss das Bewusstsein entwickeln, dass die Basiskompetenzen zurückliegender Unterrichtsreihen auch im nachfolgenden Unterricht notwendig sind und immer wieder eingefordert werden. Ihm muss klar sein, dass er, nachdem er grundsätzlich den Sachverhalt gelernt und eingeübt hat, für die „Pflege" seiner Basiskompetenzen selbst verantwortlich ist und diese Verantwortung nicht auf die Lehrperson „abladen" kann.

Die Aufgabe der Lehrperson besteht in diesem Zusammenhang darin,
- Unterrichtssituationen zu schaffen, in denen zurückliegende Kenntnisse aktiviert werden müssen,
- den Lernenden hinsichtlich seines Lernverhaltens zu beobachten und zu beraten,
- ihn beim Erkennen eigener Kompetenzen aber auch etwaiger Lücken und Defizite zu unterstützen,
- Trainings- und Testmaterial zur Verfügung zu stellen, damit ggf. selbstverantwortlich entstandene Lücken geschlossen und der eigene Lernfortschritt kontrolliert werden kann.

Der dabei erforderliche Rollenwechsel ist sowohl für die Lehrperson wie für die Schüler schwierig.

Schüler haben schulisch und gesellschaftlich die Erfahrung gemacht, Defizite und die zum Lernprozess gehörenden Fehler vor anderen, insbesondere vor der benotenden Lehrperson, zu verbergen. Der Verzicht auf Selbstständigkeit und eigene Verantwortung erzeugt zwar Reibungen, ist gleichzeitig aber auch eine relativ bequeme Situation, in der die Schüler sich selbst wenig infrage stellen müssen. Umgekehrt haben Lehrpersonen häufig die Erfahrung gemacht, mit ihrem persönlichen Engagement auf Ablehnung zu stoßen. Dennoch muss in zunehmendem Maße auf solche Eingriffe in den Lernprozess verzichtet werden, die das selbstständige Lernen einschränken.

Stattdessen muss sich die Lehrkraft als Vermittler der von Gesellschaft und Schule gesetzten Rahmenbedingungen fühlen. Zu solchen Rahmenbedingungen gehört z. B. auch die verbindliche Verabredung von Fördermaßnahmen (s. auch Kapitel 11).

Im Einzelfall ist es natürlich vertretbar, wenn im Unterricht kurzfristig Lücken im Klassenverband aufgearbeitet werden, obwohl damit die Verantwortung für die eigenen Kompetenzen wieder dem Lehrer zugeschoben wird. Sinnvoller erscheint es, früh genug deutlich zu machen, auf welchen Kompetenzen die kommende Unterrichtssequenz aufbaut, damit die Schüler sich selbstverantwortlich auf den Unterricht vorbereiten können.

Struktur einer Klassenarbeit mit diagnostischem Potential

Klassenarbeiten mit diagnostischem Potential sollen neben der Frage, welche Kompetenzen der Einzelne erreicht hat, insbesondere auch auf seine Fehlvorstellungen und den Lernprozess hemmende Einflüsse aufmerksam machen. Natürlich kann eine Klassenarbeit, deren Umfang zeitlich stark begrenzt ist und die gleichzeitig einen breiteren Kompetenzbereich untersuchen soll, nur Hinweise, aber keine gesicherten Aussagen über das Kompetenzprofil des jeweiligen Schülers geben. Um diese Hinweise auszunutzen, muss jedem im nachfolgenden Unterricht Gelegenheit gegeben werden, sich selbst (ggf. mit der weiteren Unterstützung durch die Lehrkraft) über seinen Trainingsbedarf bzw. seine Lernhemmungen klar zu werden.

Jede Klassenarbeit wird sowohl inhaltsbezogene als auch prozessbezogene Kompetenzbereiche einbeziehen. Aus zeitökonomischen Gründen kann es durchaus sinnvoll sein, diese Bereiche teilweise voneinander zu trennen. Inhaltsbezogene Kompetenzbereiche werden in anderen Ländern häufig in Form von Multiple-Choice-Aufgaben abgefragt, die besonders schnell zu korrigieren sind. Allerdings setzen solche Aufgaben eine gute Zusammenarbeit der Jahrgangsfachkonferenzen voraus, da die Aufgabenentwicklung relativ aufwändig ist. Aus diagnostischer Sicht erscheint es wenig sinnvoll, alle Aufgabenstellungen der Klassenarbeit durch den erhöhten Schreib- und Korrekturaufwand einer ständigen immanenten Überprüfung prozessbezogener Kompetenzen zu belasten.

Prozessbezogene Kompetenzen erfordern im Allgemeinen eine intensive, saubere Darstellung der Überlegungen, Entscheidungen und Argumentationen. Die bei einer isolierten Korrektur inhaltsbezogener Kompetenzen eingesparte Korrekturzeit kann für eine sorgfältig kommentierende Korrektur und Bewertung genutzt werden.

Da prozessorientierte Kompetenzen fast immer inhaltsbezogene Kompetenzen voraussetzen, sollte im Rahmen einer Diagnostik auch der Aspekt untersucht werden, wie schnell der Lernende inhaltsbezogene Aufgabenstellungen abarbeiten kann. Für die Leistung ist später entscheidend, ob grundlegende

Basiskompetenzen so mühelos beherrscht werden, dass der Schüler sich auf weiterführende Problemstellungen konzentrieren kann. Leistungsschwache neigen dazu, hier unangemessen viel Zeit zu verbrauchen, die ihnen dann an anderer Stelle fehlt.

Jede Klassenarbeit sollte Aufgabenstellungen mit Kompetenzen aus zurückliegenden Themengebieten enthalten. Dabei sollte beim Anspruchsniveau bedacht werden, dass solche Aufgabenstellungen nicht im Zentrum der gerade laufenden Unterrichtsreihe stehen, also gerade trainiert worden sind. Auf alle Fälle muss immer wieder deutlich werden, dass die früher erarbeiteten Basiskompetenzen sowohl im Unterricht als auch in Klassenarbeiten ständig gebraucht werden und dass für die Beherrschung jeder Einzelne selbst verantwortlich ist.

Korrektur, Rückgabe, Besprechung und Berichtigung

Die Rückgabe und die Besprechung der Klassenarbeit dient dazu, sich mithilfe einer kommentierenden Korrektur mit den eigenen Leistungen und Fehlleistungen auseinanderzusetzen, Fehlvorstellungen zu erfassen und individuelle Lernziele festzulegen. Häufig erleben Lehrpersonen eher das Gegenteil: Lernende nehmen die Zensur zur Kenntnis und interessieren sich nicht für die Korrektur und die Stärken bzw. Schwächen der eigenen Klassenarbeit. Damit haben wichtige Teile der Lehrerarbeit für die Lernentwicklung nur eine geringe Bedeutung.

Wie kann man zu einer Auseinandersetzung mit den eigenen Arbeitsergebnissen anregen? Abgesehen von Rechtschreibübungen, in denen sich das Wortbild einprägen soll, macht es im Allgemeinen wenig Sinn, ausschließlich auf einer Berichtigung zu bestehen, die die im Unterricht notierten richtigen Lösungswege ergebnisorientiert in das Arbeitsheft überträgt. Eine angemessene Auseinandersetzung und damit die Basis für einen effektiven, selbstgesteuerten Lernprozess ist nur dann zu erreichen, wenn die Schüler darin für sich einen Sinn erkennen können.

Dazu ist vor allen Dingen entscheidend, dass die Korrektur und die Rückgabe der Arbeit möglichst zeitnah nach dem Schreiben und während der laufenden Unterrichtsreihe erfolgt. So können mögliche Defizite noch innerhalb der Reihe bearbeitet werden.

Hierbei werden unterschiedliche Verfahren praktiziert, z.B.:
- Es wird auf eine Besprechung der Klassenarbeit verzichtet. Stattdessen werden Lösungen verteilt, die modellhaft einen möglichen Lösungsweg beschreiben. Auf dieser Basis können die Schüler ihre eigene Aufgabenlösung

und die Korrekturbemerkungen einschätzen und ggf. mit der Lehrkraft über die Bewertung diskutieren. Dabei wird der Schüler vor allem hoffen, die erreichte Zensur zu verbessern. Das Ziel eines solchen Verfahrens besteht im Wesentlichen darin, zu einer intensiven Auseinandersetzung mit den eigenen Leistungen und zu einer Kommunikation mit Mitschülern und der Lehrperson anzuregen. Dieses Vorgehen fördert die Kompetenz Argumentieren. Modelllösungen können natürlich auch von einzelnen Schülern erstellt und in Kleingruppen diskutiert werden. Allerdings steht hier nicht so sehr die Auseinandersetzung mit den Vorzügen und Mängeln der eigenen Arbeit im Mittelpunkt.

- Auf eine Besprechung der Aufgaben der Klassenarbeit wird verzichtet. Stattdessen werden ähnliche Probleme bearbeitet, die typische Schwierigkeiten enthalten. In der Hausaufgabe erfolgt dann eine Berichtigung im traditionellen Sinne. Da eine solche Berichtigung die offene Auseinandersetzung mit den eigenen Fehlern voraussetzt, wird ein stumpfes, ergebnisorientiertes Abschreiben verhindert. Ein solches Vorgehen macht allerdings nur Sinn, wenn anschließend überprüft wird, ob die individuellen Fehler bei der erneuten Überarbeitung aufgearbeitet worden sind. Diese Überprüfung kann auch von Mitschülerinnen und Mitschülern übernommen werden. Dadurch wird die Lehrkraft von weiteren Korrekturarbeiten entlastet. Die Auseinandersetzung mit fremden Aufgabenlösungen fördert zudem die Kommunikationskompetenz. Stichprobenmäßig wird die Korrektur der Berichtigung natürlich trotzdem von der Lehrkraft überprüft werden müssen.

- Nach einer gemeinsamen Auseinandersetzung mit besonderen Lösungsideen und häufiger vorkommenden Fehlern sollen die Schüler individuelle Fehler mit ihren Nachbarn besprechen. Die Hausaufgabe besteht hier in einer Selbstanalyse, in der sich die Schüler selbst Rechenschaft darüber abgeben, in welchen Bereichen sie sich sicher fühlen und in welchen Bereichen sie noch Erklärungen oder Übung brauchen. Solche Überlegungen werden in jüngeren Klassen am besten in Form von auf die Klassenarbeit bezogenen vorformulierten Selbstbeobachtungsbögen notiert. Diese Beobachtungsbögen sollten dann mit einer Absichtserklärung abschließen, welche Problemstellung jeder in den nächsten Stunden angehen will. Die Nutzung von Selbstbeobachtungsbögen kann als Training für das spätere Führen von Lerntagebüchern betrachtet werden, die helfen, systematisch den eigenen Lernprozess zu beobachten und zu beeinflussen.

Gleichgültig, welche Form für den Umgang mit den Ergebnissen der Klassenarbeit gewählt wird, ist der Einsatz von Selbstbeobachtungsbögen für die Vorbereitung eines differenzierenden Unterrichts nach der Klassenarbeit sinnvoll und hilfreich (s. dazu auch Kapitel 7). Differenzierungsmaßnahmen können angesichts großer Lerngruppen nur dann erfolgreich sein, wenn alle relativ selbstständig arbeiten wollen. Das setzt zumindest die individuelle Entscheidung über das kurzfristig angestrebte Lernziel voraus. Es ist auch empfehlenswert, die ausgefüllten Selbstbeobachtungsbögen als Vorbereitung für die kommenden Unterrichtsstunden zu sichten.

Für langfristige Betreuung und Beratung sind Aufzeichnungen wertvoll, wie sie etwa in den „Lernentwicklungsheften" dargestellt sind (vgl. HELFEN 2008).

Selbststeuerung über Selbstbeobachtungsbögen

Für die auf die Besprechung und Rückgabe der Klassenarbeit folgenden Unterrichtsstunden wird den unterschiedlichen Schülerbedürfnissen entsprechend stark differenzierend geplant. Sowohl inhaltlich als auch im Anforderungsniveau wird unterschiedliches Übungsmaterial (am besten aus dem eingeführten Schulbuch) angeboten, aus dem sich die Schüler selbstständig die ihrer Zielsetzung entsprechenden Materialien auswählen. Wichtig ist die Möglichkeit, Ergebnisse überprüfen zu können. Die Sozialformen sollten freigestellt sein. In der Lerngruppe sollte es allerdings Praxis sein, dass jeder Lernende sich zunächst einmal alleine mit dem Problem auseinandersetzt, bevor er Mitschüler um Rat fragt oder eine Arbeit in der Gruppe anfängt. Eine wesentliche Voraussetzung für selbstständiges, selbstverantwortliches Lernen ist die Fähigkeit, Probleme zu entdecken und zu formulieren.

Soziales Lernen in der Klasse zeichnet sich auch dadurch aus, dass Schüler sich nach dieser Einzelarbeitsphase zunächst einmal mit ihren Mitschülern austauschen, individuelle Probleme so weit möglich klären und in der Argumentation Sicherheit gewinnen. Erst wenn die Probleme so nicht gelöst werden können, soll die Lehrkraft angesprochen werden. Die so gewonnenen Freiräume können für Lehrerfunktionen genutzt werden, die aus Zeitgründen im Unterricht häufig nicht wahrgenommen werden können:
- direkte Förderung von Einzelnen oder Gruppen,
- Beobachtung des sozialen Lernens innerhalb der Lerngruppe,
- Vergleich der Selbsteinschätzung von Lernenden mit der Einschätzung durch die Lehrperson. Diskrepanzen erklären mitunter die Lernsituation des einzelnen Schülers und lassen ggf. einen Beratungsbedarf erkennen.

Organisation der Unterrichtsreihe nach der Klassenarbeit

Unter anderem geben ausgefüllte Selbstbeobachtungsbögen darüber Auskunft, welche Materialien für die kommenden Stunden bereitgestellt werden müssen. Besondere Aufmerksamkeit muss dabei auch den leistungsstarken Schülern gewidmet werden, die in ihrem Lernbedürfnis nicht gebremst werden dürfen. In manchen Fällen kann es sogar sinnvoll sein, sie vorarbeiten zu lassen.

Lernende müssen die Gelegenheit haben, sich selbst und der Lehrperson deutlich zu machen, dass in der Klassenarbeit aufgetauchte Mängel beseitigt worden sind – nur dann werden sie auf Dauer aus eigener Motivation Defizite aufarbeiten. Diese Rückmeldung muss unbedingt vor der nächsten Klassenarbeit erfolgen, auch um den eigenen Lernprozess weiter zu steuern. Das Thema sollte in der folgenden Klassenarbeit wieder aufgegriffen werden. Am einfachsten lassen sich solche Rückmeldungen über Tests erreichen, die als Computertests richtige Lösungen markieren oder die anhand von Modelllösungen selbst oder von Klassenkameraden korrigiert werden. Die Ergebnisse müssen von der Lehrperson zur Kenntnis genommen werden, sollten aber nicht direkt in die Note einfließen.

In einzelnen Fällen können solche Trainingsphasen auch bis in die nachfolgende Unterrichtsreihe fortgesetzt werden. Das stellt allerdings an das Organisationstalent der Lehrkraft erhöhte Anforderungen, weil ohne ihre angemessene Begleitung Misserfolge vorprogrammiert sind. Für solche Fälle wird im normalen Unterricht häufig keine Zeit mehr sein.

Aufgaben der Jahrgangsstufenfachteams

Die notwendige Individualisierung des Unterrichts nach einer Klassenarbeit ist zwar nicht so materialaufwändig wie häufig befürchtet. Dennoch lässt sich eine Reihe von Arbeiten sinnvoll im Jahrgangsstufenfachteam erledigen:
- Festlegung und schülergerechte Formulierung der zu erreichenden Basiskompetenzen,
- Entwicklung von gemeinsamen Klassenarbeiten,
- Entwicklung von Selbstbeobachtungsbögen, die die Selbstbeobachtung mithilfe der Aufgabenformulierung in der Klassenarbeit konkretisiert,
- Bereitstellung von auf die Klassenarbeit abgestelltem, differenzierendem Trainingsmaterial, das nach der Klassenarbeit selbstverantwortlich bearbeitet werden kann,
- Sichten und Entwickeln von Diagnoseaufgaben und Tests oder anderen geeigneten Lernerfolgsrückmeldungen.

Es lohnt sich, die inzwischen kaum noch überschaubare Fülle von Materialien, die von den Verlagen entwickelt worden sind, systematisch zu sichten und in die Unterrichtsentwicklung der Schule einzubauen. Der damit verbundene erhebliche Arbeitsaufwand erfordert die Zusammenarbeit im Jahrgangsstufenfachteam. Eigene umfangreichere Materialentwicklungen sind häufig unökonomisch.

Fazit

Es wurde ausgeführt, wie die Effektivität der Lehrerarbeit für den einzelnen Schüler durch geringfügige unterrichtsorganisatorische Maßnahmen gesteigert werden kann, ohne die in der Klassenarbeit eingesetzten Aufgabenformate zu verändern. Dabei ist es wichtig, dass jeder für sich einen praktischen Sinn in der Auseinandersetzung mit den Vorzügen und Mängeln seiner Arbeit und mit den Korrekturbemerkungen sieht.

Natürlich kann die Korrektur solcher Klassenarbeiten lediglich Hinweise geben, die über Selbstbeobachtung und eine verantwortungsvolle Mitarbeit des Lernenden fruchtbar werden müssen. Präzise diagnostische Aussagen erfordern Aufgaben, die für den speziellen Diagnoseaspekt entwickelt worden sind (vgl. z.B. BÜCHTER/LEUDERS 2005).

Das Sichten, Entwickeln und Zusammenstellen solcher Aufgaben sowie die Planung der Weiterarbeit sollte sinnvollerweise im Jahrgangsstufenteam erfolgen.

5 Diagnostisches Potential von Lernstandserhebungen

Peter Dobbelstein, Rainer Peek

Was wissen und was können die Schülerinnen und Schüler in meiner Klasse? Wo liegen ihre Stärken, wo haben sie noch Förderbedarf? Haben sie die curricular vorgegebenen Ziele erreicht? Wie positionieren sich die Leistungswerte im Vergleich zu denen anderer Schüler? Welche Potentiale für künftige Lernprozesse sind vorhanden?

Diese Fragen bestimmen seit jeher das Lehrerhandeln unter der Perspektive pädagogischer Diagnostik. Und im Spiegel der in den Bildungsstandards und Kernlehrplänen formulierten Kompetenzerwartungen bestimmen sie zunehmend auch die schulische Diskussion um Ergebnisse aus standardisierten Testverfahren von Einzelnen, von Klassen und von Jahrgangsstufen. Prominente Verfahren der zentralen Standardüberprüfung in der Sekundarstufe I sind – stichprobenbasiert – die OECD-Schulleistungsstudie PISA und die Normierungsstudien zu den Bildungsstandards durch das Institut für Qualitätsentwicklung im Bildungswesen (IQB) sowie die – in den Bundesländern mit jeweils allen Schülern durchgeführten – Lernstandserhebungen in Klassenstufe 8. Diese drei Verfahren werden – so die Strategie der Kultusministerkonferenz (vgl. die Beschlüsse der 314. Plenarsitzung der Kultusministerkonferenz am 1./2. Juni 2006) – bundesweit die Standarddiskussion mitbestimmen.

Die Auseinandersetzung mit Fachstandards und mit den Ergebnissen ihrer Überprüfung bezieht sich bei den *Lernstandserhebungen* primär auf Aspekte der Schul- und Unterrichtsentwicklung (vgl. EMSE 2006). Über die für Klassen/ Kurse, Jahrgangsstufen und Schulformen erhobenen Befunde hinaus liegen mit den Lernstandserhebungen aber auch Ergebnisse für einzelne Schülerinnen und Schüler vor. In diesem Kapitel soll aufgezeigt werden, welche Informationen Lehrkräfte auf den verschiedenen Ebenen erhalten, an die sie dann mit Maßnahmen zur gezielten Förderung anknüpfen können.

Materialien der Lernstandserhebungen

Der Nutzen und die Nutzung einer Lernstandserhebung unter der „Diagnostik"-Perspektive hängt in hohem Maße davon ab, wie zugänglich und transparent die Materialien sind und welche Möglichkeiten sie zum Umgang mit Ergebnissen bieten (vgl. KÜHLE/PEEK 2007). Am Beispiel der nordrhein-westfälischen Lernstandserhebungen – hier liegen vier Jahre Erfahrungen mit Lernstandserhebungen vor – kann aufgezeigt werden, welche Medien den Lehrkräften bzw. den Schulen bei der Auswertung zur Verfügung stehen.

Testhefte bzw. -aufgaben und Auswertungsmanuale

Die Aufgaben für die Lernstandserhebungen werden von Lehrerteams mit Unterstützung von Fachdidaktikern und Fachreferenten zentral entwickelt, und die Aufgaben werden vorab auf ihre teststatistische Eignung geprüft. Zum Einsatz kommen Tests zu Teilbereichen der Fächer Deutsch, Englisch und Mathematik, die jeweils einen Kernbereich an Aufgaben für alle Schüler und schulformspezifische Zusatzaufgaben aufweisen. Damit wird eine schulformübergreifende Skalierung der Daten für die einzelnen Testbereiche möglich.

Um überhaupt Vergleiche ziehen zu können, müssen zu den Testaufgaben einheitliche Auswertungskriterien vorliegen, die sich sowohl an fachdidaktischen und fachlichen Ansprüchen als auch an den curricularen Anforderungen für Ende der Klassenstufe 8 orientieren.

Die Auswertung der einzelnen Schülerarbeiten erfolgt – auf der Grundlage der Auswertungsmanuale – durch die Lehrkräfte in den Schulen. Entscheidend ist hier, dass diese Auswertungsrichtlinien von den Lehrkräften bei der Beurteilung der Schülerleistungen klassen- und schulübergreifend in gleicher Weise verstanden und angewendet werden. In die vergleichenden Schulrückmeldungen gehen nur die Aufgaben ein, bei denen die Übereinstimmung bei einer doppelten Auswertung von Schülerarbeiten aus einer Stichprobe hinreichend hoch ist (vgl. PEEK et. al. 2006).

Anders als bei den Tests aus wissenschaftlichen Schulleistungsstudien wie z. B. PISA bleiben die Testhefte mit den Aufgaben, die Auswertungsanleitungen und didaktische Hinweise zu den Tests in den Schulen. Die Materialien bilden also einen Fundus von Aufgaben und fachlichen Kommentaren mit Blick auf das Referenzsystem Kernlehrpläne bzw. Bildungsstandards.
Die Testmaterialien vergangener Jahre stehen darüber hinaus auf dem Bildungsportal NRW (http://www.standardsicherung.schulministerium.nrw.de/ lernstand8/testmaterialien) zur Verfügung. Die Testmaterialien können insbesondere genutzt werden, um Schülerinnen und Schüler – Stichwort „testwiseness" – mit Testformaten und Teststrategien vertraut zu machen.

Ergebnisse für einzelne Klassen/Kurse und die Jahrgangsstufe

Die Lösungen von Schülerinnen und Schülern in Testsituationen haben allgemein eine hohe Informationsdichte. Das ist sicher auch der Grund, warum sich im unterrichtlichen Kontext zusammengefasste, komplexe Leistungswerte etabliert haben; bei Lernstandserhebungen sind das – analog zu den Kompetenzstufen in PISA – z.B. Fähigkeitsniveaus (vgl. VERA 3; GROSS OPHOFF et al. 2006) oder Kompetenzniveaus (vgl. Lernstand 8 in Nordrhein-Westfalen; PEEK/DOBBELSTEIN 2006). Die Kernidee der Beschreibung von Schülerleistungen in Form von Kompetenzniveaus ist, dass diese gute Anhaltspunkte zur Reflexion über erreichte Standards und damit auch für die Planung, Durchführung und Auswertung von Unterricht und in Grenzen auch für individuelle Förderaktivitäten liefern.

Traditionell stützen sich Lehrerurteile über Schülerleistungen auf Vergleiche. Als Bezugsgrößen gelten in der Schulpraxis die „Sachnorm", also der erreichte Lernstand in Bezug auf fachliche Ansprüche, die „soziale Bezugsnorm", also der erreichte Lernstand im Vergleich mit dem durchschnittlichen Niveau der Klasse, und die „individuelle Bezugsnorm", also die Lernentwicklung eines Schülers über die Zeit. Zentrale Lernstandserhebungen zielen – über die kriterialen Anknüpfungen an die Kernlehrpläne hinaus – auf die Vergleichbarkeit mit schulübergreifenden und auch landesweiten Normwerten.

Um Schulen eine „faire" Standortbestimmung und eine realistische Einschätzung ihrer Ergebnisse in den Lernstandserhebungen zu ermöglichen, reicht es nicht aus, als Referenzwerte repräsentative Ergebnisse der unterschiedlichen Schulformen zur Verfügung zu stellen. Schulen mit ungünstigen Lernvoraussetzungen ihrer Schülerschaft ständen damit in der Gefahr, die Qualität ihrer Förderbemühungen tendenziell zu unterschätzen, Schulen mit günstiger Zusammensetzung dagegen zu überschätzen (vgl. PEEK 2006a).

Für die Bundesländer liegen noch keine einheitlichen Verfahren bei der Bestimmung von Vergleichsschulen unter dem Gesichtspunkt „Fairness" vor: In Hamburg erfolgt das Verfahren z.B. über die extern vorgenommene Bestimmung von sog. Belastungsgruppen, die aus Schüler- und Elternbefragungen gewonnen werden (vgl. PIETSCH/BONSEN/BOS 2006), in Nordrhein-Westfalen erfolgt die Zuordnung zu einer Gruppe von Schulen derselben Schulform mit ähnlichen Merkmalen der Schülerschaft vor der Durchführung der Lernstandserhebung durch die Schulen selbst (in der Regel durch die Schulleitung). Die Schulen müssen zu diesem Zweck ausgewählte Rahmenbedingungen ihres Standorts einschätzen (Selbstzuordnung zu „Standorttypen"; vgl. PEEK/DOBBELSTEIN 2006). Die in allen Verfahren verwendeten Variablen – das zeigen die

Befunde der empirischen Bildungsforschung – weisen einen hohen Zusammenhang mit den erzielten Fachleistungen der Schülerinnen und Schüler in den jeweiligen Schulformen auf.

Werden ab 2009 Lernstandserhebungen nicht weiter länderspezifisch oder in kleineren Länderkooperationen, sondern im bundesweiten Länderverbund durchgeführt, können Vergleichswerte auch in einen nationalen Referenzrahmen (bundesweite Lösungshäufigkeiten von Aufgaben und Verteilungen auf Kompetenzniveaus) gestellt werden; zusätzlich oder alternativ lässt sich ggf. auch ein „Regionalindex" entwickeln, der Belastungsfaktoren über die Bundesländer hinweg regional differenziert ausweist und somit den Schulen Ergebnisse aus vergleichbar belasteten Regionen zur Orientierung bzw. Verortung des eigenen Standes anbieten kann.

Aus den Leistungsfeststellungen sollen sich diagnostische Hinweise entnehmen lassen, in welchen Bereichen eines Faches oder für welche Schülergruppen besondere Förderung notwendig ist, damit Lerndefizite behoben werden können. Dazu ist es notwendig, die einzelnen Aufgaben so zu konstruieren und die Ergebnisrückmeldung fachlich so zu kommentieren, dass sich Ansatzpunkte für weitergehende fachliche Überlegungen nach möglichen Ursachen, nach typischen Fehlermustern oder nach notwendigem bzw. fehlendem Vorwissen usw. ergeben. Im Mittelpunkt des fachlichen Interesses stehen bei Lehrern sicher die Aufgaben. Und: Nicht erst PISA hat darauf hingewiesen, dass Lehrer die Leistungen ihrer Schülerinnen und Schüler beim Lösen von Aufgaben z.T. massiv fehleinschätzen.

Erhebungen auf Klassen- und Jahrgangsstufenebene

Zentrales Anliegen von Lernstandserhebungen ist es, den Lehrkräften zusätzliche Informationen über erreichte Lernstände zu geben, um die Schul- und Unterrichtsentwicklung weiter voranzubringen. Mit den Beschreibungen erreichter und erreichbarer Kompetenzen erhalten sie Hinweise darauf, was Schülerinnen und Schüler in den getesteten Bereichen mit hinreichender Sicherheit können und wo noch Lernbedarf besteht. Mit Blick auf Schule und Unterricht können dann curriculare Schwerpunkte (neu) gesetzt werden.

Für die getesteten Domänen (z.B. Modellieren, Problemlösen, Argumentieren/Kommunizieren oder Werkzeuge bei den nordrhein-westfälischen Lernstandserhebungen im Fach Mathematik) liegen den Schulen Angaben darüber vor, wie viel Prozent ihrer Jahrgangsstufe und der einzelnen Klassen bzw. Kurse auf bestimmten Kompetenzniveaus liegen und wie die Verteilung in den entsprechenden Vergleichsgruppen (Klasse/Kurs, Schulform, Standorttyp) ist.

5 Diagnostisches Potential von Lernstandserhebungen

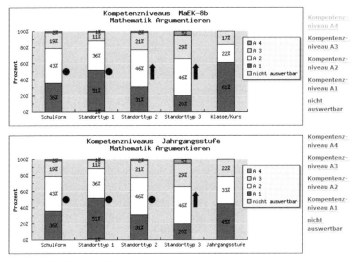

Lernstandserhebung Nordrhein-Westfalen 2007: Rückmeldung zu erreichten Kompetenzniveaus; die Verteilung in einem Kurs (obere Grafik) und in einer Jahrgangsstufe 8 (untere Grafik) im Vergleich zur Verteilung in der Schulform und in den drei Standorttypen (Beispiel: E-Kurse Mathematik Gesamtschule)

Solche Leistungsvergleiche können Lehrer in ihrer Arbeit bestätigen oder auf Defizite aufmerksam machen. Dann nämlich, wenn die Ergebnisse der eigenen Klasse oder der ganzen Jahrgangsstufe der eigenen Schule von denen der Vergleichsgruppen abweichen. Für die Interpretation der eigenen Daten ist es wichtig zu wissen, ob diese Unterschiede zu den Vergleichsgruppen statistisch bedeutsam sind oder ob sie eher zufällig zustande gekommen sein können. Mit in die Grafiken eingeblendeten Symbolen erhalten die Schulen Informationen darüber, inwieweit Unterschiede tatsächlich statistisch signifikant sind und daher genauer betrachtet werden sollten. Ein nach oben gerichteter Pfeil besagt, dass die Vergleichsgruppe (also die Schulform oder der Standorttyp) besser ist als die eigene Klasse oder Jahrgangsstufe. Bei einem Pfeil nach unten schneidet die Vergleichsgruppe schlechter als die Bezugsgruppen in der eigenen Schule ab. Ein Punkt neben der Verteilung weist aus, dass die Mittelwerte nicht signifikant voneinander abweichen, und ein Doppelpfeil macht darauf aufmerksam, dass zwar keine bedeutsame Mittelwertabweichung vorliegt, aber dass sich die Verteilung in mindestens einem Kompetenzniveau signifikant von der Vergleichsgruppe (Schulform oder Standorttyp) unterscheidet.

Der Vergleich zu Referenzwerten dient lediglich einer ersten Orientierung und Verortung und ist in diesem Sinne als Einstieg in eine genauere Auswertung zu verstehen. Die Position allein bezogen auf die eigene Bezugsgruppe sagt über das Qualitätsniveau insgesamt noch nicht hinreichend viel aus.

Auf Landesebene kann fachlich ausgewiesen werden, bei welchem Kompetenzniveau der in den Kernlehrplänen beschriebene Regelstandard als erreicht gilt. So hat z.b. die Auswertung der nordrhein-westfälischen Landeswerte – hier am Beispiel Mathematik/Argumentieren 2007 – ergeben, dass eine große Zahl der Grundkursschüler der Haupt- und der Gesamtschulen unter dem Kompetenzniveau 2 – also das Niveau, das es laut Kernlehrplan in der Domäne des Fachs gegen Ende der Klassenstufe 8 zu erreichen gilt – liegt.

Somit kann das Ergebnis einer Schule mit einem auch landesweit typischen Mittelwert durchaus als „eher schwach" gewertet und im Sinne einer pädagogischen Diagnostik erwartet werden, dass die Schule differenziert Ursachen und Entwicklungsmöglichkeiten reflektiert.

Für eine vertiefte fachliche Auseinandersetzung ist es hilfreich, wenn sich Lehrkräfte über die Kompetenzniveaus hinaus einzelne Aufgaben, die entsprechenden Lösungsquoten für die Klasse/den Kurs bzw. die Jahrgangsstufe und die spezifischen Anforderungen der Aufgaben genauer ansehen.

Für Lernstandserhebungen gilt, dass die Testaufgaben in den Schulen bleiben und schulöffentlich (insbesondere in den jeweiligen Fachkonferenzen) unter dem Gesichtspunkt der Standardsetzung analysiert werden können. Das ermöglicht eine schulinterne Auseinandersetzung mit erreichten Standards, die über den Vergleich mit empirisch ermittelten Normwerten (aus Zentral- bzw. Normierungsstichproben) hinausgeht und eine fachdidaktisch moderierte Analyse zulässt.

Der Vorteil der Lernstandserhebungen liegt also in der Ermöglichung eines „erweiterten Blicks" auf das Leistungsprofil der eigenen Klasse/des eigenen Kurses und der getesteten Jahrgangsstufe durch curriculum- (kriteriale bzw. sachliche Bezugsnorm) und bezugsgruppenorientierte (soziale Bezugsnorm) Vergleichsmöglichkeiten. Auf dieser Grundlage stellen sich für den Fachlehrer wie auch für die Fachgruppe bzw. die Fachkonferenz einer Schule Fragen, die Grund-lage für Reflexionen und gezielte unterrichtliche Schwerpunktsetzungen sein können.

Individuelle Auswertung auf der Ebene der Fachlehrkräfte

- Welche Ergebnisse sind auffällig/unerwartet/erklärungsbedürftig?
- Sind die Schwierigkeiten über die Fächer bzw. Teilleistungsbereiche der Fächer hinweg oder auf einen bestimmten Bereich/Aufgabentypus bezogen?
- Gibt es Hinweise auf mangelnde Bereitschaft zur Anstrengung, mangelndes Instruktionsverständnis, mangelnde Testschläue der Schülerinnen und Schüler?

- Handelt es sich bei den Fehlerschwerpunkten um zufällige oder systematische Fehler?
- In welchem Verhältnis stehen die Ergebnisse zu Zeugnisnoten, schulinternen Vergleichsarbeiten, Klassenarbeiten?
- Sind die getesteten Teilleistungsbereiche und Kompetenzen angemessen behandelt worden? Gibt es in den Kompetenzerwartungen der Kernlehrpläne Anforderungen, die im bisherigen schulinternen Lehrplan unberücksichtigt blieben? Ergeben sich aus curricularen Kompetenzanforderungen methodische Konsequenzen, die im Unterricht zu wenig Berücksichtigung finden? Gibt die Schulinspektion/Qualitätsanalyse hierzu Hinweise?
- Welche Konsequenzen müssen in der Fachgruppe, welche in der Konferenz besprochen werden?

Nachhaltigkeit aus den Rückmeldeverfahren zeichnet sich weniger auf der Ebene der einzelnen Lehrkräfte als auf der Ebene der Fachgremien ab. Aus den Erfahrungen aus Rezeptionsstudien und vor dem Hintergrund der vorliegenden Befunde sind die Fachkonferenzen und Fachgruppen zum primären Adressatenkreis der Ergebnisse aus den Lernstandserhebungen geworden – in der Überzeugung, dass an einer Schule zuallererst aus diesen Gremien heraus datenbasierte Unterrichtsentwicklung in den Fächern erfolgen kann (vgl. PEEK 2006 b). In dem Sinne ist Nachhaltigkeit für die Schul- und Unterrichtsentwicklung aus Feedback-Strategien auch insbesondere in den Schulen zu erwarten, in denen kooperative Arbeitsformen bereits etabliert sind.

Auswertung auf der Ebene einer Fachgruppe (Lehrkräfte der Jahrgangsstufe) und der Fachkonferenz

- Sichtung der Ergebnisse der Klassen/Kurse: Zeigen sich ähnliche Muster in allen Klassen? Liegen die Ergebnisse im Bereich der eigenen Erwartungen?
- Auffälligkeiten: Gibt es spezielle „Ausreißer?" Welche möglichen Ursachen lassen sich benennen? Wie können diese Bedingungen (kurzfristig, mittelfristig) geändert werden? Wer muss dafür angesprochen werden?
- Beschreibung möglicher Ursachen für Defizite im Hinblick auf inhaltliche und methodische Vernetzung des schulinternen Lehrplans mit den Vorgaben des Kernlehrplans
- Beschreibung möglicher Ursachen für Defizite im Hinblick auf eine mögliche inhaltliche Ferne des verwendeten Lehrwerks zur „Philosophie" des Kernlehrplans
- fachliche Vorarbeiten für die Berichterstattung an die Gremien/die Schulaufsicht; Vereinbarungen über konkrete Handlungsschritte zur Umsetzung der anvisierten Konsequenzen

Schülerbezogene Ergebnisse

Aus den bisherigen Erfahrungen mit Lernstandserhebungen ist es sinnvoll, unmittelbar nach der Durchführung die Testaufgaben mit den Testpersonen durchzusprechen. Im Fall der nordrhein-westfälischen Lernstandserhebungen stehen dazu den Lehrkräften zu exemplarischen Aufgaben individuelle Schülerbögen zur Verfügung, auf denen die Ergebnisse jedes einzelnen Schülers sowie die Lösungsquoten der Klasse eingetragen sind. Zusätzlich haben die Lehrkräfte fachliche Erläuterungen zu diesen Aufgaben sowie Vorschläge zur Gestaltung der *Feedbackstunde*. Zeitlich später – wenn die Daten aus den Lernstandserhebungen landesweit skaliert sind – wird für jeden Schüler ausgewiesen, ob er in der Lage war, Aufgaben eines bestimmten Anforderungsniveaus zu lösen. Die Eltern erhalten ein Informationsblatt mit dem Ergebnis ihres Kindes und der Verteilung der Jahrgangsstufe und der Klasse auf die Niveaus.

Grenzen der Leistungsmessung auf Individualebene

Bei dieser Art von Individualrückmeldung ist zu beachten, dass Lernstandserhebungen nicht alle Fähigkeiten und Kenntnisse des jeweiligen Schülers in dem Fach berücksichtigen. Und: Die Lernstandserhebung erfasst das Kompetenzniveau eines einzelnen Kindes nicht mit der gleichen empirischen Genauigkeit wie das von ganzen Klassen oder Jahrgangsstufen.

Das Ergebnis in einem Test entspricht einer Momentaufnahme des Leistungsstandes in einem ausgewählten fachlichen oder fachübergreifenden Bereich. Obwohl Leistungen mit Tests objektiv und zuverlässig gemessen werden können, besteht die Gefahr, dass ein Testergebnis den Leistungsstand eines Schülers aus irgendwelchen Gründen ungenau abbildet. Beispielsweise kann ein Testergebnis durch die Tagesform beeinflusst sein. Vor allem wenn Tests nur ausgewählte Bereiche überprüfen, können sie dem gesamten Leistungsprofil der Testperson kaum gerecht werden. Ein einzelnes Testergebnis sollte deshalb nicht überbewertet werden, vor allem dann nicht, wenn es aufgrund anderer Leistungsüberprüfungen und -bewertungen im Schuljahr als wenig plausibel erscheint.

Verantwortungsbewusstes Handeln im Dienste eines einzelnen Kindes oder Jugendlichen bedeutet, dass das Analysieren der Testergebnisse in Kenntnis sämtlicher relevanten Informationen erfolgt. Dazu gehören zum einen gesichertes Wissen über die Wirksamkeit von Unterricht, zum andern aber auch praktische Erfahrungen und die genaue Kenntnis der Lehr-Lern-Bedingungen im Unterricht: Welche Ziele wurden verfolgt? Welche Kompetenzen wurden erwartet? Welche Lehr-Lern-Formen wurden eingesetzt? Welche Schwierigkeiten sind aufgetreten? Welche Bedeutung hat die soziale Zusammensetzung der Klasse für das Ergebnis?

Weil Testergebnisse – wie auch die Ergebnisse anderer Evaluationsinstrumente – immer mit einem Messfehler behaftet sind, ist es notwendig, die Bewertung der Schülerinnen und Schüler auf der Basis unterschiedlicher Leistungsüberprüfungen, die auch verschiedene Teilleistungsbereiche berücksichtigen, vorzunehmen. Ein einzelnes Ergebnis darf nie abschließend interpretiert werden. Weisen allerdings mehrere Ergebnisse in die gleiche Richtung, dann wird eine zuverlässige Interpretation möglich.

Lernstandserhebungen, Unterrichtsentwicklung und Diagnostik – passt das?

Auf der einen Seite gelten die Grundsätze und zentralen Ziele der Lernstandserhebungen: Sie dienen der Qualitätsentwicklung und -sicherung der schulischen Arbeit, indem sie die langfristig erworbenen Kompetenzen der Schüler überprüfen. Die Aufgaben der Lernstandserhebungen orientieren sich an den in den Lehrplänen beschriebenen Fachleistungsstandards, wobei das Instrument der Lernstandserhebungen Lehrkräfte dabei unterstützen soll, die Leistungen ihrer Schüler zu messen und eine schulübergreifende Standortbestimmung der erreichten Leistungen vorzunehmen. Die Ergebnisse dienen primär als Grundlage für die Weiterentwicklung des Unterrichts.

Auf der anderen Seite handelt es sich bei den in der Lernstandserhebung gezeigten Leistungen um die Ergebnisse einzelner Schülerinnen und Schüler, die in diagnostischer Perspektive genutzt werden können. Es gilt für die Lehrkräfte, die individuelle Schülerleistung im Test vor dem Hintergrund der bisherigen Leistungen zu interpretieren und dabei in besonderer Weise zu berücksichtigen, welche Schwierigkeit die Testaufgaben angesichts des in der Klasse erteilten Unterrichts haben.

Damit erhält ein Lehrer gegen Ende des Schuljahres – die Lernstandserhebungen werden jeweils spät im zweiten Halbjahr der Jahrgangsstufe 8 durchgeführt – für einzelne Schüler eine zusätzliche Leistungsinformation, die er nach den genannten Maßgaben additiv bei der Einschätzung des erreichten Leistungsstandes nutzen kann.

Angesichts der begrenzten Testzeit und der damit verbundenen relativ geringen Anzahl auswertbarer Items (Messpunkte) geben die Ergebnisse nur einen Wert mit einer gewissen Wahrscheinlichkeit an: Vereinfacht gesagt liegt der „wahre" Werte somit wahrscheinlich in dem ausgewiesenen Bereich; das Ergebnis sollte daher als Hinweis und nicht als fixes Resultat gewertet werden.

Im Sinne pädagogischen Handelns bekommen die individuellen Ergebnisse dann zu Beginn des neuen Schuljahres Bedeutung, wenn sie in Form von Aussagen über erreichte Kompetenzniveaus ausgewertet und an die Schulen rückgemeldet werden. Gewissermaßen als Lernausgangslagenbestimmung zu Beginn der Klassenstufe 9 können die Schülerergebnisse von der dann unterrichtenden Lehrkraft genutzt werden; sie sollten im Kontext einer breiteren Diagnostik fachlicher Stärken und Schwächen als ein Ausgangspunkt bei der Festlegung individueller Fördermaßnahmen berücksichtigt werden.

Fazit und Ausblick

Insgesamt verdeutlichen die Ergebnisse auf Individual-, Klassen- und Schulebene, dass sich mit den Daten aus Leistungstests eine punktgenaue Verortung von Schülerleistungen auf den zugrundeliegenden Skalen nur vornehmen lässt, wenn man ein gewisses Maß an Unsicherheit akzeptiert.

Auf Individualebene ist die Unsicherheit so hoch, dass die Ergebnisse der Lernstandserhebungen allein für eine individuelle Diagnostik und daraus abzuleitende Fördermaßnahmen keinesfalls ausreichen.

Auf Klassenebene lässt sich zwar keine punktgenaue Verortung vornehmen, aber auf Basis der Kompetenzniveaus können begründete Hinweise auf die Kompetenz der Klasse abgeleitet werden. Diese Informationen lassen sich ergänzend zur Lehrerbeurteilung für die Unterrichtsplanung heranziehen. Auf Schulebene ergibt sich zwar eine größere Genauigkeit durch die zusätzlichen Informationen aufgrund der Mehrzügigkeit. Vergleiche im Sinne eines Schulrankings auf Einzelschulebene sind allerdings dennoch gewagt.

Um Ergebnisse aus Lernstandserhebungen für die empirische Schul- und Unterrichtsentwicklung zu nutzen, bieten sich mehrere Möglichkeiten an.

Zur Präzision von Vergleichen auf Klassen- und Schulebene können – wie in den internationalen Schulvergleichsstudien – Schülerfragebögen erhoben werden. Die erfassten Informationen lassen sich in entsprechenden Hintergrundmodellen ergänzend zur Skalierung der leistungsbezogenen Daten und damit zur Genauigkeit der Messung optimierend nutzen.

Alternativ kann durch ein zyklisches Datenerhebungsdesign, in dem in den einzelnen Schuljahren jeweils ein Schwerpunkt für die Leistungsmessung gesetzt wird (z.B. Deutsch, Mathematik, Englisch), die Informationsgrundlage in Form einer erweiterten Testlänge erhöht werden. So werden z.B. für den CITO-Abschlusstest in Holland ca. 260 Aufgaben eingesetzt, darunter allein 100 Aufgaben für den Teilbereich Sprache. Mit diesem Ausmaß an Informationen lassen sich eher Aussagen und Konsequenzen auf Individualebene ableiten. Ein Testintervall von drei Jahren je Fach entspricht darüber hinaus auch eher den Erfahrungen der Schulentwicklungsforschung, wonach die Erwartung, durch einen datengestützten Input in Ein- bzw. Zweijahresintervallen einen nachhaltigen Entwicklungsprozess in den Schulen initiieren zu können, unrealistisch erscheint. Zusätzlich würden sowohl die Schulen als auch die Testentwickler durch ein Testintervall von drei Jahren je Fach erheblich entlastet.

Zur Präzisierung von Individual- und Klassenrückmeldungen müssten also umfangreichere Tests verwendet werden. Eine weitere Möglichkeit besteht darin, die erhobenen Informationen durch ein sogenanntes Computer-Adaptive-Testing-Verfahren (tailored testing) zu verbessern. Durch den Einsatz von computerbasierten Testverfahren kann die Passung von Personenfähigkeit und Aufgabenschwierigkeit in einer Testsituation individuell gestaltet werden (s. dazu auch Kap. 3).

Einer Illusion sollte man sich nicht hingeben: Mit der Messung und Rückmeldung von Testergebnissen allein – sei es aus Schulleistungsstudien, aus Lernstandserhebungen oder aus zentralen Prüfungen – ist noch kein Unterricht erfolgreicher geworden. Testergebnisse geben Lehrpersonen Orientierungshilfen zum Leistungsstand ihrer Schülerinnen und Schüler. Doch wozu können diese Ergebnisse genutzt werden? Wie sollte aufgrund von Mittelwerten und Prozentangaben der Unterricht verbessert werden? Was machen Lehrpersonen, deren Klasse unterdurchschnittliche Leistungen erreicht? Solche Fragen lassen sich nicht allgemein beantworten, sondern nur in Kenntnis des Kontextes, in dem Unterricht stattfindet. Testergebnisse führen auch nicht zu neuen Anforderungen für die Lehrerinnen und Lehrer. Sie bieten ihnen einzig eine Unterstützung in ihrem verantwortungsbewussten Handeln im Dienste der Schüler. Deren Leistungen zu messen und zu beurteilen, sie individuell zu fördern und Unterricht zu verbessern sowie über das eigene Handeln zu reflektieren, das alles bildet die Grundlage für die Optimierung der Schul- und Unterrichtsqualität.

6 Aufgaben mit diagnostischem Potential selbst erstellen

Ulrich Dannenhauer, Peter Debray, Sabine Kliemann, Isabella Thien

Im Laufe der letzten Jahre sind in fast allen Bundesländern neue Richtlinien und Lehrpläne erarbeitet worden, in denen sich der häufig mit dem Schlagwort der „Output-Orientierung" beschriebene Paradigmenwechsel hin zu einer Orientierung an vorgegebenen Standards und klar definierten Kompetenzerwartungen in recht ähnlicher Weise manifestiert. Die damit verbundene bildungspolitische Zielperspektive, den Unterricht nunmehr verstärkt an den erreichten bzw. zu erreichenden Ergebnissen zu orientieren, zeigt sich ebenso an der bemerkenswert schnellen und nahezu flächendeckenden Einführung von zentralen Prüfungs-, Test- und Diagnoseverfahren. Dabei wird eine Fokussierung auf prozessorientierte und inhaltsbezogene Kompetenzbereiche sichtbar, wie sie etwa den Formulierungen der Kompetenzerwartungen in den KMK-Beschlüssen für die Bildungsstandards für den mittleren Bildungsabschluss von 2003 (http://www.kmk.org/schul/Bildungsstandards/bildungsstandards-neu.htm) bzw. in deren Umsetzungen in den Bundesländern zugrunde liegt.

Die Analyse von erreichten Lernständen (Diagnose) und das Aufzeigen von Wegen zum nächsthöheren Niveau (Förderung) kann angemessen nur in enger Anlehnung an die durch die Deskriptoren und Indikatoren präzisierten jeweiligen Kompetenzerwartungen einerseits, sowie in Orientierung an den Kriterien der Messinstrumente (z.B. von Lernstandserhebungen, zentrale Prüfungen am Ende der Sekundarstufe I bzw. II) andererseits durchgeführt werden. Da insbesondere die letztgenannten Verfahren auch Instrumente der Unterrichtsentwicklung sind, ist es sinnvoll, deren Potential für die Weiterentwicklung des alltäglichen Unterrichts nutzbar zu machen.

Es ist evident, dass die folgenden Beispiele einer für den Unterrichtsalltag tauglichen standard- und kompetenzorientierten Diagnostik nur im Kontext eines konkreten, möglichst breit angelegten und ausdifferenzierten Bezugsrahmens entfaltet werden können. Es bieten sich dazu die auf der Basis der von der Kultusministerkonferenz vereinbarten Bildungsstandards entstandenen Lehrpläne an, da sie die ganze Bandbreite der Kompetenzerwartungen der sich um den „Mittleren Schulabschluss" gruppierenden Bildungsgänge reflektieren. Sie erstrecken sich vom Hauptschulabschluss über die „Fachoberschulreife" bzw. „Fachoberschulreife mit Qualifikation zum Besuch der gymnasialen Oberstufe" bis hin zu den Kompetenzen, die in einem rein gymnasialen Bildungsgang erworben werden (von wenigen Teilaspekten abgesehen). Einen weiteren Bezugspunkt für die im Folgenden ausgeführten Möglichkeiten einer kompetenzorientierten Diagnostik aus unterrichtspraktischer Perspektive bilden Lernstandserhebungen (DOBBELSTEIN/PEEK 2003, 2004). Die in diesen Untersuchungen angewandten komplexen Verfahren einer diagnostisch perspektivierten Aufgabenkonstruktion sowie einer empirisch und fachlich abgesicherten Konstruktion und Beschreibung verschiedener Kompetenzniveaus können zu einem überschaubaren methodischen Instrumentarium verdichtet werden, dessen Anwendung eine – auch im Unterrichtsalltag – tragfähige und zielgenaue Diagnostik ermöglicht. Trotz der hier vorgenommenen notwendigen Orientierung an einem konkreten Bezugsrahmen ergibt sich insbesondere aus dem bildungspolitischen Zusammenhang der Bemühungen um eine bundesweite Standardsetzung für Schulabschlüsse (vgl. u. a. RUPP/VOCK/HARSCH 2007) eine weitgehend flächendeckende sowie lehrwerk- bzw. materialübergreifende Einsatzmöglichkeit der vorgestellten Verfahren.

Abgleich mit den Vorgaben

Testverfahren zur Diagnose und Förderung stehen an öffentlichen Schulen letztlich auch immer im Kontext der zu erreichenden Schulabschlüsse. Daher sollten sich diagnostische Testverfahren an den Vorgaben zu Inhalten und Verfahren dieser Abschlüsse orientieren. Auch wenn diese Zielorientierung durch die schulinternen Curricula gewährleistet sein sollte, kann eine sinnvolle und zielgerichtete individuelle Förderung der Schülerinnen und Schüler nur mit Blick auf die konkret formulierten fachbezogenen Erwartungen zum Testzeitpunkt gelingen.

Schwierigkeitsgrad

Da es bei diagnostischen Testverfahren weniger auf eine Leistungsbewertung Einzelner ankommt als darauf, festzustellen, was sie gelernt haben, muss ein Aufgabenapparat u. a. sicherstellen, dass Potentiale der Schüler weitgehend vollständig erfasst werden. Das bedeutet, dass alle möglichen Qualitätsstufen – hier Kompetenzniveaus – vom Aufgabenapparat erfasst werden. Um insbesondere auch das obere Ende der erreichten Kompetenzen abzubilden, sollte der Aufgabenapparat auch Items enthalten, die möglicherweise kein Schüler lösen kann. So wird ein „Deckeleffekt" vermieden. Der Diagnostizierende erkennt tatsächlich, bis wohin einzelne Mitglieder der Testgruppe in ihren Fähigkeiten vorangeschritten sind. Gleichzeitig ist es für die gezielte Förderung der „guten" Schülerinnen und Schüler sinnvoll, Grenzen und Entwicklungsmöglichkeiten aufzuzeigen.

Zielgenaue Diagnose

Diagnostische Aufgabenstellungen können unterschiedliche Zielsetzungen verfolgen. In Bezug auf die pädagogische Diagnostik kann grundlegend zwischen Diagnostik zur Erteilung von Qualifikationen und Diagnostik zur Verbesserung des Lernens unterschieden werden (INGENKAMP 1988). Beide Ziele erfordern eine hohe Qualität von Diagnose. Diagnostische Aufgaben sollten daher bestimmte Gütekriterien erfüllen.

Um zu verwertbaren Ergebnissen zu kommen, müssen gute diagnostische Aufgaben genau das testen, was getestet werden soll (*Validität*). Dies kann z.B. durch die Beschränkung einer Testaufgabe auf einen speziellen Inhaltsaspekt erreicht werden. Eine vollständige Vermeidung von Interferenzen und damit verbundenen diagnostischen Unschärfen wird allerdings methodisch nicht immer möglich sein. So wird z.B. in den Sprachen in der Regel das Hör-Sehverstehen mit einem Aufgabenapparat getestet, bei dem die Schüler Kompetenzen aus einem bzw. mehreren anderen Bereichen anwenden, nämlich mindestens Leseverstehen (bei geschlossenen Aufgabenformaten) und zusätzlich Schreiben (bei teiloffenen oder offenen Aufgabenstellungen). Auch in Mathematik gibt es zahlreiche Beispiele (z.B. Termumformungen, die nicht ohne Grundkenntnisse der Arithmetik möglich sind).

Diagnostische Aufgaben sollten unabhängig vom Beurteilenden das gleiche Ergebnis liefern (*Objektivität*). Man sollte sich aber davor hüten, eine Übereinstimmung von Beurteilungen mit Objektivität gleichzusetzen – es gibt auch die Möglichkeit kollektiven Irrtums (vgl. HELMKE 2003).

Diagnostische Aufgaben sollten bei Wiederholung unter gleichen Bedingungen gleiche Ergebnisse liefern (*Reliabilität*). Auch bezüglich der Einschätzung von Ergebnissen sollte gelten: Die Beurteilung einer Aufgabe zu einem späteren Zeitpunkt ergibt das gleiche Ergebnis wie zuvor (weitere Aspekte zu Gütekriterien s. auch Kap. 3, S. 24–27).

Die folgenden Beispiele aus den Fächern Englisch, Deutsch und Mathematik zeigen, wie durch geeignete Formulierungen von Aufgabenstellungen Aussagen über erreichte Lernstände möglich werden.

Beispiel Englisch

Die folgenden Ausführungen sollen exemplarisch zeigen, wie bis in relativ kleine Einheiten und mit relativ geringem Aufwand die Verfahren von umfassenderen Erhebungen für den Unterricht mit Lerngruppen bzw. für die Strukturierung individueller Förderung heruntergebrochen werden können. Dabei liegt das Hauptaugenmerk auf den Instrumenten der Beschreibung von Schülerprodukten (kriteriale Auswertung) sowie der zusammenfassenden Bewertung (qualitative Stufung von Ergebnissen auf verschiedenen Niveaus, vgl. Kompetenzstufen).

Angelehnt an die Hauptdomänen des Fachs Englisch, Hör-Sehverstehen, Leseverstehen, Sprechen und Schreiben, werden beispielhaft die Prinzipien von Aufgabenapparaten verdeutlicht, die für eine systematische Diagnose geeignet sind. Hilfestellung soll so sowohl für das Erkennen von geeignetem Material als auch für das Erstellen eigener Aufgaben (ggf. Überarbeiten vorgelegter Lehrbuchmaterialien) gegeben werden.

Ausgangstexte

Eine besondere Schwierigkeit bei der Erstellung von diagnostischem Aufgabenmaterial im Bereich der Fremdsprachen ist, geeignete authentische Zielsprachentexte zu finden. Dieses stellt für die Überprüfung der produktiven *skills* weniger ein Problem dar als für die doch oft erheblich textbasierten Tests des Hör-Sehverstehens bzw. des Leseverstehens. Die gängigen Lehrwerke bieten jedoch ausreichend Textmaterial, das sich weitgehend problemlos zur Erstellung von diagnostischen Tests verwenden lässt.

Solange es sich bei diesen Texten nicht um extrem diskontinuierliche Texte, sondern um Texte mit einer erkennbaren Struktur handelt, können an ihnen auch solche, auf das Erkennen dieser Textlogik angelegte höhere Kompetenzniveaus diagnostiziert werden. Da diesen Texten eher Lernaufgaben ohne primäre diagnostische Perspektive angefügt sind, muss für die Erstellung diagnoseorientierter Aufgaben ein entsprechender Aufgabenapparat entwickelt werden.

Zielgenaue Diagnose

Um eine tragfähige Grundlage für eine weitergehende Förderung zu erreichen, sind insbesondere bei der Diagnose der mehr rezeptiven *skills* ggf. nichtsprachgebundene Lösungsverfahren (u.a. Bilder) oder sogar punktuell muttersprachliche Aufgabenstellungen denkbar.

Beispiel Englisch 61

Grundsätzlich sollte der Schwierigkeitsgrad des Aufgabenapparates nicht über dem Schwierigkeitsgrad des Ausgangstextes liegen. Als Faustregel lässt sich formulieren: *Make it precise and keep it simple.*

Das folgende Beispiel aus dem Bereich Hör-Sehverstehen für die Doppeljahrgangsstufe 5/6 stellt Testitems vor und kommentiert sie (s. Übersicht im Kapitel 13).

Hörverstehen, Klasse 6

■ „Die Schülerinnen und Schüler können Äußerungen und Hörtexten bzw. Hör-Sehtexten mit einfachen Satzstrukturen, die auf vertrautem Wortschatz basieren und sich auf ihren näheren Erfahrungshorizont beziehen, wichtige Informationen entnehmen. Sie können ... didaktisierte Hörtexte und Filmsequenzen sowie kurze Geschichten und Spielszenen bzw. Gespräche verstehen." ■
Kernlehrplan für die Gesamtschule-Sekundarstufe I NRW. Englisch 2004

Diesen curricularen Vorgaben entspricht der folgende Text aus English G 2000, D2, Unit 6.

Pollution and our environment

Pollution is a problem in today's world. It's dangerous for our environment and it causes many problems for people and animals. Power stations and factories, planes and cars all cause pollution. Cars are a very big cause of pollution. The exhaust from cars causes acid rain and acid rain kills our trees and forests. There are over 140 million cars in America and many millions in Europe, too. And people use their cars every day. Factories pollute our water, and power stations pollute our air. But we can do some things to help now, so tomorrow's world will be better:

■ *walk, go by bike or take a bus, but don't take the car, when it isn't too far.*
– recycle your rubbish, put your paper, bottles and cans in different rubbish bags.

■ *use solar and other alternative energies in your house. Soon, we will have solar-powered cars that don't cause pollution The sun is going to be very important in the future. Wind and water will also give us a lot of energy without causing pollution.*

■ *you can talk to your friends and parents about pollution, ask them how they can help, and you can join an environment-friendly group at your school, and work on environment-friendly projects together.*

■ *Think about our environment and make tomorrow's world a better world for everyone.*

Beispiele für kompetenzniveauorientierte Testitems

Mit der Anwendung eines Kompetenzstufenniveaumodells kann der Begriff „verstehen" im Blick auf eine förderorientierte Diagnose ergänzt werden. Dabei werden Antworten erwartet werden können, die auf die Kompetenzniveaus E-HV 1 (Heraushören bzw. Wiedererkennen von Informationen), E-HV 2 (Einfaches Verstehen) und möglicherweise punktuell auch E-HV 3 (Grundlegendes Verstehen und einfaches Schlussfolgern) abzielen.[1]

- „Kompetenzniveau E-HV 1, *Heraushören bzw. Wiedererkennen von Informationen*
Die Schülerinnen und Schüler können in übersichtlich gestalteten Hörsituationen – z.B. auf Band gesprochene Telefonmitteilungen – knappe und einfach strukturierte Informationen an der Textoberfläche heraushören bzw. wieder erkennen (selektives Hörverstehen), wenn relativ langsam und deutlich gesprochen wird und sprachliche Mittel verwendet werden, die in der Alltagssprache sehr häufig vorkommen.
Dabei erkennen sie in der Regel eindeutige Signale – z.B. Eigennamen, Zahlenangaben –, indem sie Hinweise aus der Aufgabenstellung nutzen, um sich auf bestimmte Schlüsselwörter zu konzentrieren."

- Testitem zur Veranschaulichung des Anforderungsniveaus E-HV 1:

Tick the right answer
There are
❏ *120 000 cars in America*
❏ *over 140 million cars in America*
❏ *140 million cars in America and Europe*

Hier werden direkt auf der Textoberfläche wahrzunehmende Informationen stark einzelwortgesteuert abgerufen. Die Schüler können sich an der Zahl bzw. an den Schlüsselwörtern *cars*, *America* und *Europe* orientieren. Durch die Textlänge ist dieser Testitem allerdings eher „am oberen Ende" des Kompetenzniveaus 1 anzusiedeln.

- „Kompetenzniveau E-HV 2: *Einfaches Verstehen*
– Die Schülerinnen und Schüler können die wichtigsten Informationen in einfachen Hörtexten, die von gängigen Alltagsthemen handeln, verstehen, wenn relativ langsam und deutlich gesprochen wird.

---

1 Das auf breiter empirischer Grundlage gewonnene Kompetenzstufenmodell sowie die Beschreibung der verschiedenen Niveaustufen in den Domänen E-HV, E-LV, E-S soll hier zugrunde gelegt werden. Vgl. http://www.standardsicherung.schulministerium. nrw.de/lernstand8/upload/download/ergebn_05/kompetenzniveaus_05.pdf http://www.standardsicherung.schulministerium.nrw.de/lernstand8/upload/ download/erg_06-07/komp-niv_en_leseverstehen07.pdf

Beispiel Englisch 63

– Sie können darin eng umrissene und explizit formulierte Informationen heraushören und verstehen.
– In Bezug auf weniger anspruchsvolle Hörtexte können Schülerinnen und Schüler die Verstehensstile des detaillierten und globalen Hörverstehens anwenden.
– Sie können einfache sprachliche – meist lexikalische – Zusammenhänge erkennen und eindeutige Signale nutzen, z. B. Eigennamen oder Zahlenangaben und leicht verständliche Schlüsselwörter."

■ Testitem zur Veranschaulichung des Anforderungsniveaus EHV 2:

Tick the right answer.
❑ *Alternative energies can stop pollution.*
❑ *Wind and water cause a lot of pollution.*
❑ *Solar energy is only good for cars.*

Hier müssen Informationen gefunden werden, die explizit formuliert in einem relativ begrenzten Textausschnitt aufzufinden sind.

■ „Kompetenzniveau E-HV 3: *Grundlegendes Verstehen und einfaches Schlussfolgern*
– Die Schülerinnen und Schüler können sowohl allgemeine Aussagen als auch Details in mittelschweren Sachtexten über geläufige Themen des Alltagslebens – z. B. Wetternachrichten, Sportkleidung, Schulleben – verstehen.
– In Bezug auf solche Sachtexte können die Schülerinnen und Schüler die Verstehensstile des detaillierten und globalen Hörens nutzen.
– Sie können die in der jeweiligen Aufgabe erfragten Informationen im Rahmen klar umrissener Hörtextstellen finden und verstehen.
– Sie können zusätzlich einfache Verarbeitungsleistungen sprachlicher und inhaltlicher Art erbringen, z. B. sprachliche Bezüge nutzen und Schlussfolgerungen ziehen."

Auch wenn der Ausgangstext das Qualitätsmerkmal „mittelschwer" nur bedingt erfüllt, können durchaus diagnostische Erkenntnisse zu dieser Niveaustufe gemacht werden, insbesondere, wenn zur richtigen Lösung eines Testitems das Ziehen von Schlussfolgerungen erforderlich ist.

■ Testitem zur Veranschaulichung des Anforderungsniveaus E-HV 3:

Tick the right answer.
❑ *Only teachers and parents can help to stop pollution.*
❑ *Everybody can do something to stop the pollution of the environment.*
❑ *Nobody can stop pollution.*

Das „Kompetenzniveau E-HV 4: Differenziertes Verstehen und Schlussfolgern" wird altersbedingt am Ende der Klasse 6 nicht erwartet.

Beispiel Deutsch

Innerhalb der Domäne „Lesen – Umgang mit Texten und Medien" zeigt dieser Abschnitt anhand eines fiktionalen Textes, wie erreichte Lernstände im Sinne einer kompetenzorientierten Diagnostik erfasst und beschrieben werden können. Anschließend werden geeignete Aufgabenapparate für weitere Förderung (Wege zu nächst höheren Niveaus) erstellt.

Ein lineares entwicklungsbedingtes Ausbilden literarischen Verstehens findet nicht in klar abzugrenzenden Stufen und Aspekten statt. Dennoch lassen sich Aussagen zu unterschiedlichen Kompetenzstufen machen in Bezug auf
- die Vorstellungskraft (beim Lesen),
- die differenzierte Wahrnehmung sprachlicher Gestaltungsprinzipien,
- das Erkennen der Unterschiede von literarischen Figuren,
- das Verstehen von unterschiedlichen Handlungsskripten,
- das Verstehen von uneigentlicher Ausdrucksweise.

Für unseren Zweck sind Texte besonders geeignet, die beim Leser erstens das Herausbilden einer globalen Kohärenz (sinnvolles, nachvollziehbares Handlungskonzept) ermöglichen und zweitens eine wahrgenommene Irritation (einen Bruch in der erwarteten Handlungsabfolge) als Aufforderung zur Deutung beinhalten. Damit können mithilfe entsprechender Aufgabenformate alle möglichen Kompetenzstufen abgebildet werden – auch die, die z. B. in der Übergangsklasse 5 nicht unbedingt erwartbar sind.

Erich Kästner „Fauler Zauber"

Der Zauberkünstler Mamelock
Hebt seinen goldenen Zauberstock,
„Ich brauche", spricht er dumpf, „zwei Knaben,
Die ziemlich viel Courage haben".

Da steigen aus dem Publikum
Schnell Fritz und Franz aufs Podium.
Er hüllt sie ein in schwarzes Tuch
Und liest aus seinem Zauberbuch.
Er schwingt den Stock ein paar Sekunden;
Er hebt das Tuch – sie sind verschwunden!

Des Publikums Verblüffung wächst.
Wo hat er sie nur hingehext?

Beispiel Deutsch

Sie sind nicht fort, wie mancher denkt,
Er hat die beiden bloß – versenkt!

Fritz sagt zu Franz: „Siehst du die Leiter?"
Sie klettern abwärts und gehen weiter.
Der Zauberkünstler lässt sich Zeit,
nimmt dann das Tuch und wirft es breit.
Er schwingt sein Zepter auf und nieder –

Doch kommen Fritz und Franz nicht wieder!
Der Zauberer fällt vor Schrecken um.
Ganz ähnlich geht's dem Publikum.

Nur Fritz und Franz sind voller Freude.
Sie schleichen sich aus dem Gebäude.
Und Mamelock sucht sie noch heute.

(aus: Ein Mann gibt Auskunft, 1930, © Atrium Verlag, Zürich und Thomas Kästner)

Die Verstehensleistung dieses Textes besteht darin, den im Text dargestellten Sachverhalt mental zu repräsentieren, d. h., einen schlüssigen inhaltlichen Zusammenhang darzustellen. Ebenso gilt es, einen ersten Unterschied zwischen Lebenswelterfahrung (was läuft üblicherweise bei einer Zaubervorführung ab?) und textlicher Lebenswelt (um welche Handlung geht es im vorliegenden Text?) ausmachen zu können. Darüber hinaus können sprachliche Auffälligkeiten (Alliteration, Redeanteile, Umschreibung des Zauberstocks, u.a.) im Sinne einer expliziten Sprachbewusstheit benannt werden, welche die eigene Vorstellung belegen.

Von Schülern des 5. Jahrgangs wird erwartet, dass sie den grundlegenden Handlungsablauf aufgrund von lebensweltlichen und schulischen Erfahrungen abbilden können.

Die folgenden Aufgabenformate ermöglichen, die Bandbreite der Verstehensleistungen zu erfassen. Darüber hinaus sollten sie die Kriterien Validität, Differenzierung, Offenheit und Authentizität erfüllen.

- *Wir Leser erfahren leider nicht, wo dieses Ereignis stattfindet. Schreib kurz auf, wo dies sein könnte.*

In dieser *teiloffenen Aufgabenstellung* wird die Anforderungsleistung auf einen bestimmten Focus reduziert, das Kriterium Authentizität wird erfüllt.
Die Schüler sind gefordert, die Handlung plausibel zu verorten:
Erwartbar sind Zirkus/Arena.

Diese Aufgabe wird von fast allen Schülern des 5. Jahrgangs geleistet werden können, einige wenige werden möglicherweise „draußen" als Ort nennen.

6 Aufgaben mit diagnostischem Potential selbst erstellen

Hier ist ein nur rudimentäres Anknüpfen an textlicher oder lebensweltlicher Erfahrung erkennbar, ein Förderbedarf hinsichtlich „Lesen als Kennenlernen von unterschiedlichen Handlungsskripten und sich mit anderen darüber austauschen" wäre evident.

Insbesondere überraschende Antworten fordern zu weiterer Auseinandersetzung auf – z.B. die Antwort „Florenz". Hier ist erst nach einem Gespräch mit dem Schüler feststellbar, welche Denkoperationen stattgefunden haben. (Für diesen Schüler war es die außergewöhnliche Atmosphäre des Urlaubsortes Florenz, die zu außergewöhnlichen Ereignissen – wie einem Zirkusbesuch – einlud).

- *Stell dir vor, du würdest dieses Gedicht als kleines Spiel in deiner Klasse aufführen. Wie viele Kinder würdest du dafür brauchen? Begründe bitte kurz deine Entscheidung.*

Mithilfe dieser *teiloffenen Aufgabenstellung* kann festgestellt werden, ob und mit welcher Verarbeitungstiefe die Figurenkonstellation in dem Skript erkannt worden ist. Einblicke in unterschiedlich differenziertes Erkennen der Unterschiede und des Zusammenhangs von Figuren können erhalten werden. Außerdem wird ein schematisches Bearbeiten dieser Aufgabe vermieden.

Die Schüler sind gefordert, die Figurenkonstellation in dem Skript zu erkennen und sie in ein anderes Textmuster zu übertragen.

Erwartbar sind: mindestens vier Personen, die drei Personen und eine weitere, die das Publikum repräsentiert. Der Schüler vollbringt eine Übertragungsleistung, die das Verstehen des groben Handlungsablaufs – auch ohne die Wahrnehmung einer Differenzerfahrung – voraussetzt.

Diese Aufgabe wird von fast allen Schülern geleistet werden können. Einige wenige werden möglicherweise lediglich drei Personen nennen. Diese Schüler beschränken sich auf den Zaubertrick, das Publikum spielt dagegen für die Repräsentation des Textes keine zwingende Rolle. Eine Erklärung für diese Antwort könnte die Arbeitsstrategie „Schnelles Abarbeiten einer Aufgabenfolge" zu Lasten der Qualität sein. Ein Lernberatungsgespräch (s. Kapitel 11) wäre in diesem Falle sinnvoll. Andere erachten das Publikum nicht als wichtig. Hier könnte ein Förderbedarf zum Kennenlernen unterschiedlicher Handlungsskripte zum „Geschichten lesen und sich darüber mit anderen austauschen" empfohlen werden.

Es ist auch möglich, dass Schüler die Textstellen „Des Publikums Verblüffung wächst" und „Der Zauberer fällt vor Schrecken um/ganz ähnlich geht's dem Publikum" differenziert bearbeiten und detaillierte Überlegungen anstellen, wie viele Personen mindestens benötigt werden, um die zunehmende Reaktion des Publikums darstellen zu können. Hierbei können kluge und differenzierte

Beispiel Deutsch 67

Denkoperationen offensichtlich, eine Auseinandersetzung mit dramaturgischer Handlungslogik auf hoher Kompetenzstufe erkennbar werden. Der Fokus der Lehrkraft sollte hier auf besonders herausfordernde Aufgabestellungen (z. B. Rollen/Regieanweisungen für das Publikum, einen Brief eines Zuschauers schreiben) liegen.

- *Welche Personen brauchen für ihr Auftreten in dem kleinen Spiel unbedingt einen Text? Begründe bitte kurz deine Entscheidung.*

Mithilfe dieser *teiloffenen Aufgabenstellung* kann festgestellt werden, ob und mit welcher Verarbeitungstiefe das Skript Figur und Bezug zur Umwelt erkannt worden ist.

Die Schüler sind gefordert, den Text auf genaue Informationen hin zu untersuchen sowie ihre Ergebnisse in eine plausible Handlungslogik zu übersetzen. Erwartbar ist die Nennung von zwei Personen, nämlich die beiden Personen, die tatsächlich direkte Redeanteile besitzen: Mamelok und Fritz. Schüler könnten auch die Zahl „drei" nennen, möglicherweise mit der Begründung: Franz würde doch sicherlich die Frage bestätigen (im Sinne der Vervollständigung von Kausalabfolgen) oder sie können auch die (nicht vorhandene) Entgegnung von Franz einfach mitgelesen haben (hier im Sinne der indirekten Vervollständigung von Kausalabfolgen). Die formulierte Begründung sollte einen Einblick in die jeweilige Denkoperation ermöglichen. Auch die Zahl eins könnte genannt werden, z. B. mit der Argumentation: Das, was Fritz sagt, könne doch im szenischen Spiel viel wirkungsvoller pantomimisch dargestellt werden. Außerdem sei die Gefahr, dass sie durch lautes Sprechen auffliegen, zu groß.

- *Der Zauberkünstler hat zwar einen Namen, wird aber gar nicht näher beschrieben. Trotzdem machen wir uns alle eine Bild von ihm im Kopf. (A) Wie stellst du dir den Zauberkünstler vor? Du kannst ihn zeichnen oder beschreiben.*
  (B) Warum spricht er so „dumpf"? Was meinst du?

Der erste Aufgabenteil (A) stellt ein *offenes Format* dar und berücksichtigt insbesondere das Kriterium der Authentizität. Da dieser Typus im Weltwissen der Kinder fest verankert ist, kann davon ausgegangen werden, dass alle Kinder der Erwartung einer Beschreibung/Darstellung von Größe, Macht und „dunkler" Magie entsprechen.

Der Aufgabenteil (B) stellt ein *enges Aufgabenformat* dar: Auch wenn Schüler dieses Wort nicht in ihrem Wortschatz führen, können sie ab einer mittleren Kompetenzstufe aufgrund des Kontextes die Bedeutung des Wortes (auch assoziativ – klingt wie dunkel –) erschließen.

Schüler, die Begründungen zu (B) abgeben können, könnten diese jedoch noch sehr unspezifisch oder nicht rational (... weil er mächtig ist) formulieren. Andere könnten einen Bezug zu dunkel und mächtig, bedrohlich herstellen und die Wirkung einer dunklen, dumpfen Stimme beschreiben.

- *(A) Wie würdest du die beiden Jungen beschreiben?*
(B) Erkläre, wie du zu deiner Vorstellung kommst?

Das *offene Aufgabenformat* (Aufgabenteil A) lässt individuelle, nicht vorgegebene Assoziationen und Schlüsse zu. Kompetenzen können auf allen Stufen eingebracht werden, Defiziterfahrungen sind nahezu ausgeschlossen. Damit entspricht dieses Format den Kriterien Differenzierung und Offenheit.

Die *teiloffene Aufgabenstellung* (Aufgabenteil B) ermöglicht Einblicke in Denkoperationen, die Analogieschlüsse, Transferleistungen implizit (Sprachgefühl) oder auch explizit (metakognitiv abrufbar) ermöglichen.

In der Aufgabenstellung (A) sind die Schüler gefordert, ihre ganze schulische wie auch lebensweltliche Kenntnis abzurufen und aufgrund von Vergleichen zu präzisieren. Hierzu können im Vorfeld nur grobe Erwartungen formuliert werden, z. B.: Es sind zwei freche, pfiffige Jungen, da sie etwas Überraschendes tun.

Die Aufgabenstellung (B) erfordert eine Reflexionskompetenz, die in Ansätzen erwartbar ist. Hier ist zu erwarten, dass ein Teil der Schüler auf der Ebene der Beschreibung verbleibt (z. B.: Die beiden sind jung und irgendwie munter) ohne nachvollziehbare Begründungslogik. Ein weiterer Teil könnte aufgrund intuitiven Begreifens der Alliteration erkennen / assoziieren: eine konventionelle Figurenkonstellation, z. B.: „zwei Gesellen, die alles zusammen unternehmen", „Die Namen klingen so, als ob die beiden zusammengehören. Es erinnert ein bisschen an Plisch und Plum oder an Dick und Doof", „Solche Gestalten sind immer irgendwie lustig." Ebenfalls könnte der direkte Vergleich zu Max und Moritz angegeben werden mit der Begründung: Sie sind genauso frech; sie machen unerlaubte Dinge und gehorchen nicht dem Erwachsenen, sie spielen ihnen einen Streich.

- *Die meisten, die das Gedicht gelesen oder gehört haben, müssen am Ende schmunzeln, weil sie das Gedicht irgendwie witzig oder lustig finden. Was sagst du dazu?*

Dieses *offene Aufgabenformat* lässt individuelle, nicht vorgegebene Assoziationen zu. Kompetenzerfahrungen sind auf allen Stufen möglich, Defiziterfahrungen nahezu ausgeschlossen, es erfüllt damit die Kriterien *Differenzierung und Offenheit*.

Hierzu werden keine Erwartungen formuliert, da es sich um eine vollständig offene Aufgabenstellung handelt, mit der möglicherweise Rückschlüsse auf die Moralentwicklung (nach Kohlberg) gezogen werden können: Wenn die Stufe der konventionellen Ebene – Schema „Guter Junge; gutes Mädchen – im Sinne der Orientierung an Gesetz und Ordnung" vorausgesetzt werden kann, können Antworten erwartet werden, die es als witzig beschreiben, dass sich die Kinder der Macht des (Erwachsenen) Zauberers entziehen.

Das Spektrum möglicher Antworten erstreckt sich von pauschalen Äußerungen wie „Weil sie witzig sind", Formulierungen wie „Es ist lustig, dass die Kinder abhauen" oder „Es ist witzig, dass der Zauberer vor Schreck umfällt". bis hin zu „Obwohl der Zauberer so mächtig tut, sind die Kinder schlauer und spielen ihm einen Streich. Das gefällt den Kindern, damit sind sie in gewisser Weise mal mächtiger als die Erwachsenen."

■ *Gibt es noch etwas, das dir aufgefallen ist?*
Diese *offene Fragestellung* ermöglicht, dass zusätzlich nicht erwartbare Kompetenzen abgerufen werden können.
Diese Frage kann, muss aber nicht beantwortet werden. Sie ermöglicht es Schülern, weitere Aussagen machen zu können, wie z. B., dass die letzte Zeile „aus dem Ende eines Märchens stammt und es (das Gedicht) vielleicht nur eine besondere Art von Märchen wäre".

Dieses Beispiel zeigt nachdrücklich, dass kompetenzorientierte Aufgabenformate im Gegensatz zu konventionellen, defizitorientierten den Blick für individuelle Kompetenzen und nicht erwartbare Denkoperationen öffnen. Vorstellbar ist, dass die jeweilige Lehrkraft nur in „ihrer" Klasse eine solche oder ähnliche Diagnose durchführt. Die Auswertung ist insofern aufwändig, als Einzelgespräche (nicht zwingend mit allen Schülern) im Sinne einer Amnesie konkretere Einblicke in die impliziten Denkoperationen ermöglichen. Ziel dieser Gespräche muss sein, Schülern ihre Kompetenzen bewusst werden zu lassen.
Deshalb ist es bei Auffälligkeiten empfehlenswert, unterstützend weitere Aufgaben einzusetzen, welche sich auf die gleiche Kompetenzebene beziehen. Grundsätzlich gilt: Je mehr Aufgaben zu einer Kompetenzebene durchgearbeitet und analysiert werden, desto sicherer ist auch die Diagnose.
Einzelgespräche zu den schriftlichen Ausführungen – wenn immer möglich – sind äußerst aufschlussreich und verdeutlichen die erstaunlich differenzierten und individuellen Denkprozesse und fördern Kompetenzen, an denen konstruktiv weiter gearbeitet werden kann.

6 Aufgaben mit diagnostischem Potential selbst erstellen

Beispiel Mathematik

Bereits in Kapitel 2 wurden verschiedene diagnostische Verfahren, die im Mathematikunterricht Anwendung finden, erläutert und anhand von Aufgabenstellungen exemplarisch verdeutlicht. Ausgehend vom kompetenzorientierten Ansatz werden hier Kriterien angeführt, mit denen sich die Eignung von mathematischen Aufgaben zur Diagnose einschätzen lässt:

- *Validität:* Die Aufgabe prüft das ab, was intendiert ist. Die getesteten Kompetenzaspekte werden nicht von anderen überlagert.
- *Niveaudifferenzierung:* Die Aufgabe bietet allen Schülern die Möglichkeit, sich auf ihrem individuellen Niveau einbringen zu können. Dazu eignen sich besonders offene Aufgabenformate.
- *Prozessbezogenheit:* Die Aufgabe eröffnet einen Blick auf Denkprozesse und individuelle, nicht vorgegebene Wege. Damit verbunden ist es sinnvoll, wenn auch die Antwort entsprechend frei formulierbar sein darf und nicht an vorgegebene Formate gebunden ist.
- *Authentizität:* Die Aufgabe sollte Informationen über mathematische Kompetenzen liefern, die situationsangemessen und nicht lediglich schematisch angewendet werden können.

Das folgende Beispiel zeigt, wie sich durch die Umformulierung der Aufgabenstellung das diagnostische Potential einer Aufgabe erhöhen lässt.

Variante A
Wie groß ist der Flächeninhalt der Figur? (Kreuze die richtige Lösung an.)

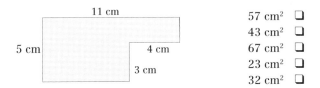

Diese Aufgabe ist relativ einfach zu korrigieren, für diagnostisch verwertbare Aussagen sind solche Aufgaben jedoch nicht gut geeignet. Es gibt eine richtige Antwort, Lösungswege werden nicht berücksichtigt. Wer auf dem Weg zur Lösung einen Rechenfehler macht, den Lösungsweg ansonsten aber sinnvoll anlegt und verfolgt, bekommt hier lediglich einen Fehler attestiert. Die verschiedenen Ergebnisse könnten zwar Hinweise auf bestimmte Lösungsstrategien geben, sicher lässt sich jedoch nicht sagen, ob die Antwort nicht per Zufallsprinzip angekreuzt wurde. (Jede Antwort, auch die richtige, kann immerhin per Zufall mit einer Wahrscheinlichkeit von 20 % gewählt worden sein.)

Beispiel Mathematik 71

Um diagnostisch sinnvolle Aussagen treffen zu können, sollten Denkwege sichtbar werden. Dies kann durch die *Öffnung der Aufgabenstellung* im Sinne einer verstehens- und kompetenzorientierten Diagnose erfolgen (s. dazu auch Kapitel 2). Variante A könnte z. b. folgendermaßen umformuliert werden:

Variante B
Berechne den Flächeninhalt der Figur. Zeige, wie du vorgehst (z. B. durch eine Erklärung, Zeichnung, Rechnung, ...).

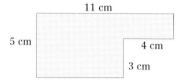

Die Aufgabenstellung ermöglicht unterschiedliche Lösungswege, wie die Addition von Teilflächen ($A_1 + A_2$) oder die Subtraktion einer Teilfläche von einer großen Fläche ($A_1 - A_2$). (Maße in cm)

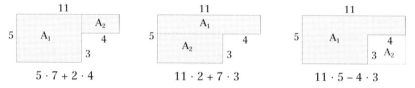

$5 \cdot 7 + 2 \cdot 4$ $\qquad$ $11 \cdot 2 + 7 \cdot 3$ $\qquad$ $11 \cdot 5 - 4 \cdot 3$

Der gewählte Lösungsweg lässt sich auf unterschiedliche Arten darstellen, z. B. durch Worte, zeichnerisch oder durch eine Rechnung.

Vorgegebene, nicht zur Diagnose geeignete Aufgaben, z. B. aus Schulbüchern, lassen sich mithilfe einfacher Techniken oft leicht in Aufgaben mit diagnostischem Potential verändern (BÜCHTER/LEUDERS 2005), z. B.

- Komplexe Aufgaben sollten reduziert werden, sodass der Fokus auf die interessierenden Aspekte gelegt werden kann (Validität).
- Damit Aufgaben individuelle Lösungswege ermöglichen, sollten sie geöffnet werden (s. dazu auch Kapitel 10).
- Lösungswege sollten sichtbar gemacht werden, indem explizit zu Eigenproduktionen (Rechnungen, Zeichnungen, Begründungen) aufgefordert wird.
- Selbst gewählte Lösungswege sollten reflektiert werden, z. B. durch Beschreiben, Erklären oder Begründen.

BÜCHTER/LEUDERS warnen jedoch davor, Aufforderungen wie „Begründe!", „Beschreibe!" oder „Warum bist du so vorgegangen?" schematisch und unspezifisch an jede Aufgabenstellung anzuhängen. Sie könnten sonst als Standardsätze zu einer gewissen Gewöhnung führen und damit nicht mehr im

6 Aufgaben mit diagnostischem Potential selbst erstellen

gewünschten Umfang Informationen zu den jeweils interessierenden Kompetenzen liefern. Bei jeder Aufgabenstellung sollte überprüft werden, ob eine solche Aufforderung in dem jeweiligen Zusammenhang auch wirklich plausibel und ertragreich ist.

Aufgabentypen, die für die kompetenz- und verstehensorientierte Diagnose besonders geeignet sind, sind laut BÜCHTER/LEUDERS Umkehraufgaben zu Verfahren, Aufgaben, in denen Begriffe erklärt und ausgelotet werden, sowie Aufgaben zur Interpretation von Modellen.

Umkehraufgaben ermöglichen die Öffnung geschlossener Aufgabentypen und führen damit zu einem Ziel- und Perspektivenwechsel. Auch die Flächeninhaltsaufgabe lässt sich in einer dritten Variante (C) zu einer Umkehraufgabe verwandeln.

Variante C
Der Flächeninhalt der Figur beträgt 43 cm².
Gib an, wie lang die einzelnen Seiten sein
könnten. Zeige, wie du zu deiner Lösung ge-
kommen bist (z. B. durch eine Erklärung,
Zeichnung, Rechnung).

Schüler, die diese dritte, wesentlich anspruchsvollere Variante der Aufgabe lösen, können ihre mathematischen Kompetenzen hier in einer authentischen Situation zeigen.

Die folgende Übersicht enthält Beispiele für Formulierungen von Aufgaben mit diagnostischem Potential, die Aufschluss darüber geben sollen, welche Vorstellungen zu einem mathematischen Begriff bzw. Verfahren, zur Beherrschung oder Begründung eines mathematischen Verfahrens vorliegen.

Diagnostiziert werden soll:	Geeignete Aufgabenformulierungen sind z. B.:
Vorstellung zu einem mathematischen Begriff	– Welche der folgenden Beispiele passen zu dem Begriff? – Nenne Beispiele zu dem Begriff. – Ist die Definition des Begriffs richtig? Verbessere sie gegebenenfalls.
Vorstellung zu einem mathematischen Verfahren	– Nenne eine (mathematische) Aufgabe, die zu dieser Sachsituation passt. – Erkläre, warum die Aufgabe nicht zu der Sachsituation passt. – Erfinde eine Sachsituation, die zu der Gleichung (Zeichnung, ...) passen könnte.

Beispiel Mathematik

Beherrschung eines mathematischen Verfahrens	– Zeige, wie du vorgehst (z.B. durch eine Erklärung, Zeichnung, Rechnung). – In der Rechnung steckt ein Fehler. Finde ihn heraus und korrigiere ihn. – Beschreibe einer Mitschülerin, die krank war, wie solche Aufgaben bearbeitet werden können.
Begründung für ein mathematisches Verfahren	– Erkläre, warum du so vorgehst. – Erkläre, welchen (Denk-)Fehler Malte gemacht hat. – Ordne der Aufgabe die richtige Rechnung zu und begründe deine Auswahl.

Weitere Beispiele für Aufgabenformate können bei HUSSMANN/LEUDERS/PREDIGER (2007) nachgeschlagen werden.

Schlussbemerkung

Unabhängig von der Auswahl und Zusammenstellung diagnostischer Aufgabenstellungen sollten die Schüler diese ohne Notendruck und in Ruhe ohne zeitliche Beschränkung bearbeiten können.

Für den Einsatz diagnostischer Aufgaben ist es in der Regel hilfreich und wertvoll, wenn die Schüler die Zielsetzung kennen und wissen, wie ihre individuellen Ergebnisse verwertet werden. Vor diesem Hintergrund werden sie sich eher ernsthaft mit den Aufgaben auseinandersetzen und entsprechend anstrengen.

Die Auswertung und Besprechung diagnostischer Aufgaben sollte möglichst zeitnah nach dem Schreiben erfolgen. Die Ergebnisse diagnostischer Aufgaben haben grundsätzlich Hinweischarakter auf mögliche Kompetenzen und Schwächen. Aufgrund der jeweiligen Rahmenbedingungen am Testtag (Schülerin X/Schüler Y kann sich an diesem Tag schlecht konzentrieren, eine Aufgabenstellung wird missverstanden, ...) können Einzelergebnisse beeinflusst werden. Deshalb ist es bei Auffälligkeiten empfehlenswert, unterstützend weitere Aufgaben zur Einschätzung einzusetzen, welche sich auf die gleiche Kompetenzebene beziehen. Grundsätzlich gilt: Je mehr Aufgaben zu einer Kompetenzebene durchgearbeitet und analysiert werden, desto sicherer ist auch die Diagnose.

Wenn die alltägliche Unterrichtsarbeit es erlaubt, ist neben der schriftlichen Bearbeitung von Aufgaben eine ergänzende mündliche Besprechung von Aufgaben – wenn möglich in Einzelgesprächen – immer lohnenswert. Auf der Grundlage der schriftlich bearbeiteten Aufgaben können Denkprozesse durch unmittelbare Rückbezüge transparent gemacht und manchmal möglichen Missverständnissen vorgebeugt werden.

7 Nachdenken über das eigene Lernen

Sabine Kliemann

Es ist wichtig, dass Lehrerinnen und Lehrer den Lernstand und die Lernprozesse ihrer Schülerinnen und Schüler treffend einschätzen können, aber „Schülerinnen und Schüler sind Experten für ihr eigenes Lernen" (LEUDERS 2007, 313). Dieses Expertenwissen sollte erkannt und genutzt werden, denn wer seine Kompetenzen und Fähigkeiten selbst reflektiert und seine Stärken und Schwächen kennt, wird eher dazu bereit sein, sich aktiv mit seinem Lernprozess auseinanderzusetzen und Selbstvertrauen und Verantwortung für das eigene Lernen zu übernehmen. Selbstbeobachtung und -einschätzung sollten sich an Aspekten orientieren, wie

- Vergleich des Erreichten mit gesetzten Lernzielen,
- Reflexion der verwendeten Lernmethoden und -strategien,
- Überlegen und Formulieren von Konsequenzen für das weitere individuelle Lernen.

Auf dem Weg zur individuellen Selbsteinschätzung kann es für Schüler hilfreich sein, wenn Lehrkräfte häufig mündliche oder auch schriftliche Dokumentationen und Reflexionen einfordern, z.B. als Teile von Arbeitsergebnissen.

Das schriftliche Formulieren ist sicherlich anspruchsvoller als das mündliche, aber trotzdem sprechen viele Gründe dafür, z.B.:
- Die individuelle Verschriftlichung durch persönliche Aufzeichnungen und Kommentare kann die Beziehung des Lerners zu seinen eigenen Produkten und zum Thema positiv beeinflussen. Die Identifikation mit dem eigenen Lernen wird gefördert und motiviert. In der Praxis erfolgt eine Verhaltensänderung vielfach schon allein dadurch, dass der Lernende die Ergebnisse seines Verhaltens niederschreibt.
- Schriftliches Formulieren fördert die individuellen Lernprozesse: Selbstständig fixierte Fragen und Probleme können besser erfasst werden. Eine gut formulierte Frage legt oft schon die Antwort nahe.
- Je besser eine Frage oder ein Problem dokumentiert wird, desto effektiver kann auf dieses eingegangen werden.

7 Nachdenken über das eigene Lernen

- Fehlerhafte Denkstrategien und -vorstellungen werden sichtbar und können als Ausgangspunkt für weiteres Lernen genutzt werden.
- Individuelle Verschriftlichungen bieten eine gute Grundlage für Austausch, Diskussion und Beratung. Diese können entweder im persönlichen Gespräch oder auch in schriftlicher Form erfolgen.

Wichtig ist, dass schriftliche Dokumentationen und Reflexionen von der Lehrkraft gewürdigt und in der weiteren Unterrichtsplanung verankert werden. Rückmeldungen zu Arbeitsschritten, Lernmethoden und -strategien sollten im Unterricht einen hohen Stellenwert haben.

Neben der Möglichkeit der individuellen schriftlichen Äußerung können auch teambezogene Verschriftlichungen erfolgen, vor allem in Unterrichtsphasen, die entsprechend gestaltet werden. Die Dokumentation kann dann von zwei oder mehr Lernpartnern abwechselnd oder gemeinsam vorgenommen werden. Dadurch wird die Kommunikation zwischen den Lernpartnern gefördert. Außerdem können teambezogene Verschriftlichungen bei der Aufarbeitung versäumter Unterrichtsinhalte helfen.

- Für Anfänger dieses Verfahrens sind vorgegebene Fragestellungen oder Satzanfänge hilfreich. Der folgende **Arbeitsrückblick** wurde im Rahmen eines über mehrere Wochen konzipierten Stationenlernens eingesetzt.

Arbeitsrückblicke

Am **Ende jeder Woche** schreibe einen Arbeitsrückblick. Dabei geht es darum, dass du dir noch einmal die **Inhalte der vergangenen Woche** vor Augen führst und ganz konkret deine **Arbeit in der nächsten Woche** planst. Dabei können dir die folgenden Satzanfänge helfen:
In dieser Woche habe ich gelernt ...
Noch nicht verstanden habe ich ...
Besonders interessant war für mich ...
Überflüssig fand ich ...
Hilfreich war für mich ...
In der nächsten Woche werde ich ...
Und übrigens wollte ich noch sagen ...
Hilfreich für das Schreiben der Arbeitsrückblicke kann ein Blick auf deine Lernziele[1] sein.

---

1 Bereits zu Beginn der Unterrichtsreihe wurden die durch die Lehrpläne vorgegebenen Lernziele erläutert sowie persönliche Lernziele formuliert. Alle Lernziele wurden individuell schriftlich festgehalten.

Die Lehrkraft nimmt regelmäßig Einblick sowohl in die selbstständig erarbeiteten Produkte der Schülerinnen und Schüler als auch in ihre Arbeitsrückblicke. So verschafft sie sich einerseits ein Bild über den aktuellen Arbeitsstand und andererseits über einen möglichen Besprechungsbedarf.

Während Lernprozesse mithilfe von Arbeitsrückblicken, Protokollen, usw. vorrangig retrospektiv betrachtet werden, können andere Instrumente, wie z.B. Lerntagebücher und Portfolios, prozessbegleitend eingesetzt werden.

- **Lerntagebücher** (auch Reisetagebücher, Lernjournale, ...) dienen dazu, individuelle Lernwege in chronologischer Reihenfolge sukzessive und regelmäßig (z.B. täglich, nach bestimmten Unterrichtsphasen) aufzuzeichnen. Die Person des Lernenden, der Lerngegenstand und alle Phasen des Lernprozesses werden in den Blick genommen und dargestellt. Es erfolgt eine Dokumentation von persönlicher Entwicklung anhand von Gedanken und Ideen, Entdeckungen und Erfahrungen, Ergebnissen und Problemen, Fortschritten und Irrwegen, Stärken und Schwächen.

Lerntagebücher bieten eine gute Grundlage für Austausch, Diskussion und Beratung. Sowohl Lernende als auch Lehrende können auf dieser Basis effektiv ihre weitere Arbeit planen.

Der protokollierende Charakter des Lerntagebuchs, der die individuelle Entwicklung und Lernfortschritte belegt, kann sich sehr motivierend auf Schülerinnen und Schüler auswirken. Das Bewusstsein, Schwierigkeiten bewältigt sowie eigene Möglichkeiten und Wege gefunden und beschritten zu haben, stärkt das Selbstvertrauen und spornt zur Weiterarbeit an.

Darüber hinaus können Äußerungen und Einschätzungen im Lerntagebuch zu Unterrichtskonzeption und -verlauf der Lehrkraft ein Feedback zum Unterricht liefern. „Schüler haben ein klares Bild davon, wie Unterricht abläuft und wie er verbessert werden könnte." (BASTIAN 2001)

Umstritten ist, ob Lerntagebücher in die Bewertung von Schülerleistungen einbezogen werden sollten. Zum einen könnte eine Bewertung verhindern, dass wirklich alle Gedanken – auch Irrwege, Fehlvorstellungen und Kritik – geäußert werden, zum anderen kann sie das Geschriebene aufwerten und seine Ernsthaftigkeit betonen.

Wenn Schüler erstmals ein Lerntagebuch erstellen, sollte zunächst erläutert werden, welche Inhalte es enthalten sollte. Das Merkblatt auf der folgenden Seite zeigt ein Beispiel (auch als download unter www.learn-line.nrw.de/angebote/selma/foyer/projekte/lerntagebuecher/seite6.htm verfügbar).

7 Nachdenken über das eigene Lernen

Lerntagebuch – Merkblatt für Schülerinnen und Schüler
(Ernst-Barlach-Gesamtschule, Dinslaken)

1. Warum soll ein Lerntagebuch geführt werden?
Das Lerntagebuch soll kein besseres Hausaufgabenheft sein, sondern es soll dir helfen, den roten Faden im Unterricht und bei deiner selbstständigen Arbeit nicht zu verlieren.
Im Lerntagebuch sollst du notieren, welche neuen Inhalte du erarbeitet oder in der Unterrichtsstunde gelernt hast. Außerdem sollst du dort erläutern, wie du deinen Arbeitsprozess bei größeren Vorhaben (Gruppenarbeiten, Referaten, Facharbeiten) strukturieren willst.

2. Anleitung zur äußeren Form
Dein Lerntagebuch sollte ein etwas dickeres Heft im DIN-A4-Format sein. Am Ende jeder Unterrichtsstunde bzw. noch am gleichen Tag zu Hause vor der Bearbeitung der Hausaufgaben solltest du eine Eintragung machen. Es ist hilfreich, wenn du zwei Farben benutzt. So kannst du neue Inhalte in einer Farbe gestalten und offene Fragen oder Probleme, die du noch hast, oder auch die Planung von weiteren Arbeitsprozessen in einer anderen Farbe gestalten.

3. Fragestellungen
Bei deinen Eintragungen solltest du versuchen, einige der folgenden Fragestellungen zu berücksichtigen.

3.1 Inhalte
a) Was war das Thema der Stunde? Was konntest du da lernen? (Vergiss das Datum nicht!)
b) Wusstest du schon etwas über das Thema?
c) Wurden neue Begriffe eingeführt (Definitionen)? In welchem Zusammenhang stehen diese neuen Begriffe mit bereits bekannten Begriffen? Versuche eine Mindmap zu erstellen.
d) Ist dir etwas nicht klar geworden? Wenn ja, dann formuliere eine Frage, die du deinen Mitschülern oder deinem Lehrer stellen willst.
e) Gab es verschiedene Lösungswege? Hast du andere Ideen zur Lösung gehabt?

3.2 Planung von Arbeitsprozessen
a) Versuche das Problem (die Aufgabe) mit eigenen Worten zu formulieren.
b) Überlege dir eine Lösungsstrategie.
c) In welchen Schritten willst du vorgehen?
d) Lässt sich die Aufgabe arbeitsteilig lösen?
e) Werden zusätzliche Hilfsmittel (Lexika, Fachbücher, Computer) benötigt?
f) Erstelle dir gegebenenfalls einen Arbeitsplan oder eine Mindmap.

3.3 Reflexion deiner Arbeit
a) Welche Schwierigkeiten sind bei der Lösung aufgetreten?
b) Warum bist du nicht weiter gekommen? Versuche eine Frage zu formulieren, die du den Kursmitgliedern stellen könntest.
c) An welchen Stellen hast du etwas für dich Neues gelernt? Hattest du Aha-Erlebnisse?
d) Bist du mit deiner Arbeit zufrieden?
e) Hast du dein Arbeitsziel in dieser Stunde erreicht? Wenn nicht, woran lag es?
f) Wie hast du dich in dieser Stunde im Unterricht oder in der Gruppenarbeit beteiligt? Gib dir eine Note.

Lerntagebuch – Merkblatt für Schülerinnen und Schüler
(Ernst-Barlach-Gesamtschule, Dinslaken)

4. Die Bewertung deines Lerntagebuchs
Die Lerntagebücher werden regelmäßig vom Lehrer kontrolliert und in die Beurteilung miteinbezogen. Dabei wird auf die Beschreibung deines Lernprozesses (also auf deine Planung von Lösungsmöglichkeiten und die Formulierung von Fragestellungen zum Thema) besonderer Wert gelegt. Natürlich wird auch die äußere Form deines Tagebuchs (Sauberkeit, Übersichtlichkeit, Vollständigkeit der Eintragungen) bei der Beurteilung berücksichtigt.

(Ilona Gabriel, Henning Heske, Markus Teidelt, Heinz Wesker)

■■ Auch nach jeder Fachstunde eingesetzte einfache **Checklisten** können hilfreich für die kontinuierliche Selbsteinschätzung sein (vgl. LEUDERS 2007, 313). Die Aspekte sollten dabei zur Lerngruppe und den fachlichen Anforderungen passen.

Checkliste für die Zeit vom		bis			
	Montag	Dienstag	Mittwoch	Donnerstag	Freitag
Hausaufgaben-kontrolle					
Unterrichts-beteiligung					
Einzelarbeit					
Partner-/ Gruppenarbeit					
Heftführung					
Gesamtein-schätzung					

Trage jeweils das zutreffende Zeichen ein. Verwende:
+   gut gelungen/richtig/interessant
~   mittel/teilweise o.k./nicht fertig
−   schwierig/falsch/nicht geschafft
0   hat heute nicht stattgefunden

■■ Ein anderes Instrument für die Selbstbeobachtung und -reflexion ist das **Portfolio**. Gegenüber dem Lerntagebuch werden für ein Portfolio die Inhalte nach bestimmten Kriterien systematisch ausgewählt und teilweise auch erst in einer überarbeiteten Version in einer Mappe o. Ä. zusammengestellt. Dabei

7 Nachdenken über das eigene Lernen

können neben eigenen Produkten auch fremde Texte, Arbeitsblätter, Abbildungen und Skizzen, Berichte, Notizen, Literaturlisten, Video- und Audioaufnahmen ergänzt werden.

Eine persönliche Stellungnahme verdeutlicht, welche Intention durch diese spezielle Zusammenstellung verfolgt wird, warum die Inhalte ausgewählt und so zusammengefügt wurden und was daraus gelernt werden kann.

Es kann unterschieden werden zwischen dem *Prozessportfolio*, in dem individuelle Lernwege dokumentiert, analysiert und kommentiert werden, und dem *Produktportfolio*, einer systematisch angelegten Sammlung ausgewählter und auch teilweise überarbeiteter Arbeitsergebnisse.

Das Portfolio ist in Deutschland auch im Zusammenhang mit dem europäischen Sprachenportfolio bekannt geworden, das Prozess- und Produktportfolio zugleich ist. Darin werden sowohl Daten zur eigenen Sprachenbiografie, Zertifikate und Leistungsdokumente als auch Selbsteinschätzungen zur Sprachentwicklung und eigene ausgewählte Arbeiten gesammelt.

■ Ein weiteres Instrument zur Einschätzung eigener Lernstände und -prozesse sind **Selbsteinschätzungsbögen** (auch Selbstdiagnosebögen, Checks, ...). Durch ihre tabellarische Aufmachung ermöglichen Sie ein sukzessives Abarbeiten von Aspekten und geben dadurch inhaltliche Sicherheit. Mit ihrer Hilfe können anschaulich Ideen vermittelt werden, wie eigenes Lernen selbstverantwortlich untersucht und überdacht werden kann. Die Ergebnisse der Selbsteinschätzung sollten im folgenden Schritt als Grundlage für die eigene Weiterarbeit verwendet werden.

Selbsteinschätzungsbögen lassen sich für nahezu jeden Unterrichtsinhalt ausarbeiten. Sie eignen sich auch als Ergänzung von Lerntagebüchern oder als Bestandteile von Portfolios.

Um Unterschiede zwischen der Selbsteinschätzung und tatsächlicher Leistung zu minimieren, ist es empfehlenswert, Einschätzungen auf konkrete Aufgabenbeispiele zu beziehen (s. Beispiel S. 80). Je konkreter (operationalisierbarer) die Items, desto weniger treten Über- oder Unterschätzung der eigenen Leistung auf.

Nach einer möglichst ausführlichen Auswertungsphase sollten die Schülerinnen und Schüler Ideen für die eigene Weiterarbeit gesammelt haben. In dem Beispiel zur Geometrie (Jg. 6) wurde unterstützend eine Spalte mit Hinweisen auf Selbstlernmaterialien angefügt, die den Schülern im Anschluss an die Bearbeitung des Bogens zur Verfügung gestellt werden.

Selbsteinschätzungsbogen Mathematik (Jg. 6)

Geometrie Fläche und Umfang des Rechtecks	Das kann ich.	Da bin ich fast sicher.	Da bin ich unsicher.	Das kann ich noch nicht.	Selbstlernmaterial
1. Ich kann den Flächeninhalt eines Rechtecks berechnen, wenn ich die Seitenlängen kenne. Beispiel 9 cm Flächeninhalt [ ] 5 cm = _____	❏	❏	❏	❏	Fläche des Rechtecks ①
2. Ich kann die Seitenlänge eines Rechtecks berechnen, wenn ich den Flächeninhalt und eine Seitenlänge kenne. Beispiel 6 cm ___ cm [Flächeninhalt 18 cm²]	❏	❏	❏	❏	Fläche des Rechtecks ①
3. Ich kann den Umfang eines Rechtecks berechnen, wenn ich die Seitenlängen kenne. Beispiel 3 cm Umfang [ ] 2 cm = _____	❏	❏	❏	❏	Umfang des Rechtecks ②
4. Ich kann die Seitenlänge eines Rechtecks berechnen, wenn ich den Umfang und eine Seitenlänge kenne. 5 cm Beispiel ___ cm [Umfang 14 cm²]	❏	❏	❏	❏	Umfang des Rechtecks ②
5. Ich kenne den Zusammenhang zwischen dem Flächeninhalt eines Rechtecks und dem Umfang. a) Der Flächeninhalt eines Rechtecks beträgt 24 cm². Wie groß könnte der Umfang sein? b) Kann ein Rechteck mit einem Flächeninhalt von 32 cm² einen Umfang von mehr als 1 m haben? Begründe.	❏	❏	❏	❏	Flächeninhalt und Umfang ③

Selbstkontrolle zu 1. bis 4. (ungeordnete Ergebnisse ohne Einheiten): 2; 3; 10; 45

7 Nachdenken über das eigene Lernen

Selbsteinschätzungsbogen Deutsch (Jg. 5)

Um die Aufgabe zu lösen, musstest du	Das konnte ich gut.	Das konnte ich.	Da war ich nicht sicher.	Das konnte ich nicht.	Das könntest du tun, um sicherer zu werden:
den Brief gründlich lesen und verstehen.	❏	❏	❏	❏	– den Brief erneut lesen, – schwierige Stellen laut lesen, – in Abschnitten lesen und prüfen, ob du nichts überlesen hast.
beachten, was die Aufgabe von dir verlangt.	❏	❏	❏	❏	– die Aufgabe genau lesen, – unterstreichen, was du tun sollst.
die Absicht der Briefschreiberin herausfinden.	❏	❏	❏	❏	– Fragen stellen und beantworten: – Warum schreibt die Briefschreiberin? An wen schreibt sie? – markieren, worauf du antworten und eingehen wolltest.
Gliederungspunkte des Briefes finden.	❏	❏	❏	❏	– Abschnitte einteilen, – Schlüsselwörter suchen und markieren.
markieren, worauf du antworten und eingehen wolltest	❏	❏	❏	❏	– Markieren, was du interessant findest und worauf du antworten möchtest, – Markieren, worauf der Briefschreiber gerne eine Antwort hätte.
sammeln, was du in deinem Brief verwenden wolltest.	❏	❏	❏	❏	– eine Stichwortliste anlegen.
einen Schreibplan entwickeln.	❏	❏	❏	❏	– Eine Reihenfolge überlegen: Wie fängst du an? Wie baust du den Brief auf? Wie beendest du ihn?
einen Brief schreiben.	❏	❏	❏	❏	– Erinnere dich, was zu einem Brief gehört.
die Briefform einhalten.	❏	❏	❏	❏	– Prüfe: Anrede, Datum, Grußformel, Verabschiedung

Selbsteinschätzungsbogen Deutsch (Jg. 5)

Um die Aufgabe zu lösen, musstest du	Das konnte ich gut.	Das konnte ich.	Da war ich nicht sicher.	Das konnte ich nicht.	Das könntest du tun, um sicherer zu werden:
interessant von dir erzählen.	❏	❏	❏	❏	– Überlege, welche Besonderheiten dich auszeichnen. – Nutze dein Vorwissen aus dem Unterricht (Lieblingsplatz, Speisekarte, Lieblings...).
den Adressaten persönlich ansprechen.	❏	❏	❏	❏	– Gibt es in deinem Brief die direkte Anrede?
auf den Briefschreiber antworten.	❏	❏	❏	❏	– Nutze deine Unterstreichungen und Vorarbeiten.
deine Absicht klären.	❏	❏	❏	❏	– Absicht ist, eine Brieffreundschaft anzuknüpfen. Was kannst du dafür tun?
richtige und abwechslungsreiche Sätze bilden	❏	❏	❏	❏	– Satzanfänge prüfen, Sätze umstellen, Wortwiederholungen vermeiden.
richtig schreiben.	❏	❏	❏	❏	– Rechtschreibstrategien nutzen und Fehler vermeiden durch • Schwingen • Verlängern • Zerlegen • Ableiten
sauber und leserfreundlich schreiben.	❏	❏	❏	❏	– Auf Absätze achten. – In jede zweite Zeile schreiben, Änderungen sauber in die Leerzeilen schreiben.

(Agnes Fulde)

Selbsteinschätzungsbögen sind auch ein gutes Instrument, um die Komplexität von Leistungsanforderungen in Aufgaben transparent zu machen. Indem die zur Lösung der Aufgaben notwendigen Teilleistungen ausgewiesen werden, sind die Anforderungen komplexer Aufgaben eher versteh- und vermittelbar. Schüler können ihre Leistungen in allen Teilbereichen einschätzen, reflektieren und den eigenen Handlungsbedarf ermitteln. Durch gezielte Hinweise auf hilfreiche Lösungsstrategien und Denkimpulse erhalten sie Hinweise, wie sie konkret weiterarbeiten können. Die Teilleistungen können, je nach Unterrichtsprozess, weiter ausdifferenziert werden.

Weist der Lehrer zu Beginn solcher Prozesse (wie im Beispiel für Deutsch) die entsprechenden Kriterien aus, ist es durch die Reflexion aller am Unterrichtsprozess Beteiligten zunehmend möglich, die Kriterien für eine gelungene Aufgabenlösung von den Lernenden selbst definieren zu lassen. Damit werden Grundlagen geschaffen für die Einschätzung von Leistungen – für die eigene genauso wie für die Leistung anderer.

Die Reflexion über die Anforderungen von Aufgaben und mögliche Lösungswege macht kumulativen Wissens- und Strategieaufbau möglich.

■ Neben Selbsteinschätzungsbögen, die in erster Linie für geschlossene Aufgabenformate geeignet sind, bieten sich auch **Partnerdiagnosebögen** an. Partnerdiagnosebögen sind gut geeignet, auch offenere Aufgabenformate zu integrieren. Die Lernpartner bearbeiten die Aufgaben zunächst für sich allein und formulieren Antworten. Danach erfolgt ein Austausch und ggf. eine Überarbeitung.

In dem folgenden Beispiel sollten die Schüler auf der Basis verschiedener Texte, Grafiken, Interviews usw. einen informativen und unterhaltsamen Zeitungsartikel (Jugendzeitschrift) zum Thema „Glück" schreiben (PC-gestaltet). Die auf dem Bogen zur Partnerdiagnose genannten Kriterien für einen gelungenen Artikel wurden zuvor im Unterricht erarbeitet. Jeder Schülertext wurde anschließend von zwei Mitschülern gelesen, anhand der Checkliste kommentiert und dann mit dem Autor erörtert. Dieser wählte aus den Rückmeldungen diejenigen aus, die ihm zur Verbesserung seines Textes hilfreich erschienen und überarbeitete den Text am PC entsprechend.

Partnereinschätzungsbogen (Jg. 9)	
Der Artikel wurde geschrieben von: _____	
Der Artikel wurde kontrolliert von: _____	
am (Datum): _____	
Checkliste zur Kontrolle des Zeitungsartikels zum Thema „Glück"	
	Kommentar (Kriterium erfüllt? teilweise erfüllt? nicht erfüllt? Was ist besonders gelungen? Verbesserungsvorschläge?):

7 Nachdenken über das eigene Lernen

Überschrift/Einleitung	
Die Überschrift weckt Interesse.	
Der Untertitel beschreibt, worum es im Artikel geht.	
Der Artikel beginnt mit einem Aufhänger, der das Interesse des Lesers weckt.	
Hauptteil	
Es kommen mehrere Aspekte des Themas „Glück" vor, nämlich	... Anmerkungen:
Die Aspekte sind so ausgewählt und ausgeführt, dass sie die Adressaten (Jugendliche) ansprechen.	
Der Hauptteil ist lebendig gestaltet, z.B. durch Beispiele, einen konkreten Fall/eine Szene, Zitate, Wissenswertes.	Es finden sich folgende Mittel der lebendigen Gestaltung: ... Anmerkungen:
Der Hauptteil ist so gestaltet, dass der Leser immer weiterlesen möchte.	
Schluss	
Der Schluss rundet den Text ab, z.B. durch eine „Schleife" zum Anfang.	
Sprache/äußere Form	
Der Text ist fehlerfrei und äußerlich ansprechend gestaltet.	Achte auf folgenden Fehlerschwerpunkt:
Die Sprache ist anschaulich und konkret.	
Es gibt originelle Formulierungen, die aber zum Text passen.	
Der Text hat einen roten Faden: Die Textteile sind in sich stimmig und schlüssig miteinander verbunden.	
Parataxe statt Hypotaxe	
Veranschaulichender Einbau von Grafiken/Fotos	
kein Ich/Wir	
Information und Bewertung klar getrennt	
Abschlusskommentar:	

(Frank Schneider)

Schlussbemerkung

Das Arbeiten mit Instrumenten der Selbstbeobachtung und der Selbsteinschätzung muss gelernt und trainiert werden. Es sollte zu einem regelmäßigen Bestandteil von Unterricht werden, damit Schülerinnen und Schüler auch längerfristig davon profitieren können.

Neben eigenen Kompetenzen und Stärken auch Schwierigkeiten und Probleme zu entdecken und zu benennen, um an ihnen zu arbeiten, sollte als hilfreich und wertvoll gesehen werden. Die Lehrperson hat dabei die Aufgabe, diesen Prozess beratend zu unterstützen. Außerdem stellt sie Materialien und Angebote für die eigenverantwortliche Aufarbeitung und Weiterarbeit zur Verfügung. Diese sollten leicht zuzuordnen und sofort verfügbar sein.

Lernende und Lehrende müssen gleichermaßen lernen zu akzeptieren, dass der Weg zum selbstverantwortlichen Lernen oft nicht geradlinig verläuft. Eigenverantwortliches Lernen bedeutet, auch Irrwege gehen und Fehler machen zu dürfen, ohne dass dabei gleich interveniert wird.

Lehrkräften fällt es oft schwer, sich zurückzuhalten und die Verantwortung für das Lernen bei dem Schüler zu belassen – gerade, wenn Lernwegentscheidungen situativ unpassend erscheinen. Dennoch sollten die Lernenden die Chance bekommen, selbst Irrwege zu erkennen, aufzuklären und eigenverantwortlich auf geeignete Lernwege zu gelangen.

8 Förderkonzepte

Sabine Kliemann

Um Schülerinnen und Schüler bestmöglich fördern und fordern zu können, sind schulische Förderkonzepte[1] unerlässlich. Sie vereinen auf der Grundlage der zur Verfügung stehenden Ressourcen vielfältige Maßnahmen zu einem Gesamtkomplex, der auf die speziellen Lernbedürfnisse, die einzelne Schule und deren besondere Bedingungen zugeschnitten ist. Unterstützend können Schulen auf schulexterne Angebote zurückgreifen (z. b. den schulpsychologischen Dienst, Jugendhilfeinstitutionen, Elterninitiativen).

Vor der Entwicklung eines schulischen Förderkonzeptes müssen verschiedene Aspekte überlegt werden:
- Welche Ziele soll das Förderkonzept auf der Grundlage der besonderen schulischen Bedingungen verfolgen?
- Auf welche Lerngruppen und Lerninhalte soll es bezogen werden?
- Auf welche Ressourcen (inner- und außerschulisch, zeitlich, personell, finanziell, ...) kann zurückgegriffen werden?
- Welche Ideen und Erfahrungen (anderer Schulen/Institutionen/Personen) können genutzt werden?
- Mit welchen Behinderungen/Schwierigkeiten muss gerechnet werden?
- Wie soll eine auf das Förderkonzept abgestimmte Beratungsstruktur aussehen?
- ...

Unterstützend hilft ein Arbeitsplan. Dieser klärt, wer wann was wie mit wem plant, vorbereitet, bespricht, verabschiedet. Wichtig ist es dabei, die *drei Ebenen der Planung* zu berücksichtigen:
1. *Schulebene* (Planung auf Grundlage des Förderbedarfs und der zur Verfügung stehenden Ressourcen)
2. *Klassen-/Jahrgangsebene* (Zusammenstellung des Förderbedarfs der Schüler einer Klasse/eines Jahrgangs nach bestimmten Aspekten)
3. *Individuelle Ebene* (Ermittlung und Beschreibung persönlicher Stärken und Schwächen einzelner Schüler)

---

1 Im Folgenden wird der Begriff „Förderkonzepte" zusammenfassend für „Förder- und Forderkonzepte" verwendet.

8 Förderkonzepte

Die Entwicklung eines Förderkonzeptes ist ein kontinuierlicher Prozess. Alle Beteiligten sollten die Möglichkeit und die Chance haben, aktiv und verantwortungsbewusst diesen Prozess voranzubringen, besondere Ergebnisse und Erfolge wahrzunehmen und gemeinsam Evaluation zu gestalten. Dabei gilt es, mögliche Widerstände zu berücksichtigen und zu durchleuchten (ROLFF 1999), denn eine Konzeption kann nur erfolgreich umgesetzt werden, wenn sie von allen Beteiligten getragen wird.

Die Erstellung eines Förderkonzeptes ist arbeits- und zeitaufwändig. Trotzdem ist es lohnenswert, denn ein wirksames, überzeugendes Förderkonzept

- verhilft Schülern zu Lernerfolgen,
- führt dadurch zu einer höheren Zufriedenheit der Schüler,
- schafft durch eine von Anerkennung und Bestätigung geprägte Lernatmosphäre ein positives Unterrichts- und Sozialklima,
- entlastet alle Beteiligten im regulären Unterricht,
- schafft neue Frei- und Entwicklungsräume,
- führt zu einer höheren Zufriedenheit der Lehrkräfte durch das Erleben eigener Wirksamkeit.

In ein *schulisches Förderkonzept* gehören Maßnahmen, wie z.B.

- der *explizite Förderunterricht* zu innerfachlichen Inhalten unter Angabe der eingesetzten Ressourcen (inner- und außerschulisch, zeitlich, personell, finanziell), der zeitlichen Planung und der Verfahren, wie Förderunterricht in der Schule stattfinden wird, einschließlich der Fördervereinbarungen mit den am Prozess Beteiligten (s. dazu auch Kapitel 11),
- die Förderung von *Schülern mit nichtdeutscher Muttersprache* (Fördermaßnahmen und Übungen, muttersprachlicher Unterricht),
- die Förderung von *Begabten* (z.B. innerschulisch durch das Drehtürmodell, Teilnahme an Plus-Kursen, Schülerwettbewerben oder außerschulisch durch den Besuch von Vorlesungen, die auch für das spätere Studium anerkannt werden),
- Angebote für den Erwerb *überfachlicher Kompetenzen*, wie Selbst- und Sozialkompetenzen (z.B. Lernen lernen, Lernstrategietraining, Maßnahmen zu sozialem Lernen),
- Maßnahmen an den *Übergängen*, z.B. von einer Schulstufe/-form in die nächste (Anknüpfung an vorhandene Kompetenzen und Vorerfahrungen durch Einstiegsphasen in Anfangsklassen, Willkommenstage, Angleich-/Brücken-/Powerkurse für den Übergang SI/SII) sowie Maßnahmen der Laufbahnbegleitung oder die Vor- und Nachbereitung des Überspringens einer Klasse.

Alle diese Maßnahmen sind eingebettet in ein *pädagogisches Gesamtkonzept*, das als Grundlage für das schulische Förderkonzept dargestellt und erläutert werden muss. (Welche Ziele verfolgt die individuelle Förderung an unserer Schule? Wie sollen sie umgesetzt werden? Welches pädagogische Leitbild liegt zugrunde?)

Förderung sollte immer passgenau mit Blick auf das einzelne Individuum erfolgen. Im System Schule findet Förderung selten in Form einer von einer Lerngruppe losgelösten Einzelförderung statt, sie ist in der Regel innerhalb eines bestimmten *organisatorischen Rahmens* eingebunden, z.B.:

- *Förderunterricht in Kleingruppen:* Der Stundenplan enthält bestimmte Stunden, meist Randstunden, in denen kleinere Schülergruppen entsprechend ihren besonderen Bedürfnissen gefördert werden.
- *Förderunterricht im Klassenverband oder Kurs:* Der Stundenplan enthält eine oder mehrere Stunden, die ausschließlich zur Förderung von Kleingruppen innerhalb einer Klasse oder eines Kurses genutzt werden.
- *Klassenübergreifender Förderunterricht:* In speziellen Kursen erfolgt z.B. Lese-Rechtschreib-Förderung, Sprachförderung für Schüler mit Deutsch als Zweitsprache, mathematische Förderung, psychomotorische Förderung. Auch Angebote, die über den traditionellen Fächerkanon hinausgehen, sind möglich (z.B. Bunsenbrenner-Führerschein, PC-Kurs, Konzentrationstraining, Training von Lernmethoden). Die Förderkonferenz ist für die Zuweisung der Förderung verantwortlich und dokumentiert diese.
- *Jahrgangsübergreifender Förderunterricht:* Hier können ähnliche Angebote wie im klassenübergreifenden Förderunterricht gemacht werden, jedoch erfolgt die Förderung inhaltsgebunden über den einzelnen Jahrgang hinweg.

Die folgende Tabelle zeigt ein *Beispiel für ein Organisationsraster zum Förderkonzept in der Sekundarstufe I einer Gesamtschule.* Die Fördermaßnahmen sind in den einzelnen Jahrgängen stichpunktartig aufgeführt.

Jahrgang	Fördermaßnahmen	Wochenstunden	Beteiligte Personen
5	Beobachtungsphase mit fachunabhängigem Methoden-/Konzentrationstraining in den einzenen Klassen	2 (10 Wochen zu Beginn des Schuljahres)	Fachlehrkräfte (D, E, M), LRS-Trainer, Klassenlehrer/in
	Klassenübergreifende Förderkurse in D, E, M, LRS	2 (ab 11. Schulwoche)	
	Forderkurse mit fachübergreifender Förderung auf höherem Niveau sowie Methoden- und Sozialtraining	2 (ab 11. Schulwoche)	

8 Förderkonzepte

6	Klassenübergreifende Förderkurse in D, E, M, LRS	2	Fachlehrkräfte (D, E, M), LRS-Trainer Klassenlehrer/in
	Forderkurse mit fachübergreifender Förderung auf höherem Niveau sowie Methoden- und Sozialtraining		
7	LRS im AG-Band	2	LRS-Trainer Klassenlehrer/in
	Training Arbeitsverhalten	2	
8	LRS im AG-Band	2	LRS-Trainer Klassenlehrer/in
	Training Arbeitsverhalten	2	
9	Schnittstellenförderung D, E, M	2	Fachlehrkräfte (D, E, M, F)
	Förderkurse Französisch (bei Bedarf)	2	
10	Förderung durch eine zusätzliche Übungsstunde als 5. Std. im Stundenraster im G-Kurs in D, M und im E-Kurs in E, M (mit der Intention einer Intensivförderung im E-Kurs und einer Abschlussförderstunde im G-Kurs)	2	Fachlehrkräfte (D, E, M)
	Powerkurse in D, E, M nach Entlassung der 10. für die Oberstufenschüler mit Selbstlernmaterialien zu oberstufenrelevanten Inhalten der Sek. I	5 x 2 je Fach (also 6 Std. täglich)	Fachlehrkräfte (D, E, M)

Beispiel „Organisationsraster zum Förderkonzept S I einer Gesamtschule"

Förderunterricht findet dort in den Jahrgängen 5 und 6 für alle Schüler jeweils zweistündig für ein Klassentandem statt. Die ersten zehn Wochen des Schuljahres gelten als Beobachtungsphase, während der fachunabhängig Methodenkenntnisse vermittelt und Konzentrationsübungen durchgeführt werden. Danach erfolgt eine Zuweisung durch die Fachlehrer in die Förderkurse zu den Fächern Deutsch, Englisch, Mathematik, in den Lese-Rechtschreib-Kurs (kurz LRS) oder in den Forderkurs zu fachbezogenen und fächerübergreifenden Themenstellungen auf höherem Niveau sowie einem weiterführenden Methoden- und Konzentrationstraining.

Auf der Grundlage einer aufmerksamen Beobachtung und einer Vordiagnose zur Lese-Rechtschreib-Fähigkeit werden ab Klasse 5 LRS-Kurse angeboten, die in den Jahrgängen 7 und 8 weitergeführt werden. Außerdem haben Schülerinnen und Schüler dieser Jahrgangsstufen die Möglichkeit, an einem Training zum Arbeitsverhalten teilzunehmen. Dort geht es neben Lernmethoden und Konzentrationstraining schwerpunktmäßig um das gemeinsame Lernen und Arbeiten.

In den Jahrgängen 9 und 10 findet im Hinblick auf die Abschlüsse in den Fächern Deutsch, Englisch, Mathematik und bei Bedarf auch in Französisch eine Förderung statt. Im 10. Jahrgang erhalten die Schüler je eine zusätzliche Übungsstunde als 5. Stunde im Stundenraster, die im G-Kurs in Deutsch und Mathematik der Abschlussförderung und im E-Kurs in Englisch und Mathematik der Intensivförderung dient.

Schüler, welche die Oberstufe besuchen werden, nehmen am Ende der 10. Klasse an sogenannten Powerkursen in Deutsch, Englisch und Mathematik teil. In diesen Kursen wird innerhalb eines relativ kurzen Zeitrahmens ein umfangreiches Stoffpensum zu den oberstufenrelevanten Inhalten der Sekundarstufe I intensiv und vertiefend wiederholt.

In Anlehnung an die organisatorischen Rahmenbedingungen werden im Folgenden drei Aspekte näher beleuchtet: Zeit, Ort und Personen.

Aspekt: Zeit

Förderunterricht kann im Stundenplan verankert, z. B. als regelmäßige Förderstunde, oder auch als Zusatzunterricht (Enrichment), z. B. in Form von projektmäßigen Fördertagen, stattfinden.

- **Förderstunden** sind zusätzlich zum Regelunterricht fest im Stundenraster verankert. Sie sollten möglichst nicht in die Randstunden am Ende eines Schultages gedrängt werden und auch nicht Vertretungsstunden zum Opfer fallen. Die Größe der Fördergruppen richtet sich nach der Art der Fördermaßnahme. Die in den Förderstunden eingesetzten Lehrkräfte sollten nach Kompetenz und Engagement ausgewählt werden. Sie müssen eng mit den entsprechenden Klassen- und Fachlehrkräften zusammenarbeiten und regelmäßig Beobachtungen und Erfahrungen austauschen. Bei intensiver Einweisung und Begleitung durch die verantwortliche Lehrkraft können Helfer (Eltern, Schülertutoren, ...) Lernprozesse erfolgreich unterstützen, z. B. beim Erwerb von Lesekompetenzen. Förderstunden sollten Schüler als unterstützende Maßnahmen wahrnehmen und nicht als belastende Mehrarbeit. Sie knüpfen an bestehende Kompetenzen an und dienen dem Aufbau, der Sicherung oder dem Ausbau von Grundfertigkeiten.

- Unter **Fördertagen** und **-halbtagen** werden größere Fördereinheiten verstanden, die entweder vorübergehend das Stundenraster auflösen oder als Zusatz, z. B. in den Nachmittagsstunden temporär oder regelmäßig stattfinden.

Fördertage werden meist dazu genutzt, Schülern die Möglichkeit zu geben, intensiv und konzentriert über einen größeren Zeitblock an einem Themenkomplex zu arbeiten. Da die Förderung an ganzen Tagen nicht so häufig möglich ist, werden alternativ vielfach Förderhalbtage eingeführt, die meist unproblematisch neben dem Regelunterricht in regelmäßigen Abständen durchgeführt werden können. Förder(halb)tage eignen sich auch gut, um themenbezogen in altersgemischten Gruppen lernen und arbeiten zu können.

Aspekt: Ort

Förderung kann in Klassen- oder Fachräumen stattfinden, aber auch in speziell dafür ausgestatteten Räumen, z.B. speziellen Lernwerkstätten.

■ In **Lernwerkstätten** erfolgt Lernen und Fördern auf der Grundlage spezieller Materialien (Bücher, Internet, Zeichen-, Werkmaterialien, Mikroskope, Computerprogramme, ...) und Anweisungen, die das selbstständige Lernen und Arbeiten in einem bestimmten Lernbereich anregen sollen (z.B. Lesewerkstatt, Schreibwerkstatt, Mathewerkstatt, künstlerische Werkstatt). Mittlerweile gibt es neben räumlich festgelegten Lernwerkstätten auch eine Vielzahl virtueller Lernwerkstätten, in denen Materialien online präsentiert werden. Schüler arbeiten in Lernwerkstätten alleine oder in Gruppen. Sie können unterschiedliche Aufträge erhalten, die sie mit oder ohne fremde Hilfe bewältigen. Zeitdauer, Form und der Grad der Selbstständigkeit können variiert werden.

Die Lehrperson stimmt Lernangebote auf die individuellen Bedingungen der Lernenden, die unterrichtlichen Anforderungen und die Lehrplanvorgaben ab. Lernangebote sollten dabei so formuliert werden, dass sie einerseits das Interesse der Schüler wecken und andererseits eine selbstständige Erarbeitung ermöglichen. Handlungsorientierte Arbeitsanweisungen und Materialien mit Selbstkontrollmöglichkeiten sind wünschenswert. Erarbeitungen aus dem Werkstattunterricht sollten protokolliert (z.B. in einem Lerntagebuch) und abschließend präsentiert werden (z.B. in der Klasse, in einer Ausstellung, in der Schülerzeitung, auf einem Schulfest).

Viele Schulen verfügen über *Selbstlernzentren, Bibliotheken* oder *Mediotheken*, die mit Büchern bzw. Computern (evtl. mit Internetanschluss) ausgestattet und nicht auf bestimmte Lernbereiche festgelegt sind, sondern ein breites Spektrum an Lernanregungen bieten. Auch sie können in ähnlicher Weise wie Lernwerkstätten genutzt werden.

Aspekt: Personen

Neben der Förderung durch Lehrerinnen und Lehrer sollten auch andere wertvolle Möglichkeiten der Unterstützung durch andere Personen in Betracht gezogen werden.

- Beim **Peerteaching** helfen Schülertutoren anderen Schülerinnen und Schülern, Lern- und Leistungsschwierigkeiten zu beseitigen. Sie können gleichaltrig oder auch älter als diejenigen sein, die sie unterstützen. Ein Altersunterschied von drei oder mehr Jahren hat sich allerdings bewährt. (GOODLAD/HIRST 1990).

Im Sinne einer Hilfe zur Selbsthilfe unterstützen Schülertutoren einzelne Förderschüler (oder manchmal auch sehr kleine Gruppen) dabei, selbstverantwortlich zu lernen. Für die unterstützten Schüler kann es eine sehr positive Erfahrung sein, dass Ältere sich für ihre Belange interessieren und sich um sie kümmern. Vielfach werden diese als Vorbilder für eigenes verantwortungsvolles, leistungsbezogenes Handeln wahrgenommen. Auch die Schülertutoren selbst profitieren von ihrem Einsatz: Sie lernen, Verantwortung zu übernehmen, Lernprozesse zu initiieren, andere zu beraten, Lernarrangements zu organisieren, Fragen und Probleme situationsgemäß zu bewältigen.

Da dazu nicht nur fachliche Kompetenzen erforderlich sind, sondern auch erzieherische und soziale, sollten Schülertutoren sorgsam ausgewählt und durch ein Tutorentraining vorbereitet und unterstützt werden. Eine betreuende Lehrperson sollte ihnen beratend zur Seite stehen. Begleitend finden regelmäßige Sitzungen der Schülertutoren statt, in denen gemeinsame Vorbereitungen durchgeführt, auftretende Schwierigkeiten thematisiert und Erfahrungen weitergegeben werden.

Vor dem Einsatz von Schülertutoren müssen neben den oben genannten Aspekten (s. S. 86) weitere überlegt werden, z. B.:
- Wie werden die Schülertutoren ausgewählt, wie die Förderschüler?
- Wie erfolgt die Zuweisung der Förderschüler zu den Schülertutoren?
- Wie viele Förderschüler betreut ein Schülertutor maximal?
- Welche Ziele sind für die Schülertutoren, welche für die Förderschüler bedeutsam?
- Zu welchen Zeiten werden Tutorenstunden durchgeführt?
- Werden Tutorenstunden verpflichtend oder freiwillig durchgeführt?
- Erhalten die Schülertutoren eine Vergütung?
- Wird vorgegebenes Fördermaterial eingesetzt oder erarbeiten oder wählen die Tutoren Material aus?

Aspekt: Personen

▪ **Lernpatenschaften** ermöglichen eine individuelle Lernbegleitung einzelner Schüler oder kleiner Lerngruppen. Lernpaten sind in der Regel außerschulische Helfer oder Institutionen, die ehrenamtlich eine individuelle Lernbegleitung übernehmen. Es ist aber auch möglich, dass Schüler Lernpaten werden. Die Förderung durch Lernpaten sollte in Absprache und Anbindung an die Förderkonzeption erfolgen. Die Lernpaten werden eingewiesen und von Lehrkräften begleitet. Wichtig sind klare Absprachen und Zielvereinbarungen sowie ein regelmäßiger Austausch mit den Lehrkräften. Bestehende Lernpatenschaften können als Vorbild dienen.

Lernpatenschaften haben häufig den Vorteil, dass sie Wissen mit praktischen Erfahrungen verbinden. Das gilt insbesondere für Lernpatenschaften mit Wirtschaftsunternehmen, die berufsvorbereitende Förderangebote machen.

Aber auch andere Angebote sind denkbar: z. B. theaterpädagogische Konzepte zur Sprachförderung, Musikangebote oder Instrumentenklassen zur Unterstützung musischer Begabungen.

Kindern mit Migrationshintergrund, deren Kenntnisse der deutschen Sprache verbessert werden sollen, kann es sehr helfen, wenn sie einen Lernpaten haben, mit dem sie sich regelmäßig treffen und der mit ihnen Deutsch redet. In vielen dieser Fälle sind Senioren ehrenamtliche Lernpaten. Sie begleiten die Kinder in Alltagssituationen, wie beim Einkaufen oder in die Bücherei. Dabei findet ein intensiver sprachlicher Austausch statt. Sie lesen sich gegenseitig vor oder lernen bei verschiedenen Spielen ganz nebenbei deutsche Grammatik. Sprachbarrieren werden spielerisch abgebaut und generationenübergreifende Kontakte zwischen alten und jungen Menschen unterschiedlicher Kulturkreise kommen zustande.

Lernpatenschaften können sich sehr positiv auswirken. Besonders in Familien, in denen Eltern von Arbeitslosigkeit betroffen sind, wenig Perspektiven sehen und Kinder schulmüde und desinteressiert sind, können Kinder durch engagierte Lernpaten positive Lebens- und Lernerfahrungen, Freude am Lernen, Neugier auf Wissen vermittelt bekommen.

Wer von Förderung spricht, hat auf den ersten Blick häufig Schülerinnen und Schüler mit Defiziten in bestimmten Fächern oder Teilgebieten vor Augen. Der zweite Blick richtet sich auf solche mit besonderen Fähigkeiten.

Hochbegabung – Kinder mit besonderen Begabungen

Bei der Beobachtung von Schülern fallen manchmal Kinder auf, die durch überdurchschnittliche Fähigkeiten und intellektuelle Höchstleistungen in speziellen Disziplinen herausragen. Diese besonderen Begabungen können sich auf einzelne Gebiete (sprachlich, naturwissenschaftlich, künstlerisch, sportlich, ...) oder auf mehrere gleichzeitig beziehen. Begabung ist jedoch nicht gleichzusetzen mit Leistung, Leistung bedeutet nicht gleichzeitig Begabung.

Während Hochbegabung früher oft gleichgesetzt wurde mit Intelligenz (Einfaktortheorie), geht man heute davon aus, dass mehrere Faktoren zugrunde liegen. RENZULLI (1979) betrachtet Hochbegabung in seinem „Drei-Ringe-Modell" der Begabung als die Schnittmenge von überdurchschnittlichen Fähigkeiten, Aufgabenzuwendung und Kreativität. Sein Modell dient als Grundlage für weitere.

„Drei-Ringe-Modell" nach RENZULLI

Das später von MÖNKS entwickelte Mehr-Faktoren-Modell berücksichtigt auch die Interaktion zwischen Individuum und Umwelt. Neben den Personenmerkmalen Kreativität, Motivation und hohen intellektuellen Fähigkeiten werden auch die Familie, die Schule und der Freundeskreis betrachtet (MÖNKS/ YPENBURG 1998). Hochleistung und Hochbegabung sind nach diesen Modellen jedoch nicht klar zu trennen. So kann z. B. die Frage nicht beantwortet werden, ob Underarchiever (hoher IQ, aber geringe Leistungen) als hochbegabt bezeichnet werden können.

Daher unterscheidet GAGNÉ (1993) in seinem differenzierten Begabungs- und Talentmodell zwischen angeborenen, noch nicht systematisch entwickelten Fähigkeiten (Begabungen) und außergewöhnlichen entwickelten Leistungen (Talenten), z. B. in musikalischen, künstlerischen, psychomotorischen und weiteren Leistungsbereichen. Bei der Entwicklung von Talenten müssen sogenannte Katalysatoren berücksichtigt werden: bedeutende Personen, die physikalische Umwelt (Umweltressourcen, welche die Talentwicklung fördern), Interventionen (Förderprogramme), bedeutsame Ereignisse und Zufälle (z. B. das Glück, die richtige Person zur richtigen Zeit am richtigen Ort zu treffen).

HELLER, PERLETH und HANY (1994) erweiterten bisher vorliegende Modelle im Münchner (Hoch-)Begabungsmodell, in dem angeborene Begabungsfaktoren angenommen werden. Diese können bei günstigen nichtkognitiven Persönlichkeitsmerkmalen und beim Vorliegen günstiger sozialer Faktoren in Leistungen umgesetzt werden (HOLLING 1999).

Hochbegabung – Kinder mit besonderen Begabungen

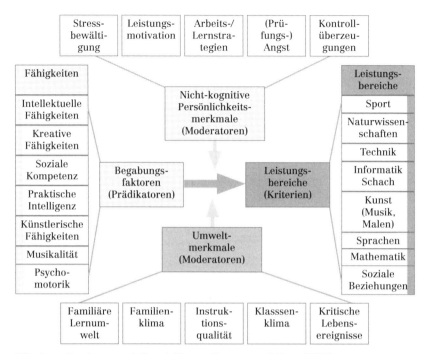

Münchner Begabungsmodell nach HELLER, PERLETH und HANY (1994)

Begabungsfaktoren sind danach intellektuelle und kreative Fähigkeiten, soziale Kompetenz und praktische Intelligenz, künstlerische Fähigkeiten, Musikalität sowie Psychomotorik. GAGNÉS interpersonale Katalysatoren werden durch nichtkognitive Persönlichkeitsmerkmale ersetzt. Aus allen Modellen geht hervor, dass angeborene Leistungsdispositionen sowie Motivation und Ausdauer Voraussetzungen für Hochbegabung sind. Nicht eindeutig ist, ob soziale und psychomotorische Variablen einbezogen werden dürfen.

Wie kann Hochbegabung erkannt werden?

Lehrkräfte stellen im Unterricht ständig Beobachtungen an. Auch wenn diese allein keine definitiv verlässliche Aussage über eine Hochbegabung liefern können, so können sie doch Hinweise geben und die Wahrnehmung schärfen. Folgende Merkmale und Haltungen können auf eine mögliche Hochbegabung hinweisen (vgl. Bundesministerium für Bildung und Forschung 2003):

■ **Merkmale des Lernens und Denkens:** Hochbegabte zeichnen sich häufig dadurch aus, dass sie in einzelnen Bereichen ein sehr hohes Detailwissen haben. Der Wortschatz ist oft für das Alter ungewöhnlich, die Sprache ausdrucksvoll, ausgearbeitet und flüssig. Sie lernen schnell und können außergewöhnlich gut beobachten. Vielfach sind sie kritisch, denken unabhängig und wertend. Meist lesen sie von sich aus sehr viel und bevorzugen Bücher, die über ihre Altersstufe deutlich hinausgehen.

■ **Arbeitshaltung und Interessen:** Motivierte Hochbegabte sehen Probleme als Herausforderung, während sie Routineaufgaben leicht langweilen. Sie sind selbstkritisch und streben nach Perfektion. Aufgaben wollen sie möglichst vollständig lösen. Sie setzen sich hohe Leistungsziele und lösen (selbst) gestellte Aufgaben mit einem Minimum an Anleitung und Hilfe durch Erwachsene. Ihre Interessensgebiete sind häufig „Erwachsenenthemen". Fühlen sie sich durch schulische Themenstellungen/Methoden nicht angesprochen, kann dies auch dazu führen, dass sie sich verweigern und nur geringe Leistungen zeigen (Underarchiever).

■ **Merkmale des sozialen Verhaltens:** Hochbegabte sind häufig Individualisten, die Meinungen anderer kritisch prüfen. Sie gehen nicht unbedingt mit der Mehrheit konform und sind auch bereit, sich gegen Autoritäten zu engagieren. Ihre Freunde sind oft gleichbefähigt, häufig Ältere. Verantwortungsbewusst und zuverlässig in Planung und Organisation bestimmen sie schnell über Situationen. Sie sind für politische und soziale Probleme aufgeschlossen und können sich in andere einfühlen. Da sie für sich häufig wenig befriedigende Kommunikationsmöglichkeiten haben und Korrektive ablehnen, sind ihre Problemlösungen und Argumentationen oft eigenwillig und schwer nachzuvollziehen.

Es müssen nicht alle der beschriebenen Merkmale zutreffen. Auch gelten viele dieser Merkmale nicht nur für Hochbegabte. Eine sichere Einschätzung ist selbst für Fachleute nicht einfach. Wenn sich Probleme in sozialer bzw. schulischer Hinsicht ergeben und Hinweise auf das Vorliegen einer Hochbegabung deutlich werden, kann ein professionelles Gutachten hilfreich sein. Der schulpsychologische Dienst hilft hier weiter.

Förderung hochbegabter Schülerinnen und Schüler

Aus den zuvor geschilderten Modellen wird deutlich, dass Hochbegabung nicht automatisch zu Höchstleistungen führt. So ist es wichtig, Bedingungen zu schaffen, in denen Kinder und Jugendliche sich entsprechend ihren Begabungen entwickeln können. Für jeden muss unter Berücksichtigung der individuellen Persönlichkeit ein angemessener Förderweg gefunden werden.

Hochbegabung – Kinder mit besonderen Begabungen

Manchmal kann es für diese Kinder hilfreich sein, ein beschleunigtes Durchlaufen des Curriculums zu ermöglichen (Akzeleration), z.B. durch
- frühzeitige Einschulung,
- den Wechsel in eine höhere Jahrgangsstufe (Überspringen),
- vorübergehende Teilnahme am Fachunterricht eines speziellen Schulfachs in der nächsthöheren Jahrgangsstufe. (Häufig wird dies auch als erster Schritt für einen Testlauf zum Überspringen einer Jahrgangsstufe genutzt.)

Der inzwischen in manchen Grundschulen praktizierte Unterricht in altersgemischten Klassen (flexible Eingangsstufe) ermöglicht ebenso eine Straffung der Schulzeit. Das Prinzip der altersgemischten Klassen findet sich auch in den Montessori-Schulen wieder – wenngleich hier nicht das beschleunigte Durchlaufen der Schullaufbahn im Vordergrund steht. Nach Maria Montessori beeinflusst der Entwicklungsstand des einzelnen Kindes, wann es bestimmte Inhalte lernt. So werden in vielen Montessori-Schulen z.B. 1.–3. und 4.–6. Schuljahre zusammengefasst. Dadurch wird dieser Ansatz sowohl minder- als auch hochbegabten Kindern gerecht, die entsprechend ihren Fähigkeiten länger oder kürzer in den betreffenden Jahrgangsstufen verweilen.

Die Idee der Straffung des Unterrichtsstoffes wird in einigen weiterführenden Schulen in sogenannten D-Zug-Klassen umgesetzt, die neben den regulären Klassen unterrichtet werden. Die Schulzeit verkürzt sich in diesen Klassen um ein Schuljahr.

Eine andere Fördermöglichkeit ist die Einrichtung einer Hochbegabtenklasse mit dem Schwerpunkt auf einem bestimmten Bereich (z.B. naturwissenschaftlich, musikalisch, sportlich). Dies ist jedoch nur sinnvoll, wenn ausreichend Schülerinnen und Schüler mit dem entsprechenden Potential zusammenkommen. Über die Einrichtung solcher Klassen liegen in verschiedenen Jahrgängen entsprechende Erfahrungen vor (z.B. aus Jugenddorf-Christophorusschulen in Braunschweig, Rostock und Königswinter).

In manchen Fällen kann auch statt einer beschleunigten Schullaufbahn ein halb- oder ganzjähriger Auslandsaufenthalt, z.B. im Rahmen eines Schüleraustauschprogramms, angemessen sein. Er liefert wichtige Impulse für die Persönlichkeitsentwicklung und stellt neben intellektuellen zusätzliche fremdsprachliche Herausforderungen an den Heranwachsenden.

Vielfach bieten Universitäten Vorlesungen, Seminare oder Ferienakademien an, die sich zum Teil speziell an Kinder und Jugendliche der Sekundarstufen I und II richten. Fachsemester, die bereits vor dem Abitur absolviert wurden, werden von den Universitäten im Regelfall anerkannt.

Schulen selbst können weitergehende Angebote, z.B. in Form von Arbeitsgemeinschaften oder sogenannten Plus-Kursen machen. Auch eine Teilnahme an bundes- und landesweiten Schülerwettbewerben, wie „Jugend forscht",

„Känguru der Mathematik", „Bundeswettbewerb Fremdsprachen" oder musisch-kulturellen Wettbewerben kann fördernd sein und in Vorbereitungskursen, Arbeitsgemeinschaften oder in den regulären Unterricht integriert werden. Häufig nehmen hochbegabte Kinder auch erfolgreich an bilingualen Unterrichtsangeboten teil. Neben der erhöhten Sprachkompetenz und dem Wissen über die fremde Kultur wird hier das gegenseitige Kennenlernen und Verstehen gefördert.

An vielen Schulen werden für die Probleme hochbegabter Schülerinnen und Schüler ausgesprochen fantasievolle, individuelle Lösungen gefunden, z.B.

- ein sprachlich hochbegabter Schüler nimmt in der Klasse 6 sowohl am jeweils neueinsetzenden Latein- als auch am Französischunterricht teil. Aus stundenplantechnischen Gründen besucht er in beiden Fächern nur die Hälfte des angebotenen Unterrichts.
- der Schulmüdigkeit einer hochbegabten Schülerin der Jahrgangsstufe 8 wird u.a. dadurch begegnet, dass sie während der Schulzeit die Möglichkeit erhält, an einem Tag pro Woche ein Praktikum bei einem Goldschmied zu absolvieren.

Weitere Tipps und Hilfen, auch für Eltern, gibt z.B. die Deutsche Gesellschaft für das hochbegabte Kind (Deutsche Gesellschaft für das hochbegabte Kind e.V., Otto-Suhr-Allee 26–28, 10585 Berlin, Tel. 030/34356829, www.dghk.de).

Im Unterrichtsalltag ist es wichtig, hochbegabte Kinder in die Klassengemeinschaft zu integrieren. Diese Kinder verhalten sich vielfach anders als Gleichaltrige und finden deshalb oft keinen Anschluss. Wichtig ist daher die Schaffung und Erhaltung eines Unterrichtsklimas, in dem auf der Grundlage von Vertrauen und Sicherheit eine sachliche und partnerschaftliche Arbeits- und Kommunikationskultur vorherrscht, in der klar wird, dass Lernen positiv ist und Freude macht. Unterstützend kann der Austausch und die Zusammenarbeit mit den Eltern wesentlich zur Integration in die Klassengemeinschaft beitragen. Darüber hinaus sollte eine anregende Lernumgebung zur Verfügung stehen: ein Angebot von Büchern und Lernspielen, die Möglichkeit der Computer- und Internetnutzung usw.

Besondere Fähigkeiten und Talente hochbegabter Kinder sollten im Unterricht als Chance genutzt und als Bereicherung für die Lerngruppe betrachtet werden. Es kann durchaus lohnenswert sein, die Potentiale auszuschöpfen und sich auf die Andersartigkeit, z.B. der Denkwege, dieser Kinder einzulassen.

Neben den zu Beginn dieses Kapitels vorgestellten Fördermaßnahmen ist es empfehlenswert, im Unterricht Methoden der inneren Differenzierung (s. Kapitel 10) anzuwenden.

Eine spezielle Fördermaßnahme für Hochbegabte ist das Drehtürmodell nach RENZULLI. Es ist ein Enrichmentmodell, d.h., es ergänzt den regulären

Unterricht durch ein Zusatzangebot. Die betroffenen Schüler verlassen zu festgelegten Zeiten den regulären Unterricht, um selbstständig an einer bestimmten Thematik zu arbeiten, z. B. einem Projekt zu einem selbst gewählten Thema (Expertenarbeit in Form eines Referats, eines digitalen Vortrags, eines Plakats, einer Broschüre). Ziele, Zeiten, Lernort(e) und Dauer werden mit der Lehrkraft vereinbart. Denkbar sind auch außerschulische Lernorte wie Firmen oder Universitäten.

Kombinationen des Drehtürmodells mit anderen Maßnahmen sind möglich, wie z. B. mit der zuvor beschriebenen vorübergehenden Teilnahme am Fachunterricht eines speziellen Schulfachs in der nächsthöheren Jahrgangsstufe. Für die Zeit der Abwesenheit vom regulären Unterricht werden verbindliche Absprachen getroffen, die festlegen, wie der versäumte Unterricht nachgeholt werden soll und wie die außerhalb des Unterrichts erarbeiteten Inhalte für die Lerngruppe nutzbar gemacht werden können. Da es sich um ein freiwilliges Projekt handelt, ist ein Abbruch jederzeit möglich, z. B. wenn sich die Schülerin oder der Schüler überfordert fühlt, Vereinbarungen nicht eingehalten wurden oder sich andere schulische Leistungen auffallend verschlechtern.

Schlussbemerkung

Fördermaßnahmen erfordern einen gut vorbereiteten organisatorischen Rahmen. Da jedes Kind andere Voraussetzungen mitbringt, müssen Förderprogramme auf die Bedürfnisse der jeweiligen Lerner bzw. Fördergruppen abgestimmt werden. Trotzdem wird kein – auch noch so gut durchdachtes – Förderkonzept allen Kindern gleich gerecht werden können. Die persönlichen Fähigkeiten und individuellen Persönlichkeitsmerkmale sind dazu zu unterschiedlich.

Wichtig ist es, dass Freiräume für Zusatzangebote im Bereich Fördern und Fordern ausschließlich der Umsetzung von Förder- und Fordermaßnahmen dienen und nicht dazu genutzt werden, Unterrichtsstoff aufzuholen, der während des regulären Unterrichts nicht geschafft wurde. Unterstützend zur Förderung sollte die Lernumgebung unterschiedliche Lernformen und -angebote ermöglichen.

Neben methodischen und didaktischen Kenntnissen sind organisatorische Rahmenbedingungen hilfreich, welche die Durchführung von Fördermaßnahmen unterstützen und sichern:

- Gemeinsame Unterrichtsplanung hat sich als ein wirksames Werkzeug zur Entwicklung von Unterrichtsqualität erwiesen (HELMKE 2007). Darüber hinaus helfen gegenseitige Unterrichtsbeobachtungen und -analysen (Supervision), eigenen Unterricht zu reflektieren und zu optimieren (LEUDERS

2001). Viele Schulen bilden stufenbezogene Lehrerteams, die sich intensiv in Unterrichts- und Erziehungsfragen abstimmen und bei Bedarf gemeinsam Fördermaßnahmen vereinbaren.
- Auch das Aufbrechen des 45-Minuten-Taktes wird inzwischen in immer mehr Schulen praktiziert. Nach Erfahrungsberichten beteiligter Lehrkräfte kann durch das Unterrichten im 60-Minuten- oder Doppelstundentakt der Unterricht deutlich stärker schülerorientiert gestaltet werden.

Nach der Durchführung von Fördermaßnahmen ist es wichtig und notwendig, zu überprüfen, inwieweit Ziele erreicht werden konnten. Dabei erhalten alle Beteiligten die Möglichkeit, sich zu äußern. Die Evaluation sollte für alle transparent gemacht werden und als Grundlage für die Planung des folgenden Durchgangs dienen.

9 Lernstrategien im Unterrichtsalltag

Viola den Elzen-Rump, Joachim Wirth, Detlev Leutner

Abhängig von der Art der Lernaufgabe, der Lernsituation und den persönlichen Lernerfahrungen bedienen sich Personen der unterschiedlichsten Vorgehensweisen, um zu lernen. Welche dieser Vorgehensweisen unter welchen Bedingungen lernförderlich sind, ist spätestens seit den 1970er Jahren ein international rege untersuchtes Forschungsgebiet. Da mag es erstaunlich sein, dass es noch keinen Konsens darüber gibt, welche spezifischen Merkmale eine Vorgehensweise aufweisen muss, damit sie als *Lernstrategie* bezeichnet werden kann. Die unterschiedlichen Forschungsrichtungen legen ihr Augenmerk auf unterschiedliche Merkmale, die sie für Lernstrategien als notwendig und definierend ansehen. Der einzige gemeinsame Nenner der verschiedenen Definitionen ist, dass eine Lernstrategie eine *zielgerichtete* Vorgehensweise zur Realisierung eines Lernziels bzw. zur Bewältigung von Lernanforderungen ist (LOMPSCHER 1994) oder, mit anderen Worten, ein Plan für eine Handlungssequenz, die auf Lernen abzielt (KLAUER/LEUTNER 2007, Kapitel 14). Diese zugegebenermaßen recht vage Beschreibung von Lernstrategien basiert auf zwei grundlegenden Sichtweisen. Die eine Sichtweise bezieht sich auf den Lern*prozess*, der als mehrstufiger Informationsverarbeitungsprozess angesehen wird und (wenigstens) die folgenden Teilaspekte beinhaltet:
- das Produzieren und/oder Wahrnehmen zu lernender Informationen,
- das Abrufen von Wissen,
- das Verstehen sowie
- das Speichern von Informationen.

Lernen wird damit als Voraussetzung dafür angesehen, „[...] dass Wissen erinnert, angewandt und gegebenenfalls auch auf neue Inhaltsbereiche transferiert werden kann" (WIRTH 2004, 17). Die andere Sichtweise bezieht sich auf die lernende *Person*. Es wird von einem Lernenden ausgegangen, der Lernhandlungen und -kognitionen
- aktiv,
- flexibel und
- selbstreguliert einsetzt und
- das mit dem bewussten Ziel, Wissen zu konstruieren und zu erwerben.

Vor dem Hintergrund eines solchen Verständnisses von sowohl Lernprozess als auch lernender Person werden im Folgenden die gängigsten Klassifikationen von Lernstrategien vorgestellt und anhand des fiktiven Schülers Max, der als Hausaufgabe hat, den Inhalt eines Textes über Auftrieb in Flüssigkeiten aus seinem Physikbuch zu lernen, erläutert. Darauf aufbauend werden Prinzipien abgeleitet, wie der Einsatz von Lernstrategien gefördert und wie eine solche Förderung in den Unterrichtsprozess integriert werden kann.

Klassifikationen von Lernstrategien

Um eine bestimmte Vorgehensweisen als Lernstrategie zu klassifizieren, kann sie anhand verschiedener Merkmale beurteilt werden. Zu diesen Merkmalen zählen u. a.

- die *Bewusstheit* ihrer Anwendung,
- die *Verarbeitungstiefe*, mit der die zu lernenden Informationen in die bedeutungshaltige Wissensstruktur von Lernenden integriert werden,
- die *Funktion*, die eine Lernstrategie beim Lernen erfüllt,
- die *Direktheit*, mit der eine Lernstrategie die kognitiven Lern- und Denkprozesse beeinflusst,
- die *zeitliche Erstreckung* der Anwendung einer Lernstrategie sowie
- die *Bandbreite* von Lernsituationen, auf die eine bestimmte Strategie lernförderlich angewandt werden kann.

Bewusstheit. Die meisten Fertigkeiten, wie die Fähigkeit, eine bestimmte Lernstrategie erfolgreich einzusetzen, werden Lernenden zunächst *deklarativ* vermittelt, d.h., es wird erläutert und deutlich gemacht, was wie zu tun ist. Durch wiederholte Anwendung wird das Wissen über diese Strategie dann immer weiter *prozeduralisiert*, sodass es zu einer automatischen und teilweise auch unbewussten Ausführung der Lernstrategie bei entsprechenden Lernaufgaben kommen kann (ANDERSON 1982).

Nehmen wir zum Beispiel Max, dem seine Lehrerin die Anwendung der Textmarkierungsstrategie im Unterricht erklärt hat. Beim ersten Anwenden dieser Strategie wird Max noch Probleme haben und sich – neben dem eigentlichen Lernen – sehr auf die richtige Anwendung der Strategie konzentrieren müssen. Das ist anstrengend und führt wahrscheinlich dazu, dass der eigentliche Lernerfolg noch ausbleibt. In dieser anfänglichen Phase braucht Max sicherlich noch den Ansporn und die Unterstützung durch seine Lehrerin. Je häufiger Max jedoch Texte mit der Textmarkierungsstrategie bearbeitet, desto einfacher, automatisierter und nahezu unbewusst wird er die Strategie anwenden können. Als Folge wird er mehr kognitive Kapazitäten frei haben, um sich auf die eigentlichen Lerninhalte im Text zu konzentrieren, sodass sich der

Klassifikationen von Lernstrategien 103

eigentliche Lernerfolg auch tatsächlich einstellt. In dieser Phase hat Max das Wissen über die Anwendung der Textmarkierungsstrategie bereits „prozeduralisiert" (ANDERSON 1982). Eine starke Prozeduralisierung des Strategiewissens drückt sich dann z. B. dadurch aus, dass Max sich beim Lesen und Lernen aus einem Text nahezu unwohl fühlt, wenn er dabei keinen Stift in der Hand hält und er sich die zentralen Wörter der verschiedenen Textabschnitte nicht markieren kann.

- **Verarbeitungstiefe.** Vertreten durch MARTON und SÄLJÖ (1976, 1984) entstand eine Klassifikation von Lernstrategien, welche die auf Bedeutung hin orientierte, *semantische Verarbeitungstiefe* der zu lernenden Information als Unterscheidungsmerkmal annimmt. Sie fanden in ihren Untersuchungen zwei Verarbeitungsebenen. Die eingesetzten Lernstrategien, die auf diesen beiden Verarbeitungsebenen ansetzen, bezeichneten sie als Oberflächenstrategien (*surface-level approach*) und als Tiefenverarbeitungsstrategien (*deep-level approach*). *Oberflächenstrategien* zeichnen sich dadurch aus, dass Lerninhalte lediglich oberflächlich verarbeitet werden, ohne dass es zur Konstruktion einer tieferen Bedeutung kommt. Wenn bspw. Max im Physikunterricht die Namen und Definitionen der verschiedenen Kräfte, die das Auftriebsverhalten von Körpern in Flüssigkeiten bedingen, lernen soll, kann er dies durch reines Wiederholen der Namens- und Definitionsliste tun. Dabei kommt es zu keiner bedeutungshaltigen Verarbeitung der Namen und Definitionen, sondern „nur" zu einer Assoziation zwischen Namen und Definitionen.

Im Gegensatz dazu ist eine tiefere semantische, d. h. bedeutungshaltige Verarbeitung der Lerninhalte für eine *Tiefenverarbeitungsstrategie* kennzeichnend. Die zu lernenden Informationen werden interpretiert, mit Vorwissen verknüpft oder anderweitig bedeutungsgenerierend verarbeitet. Max würde eine Tiefenverarbeitungsstrategie anwenden, wenn es darum geht, nicht etwas nur auswendig zu lernen, sondern einen Lerninhalt auch zu verstehen. Wenn z. B. Max die Hausaufgabe hat, einen Text aus seinem Physikbuch über Auftrieb in Flüssigkeiten zu lesen und die Inhalte zu lernen, könnte er versuchen, sich die Inhalte des Textes anhand von Beispielen selbst zu verdeutlichen. Er könnte sich vor dem Lesen fragen, was er bereits über Auftrieb in Flüssigkeiten weiß, und dann auf dieses Vorwissen beim verstehenden Lesen des Textes zurückzugreifen. Max würde also seine Aufmerksamkeit nicht bloß auf Fakten richten, sondern versuchen, Botschaften und bedeutende Inhalte zu erkennen, zu entschlüsseln oder zu konstruieren, um diese für sich nutzbar zu machen (vgl. KLAUER/LEUTNER 2007, Kapitel 7).

Mit der Unterscheidung von Tiefen- und Oberflächenstrategien ist keine Qualitätsaussage über die eine oder andere Strategie verbunden, denn die Relevanz der einen oder der anderen Strategie hängt von der jeweiligen Lernsituation und dem Lernziel ab. Geht es darum, bestimmte Informationen (z. B. Formeln, Jahreszahlen oder Vokabeln) auswendig zu lernen, sind Oberflächenstrategien ökonomisch und zielführend. Geht es allerdings um das Verständnis von Lerninhalten, führt kein Weg an Tiefenverarbeitungsstrategien vorbei.

■ **Funktion.** Nach SCHREIBER (1998) haben selbstreguliert Lernende während des Lernprozesses verschiedene Funktionen zu erfüllen, wofür sie unterschiedliche Strategien einsetzen können (vgl. KLAUER 1985). Sie müssen

- für eine angemessene Lernmotivation sorgen (Funktion: *Motivation*),
- dafür Sorge tragen, dass alle relevanten Informationen verfügbar sind (*Funktion: Information*),
- die angemessene Verarbeitung der Informationen gewährleisten (Funktion: *Informationsverarbeitung*),
- Informationen so abspeichern, dass sie später auch wieder abgerufen werden können (Funktion: *Speichern und Abruf*) und
- Erlerntes auf neue Situationen anwenden können (Funktion: *Transfer*).

Zur Erfüllung dieser fünf Funktionen lassen sich sogenannte untergeordnete Lernstrategien einsetzen. Nehmen wir als Beispiel wieder Max, der als Hausaufgabe hat, den Physiktext über Auftrieb in Flüssigkeiten zu lesen. Es könnte sein, dass seine Motivation, den Text verstehend zu bearbeiten, gering ist. Eine Strategie, sich zum Lesen zu motivieren, wäre, dass Max sich den persönlichen Nutzen des Lernens des Textinhalts zu vergegenwärtigen versucht – *Strategie der Motivationsförderung* (LEUTNER/BARTHEL/SCHREIBER 2001). Max könnte sich zum Beispiel vor Augen führen, dass er gute Physikkenntnisse braucht, um seinem Berufswunsch, Bauingenieur zu werden, näherzukommen.

Wenn Max motiviert ist, den Text zu bearbeiten, könnte er zunächst versuchen, sich sein Wissen über Kräfte und Auftrieb ins Gedächtnis zu rufen. Beim Lesen des Textes könnte Max die Textmarkierungsstrategie einsetzen und dabei alle ihm wichtig erscheinenden Informationen unterstreichen. Zudem könnte er sich zusätzliche Bücher und Lexika besorgen, um bei Verständnisschwierigkeiten nachschlagen zu können. Alle diese Strategien dienen dazu, dass Max die Informationen zur Verfügung hat, die er zum Lernen braucht (*Informationsstrategie*).

Zu den typischen Lernstrategien der *Informationsverarbeitung* zählen Organisations- und Elaborationsstrategien. *Organisationsstrategien* dienen dazu, Detailinformationen zu größeren Sinneinheiten zusammenzufassen und damit den Umfang an Informationen, die zu lernen sind, deutlich zu komprimieren und damit auch zu reduzieren. Max könnte beispielsweise versuchen, die in dem Physiktext genannten Informationen sinnvoll zu ordnen, z. B. nach Kräften, Körpereigenschaften und Eigenschaften der flüssigen Umgebung.

Komplizierte Sachverhalte könnte er in einem Diagramm oder in einer Tabelle darstellen, um sie sich dadurch in reduzierter Form zu verdeutlichen.

Elaborationsstrategien zielen auf die Integration neuer Informationen in bereits vorhandene Wissensstrukturen ab. Dafür reichern sie die neu zu lernenden Wissensinhalte mit Informationen, die als Vorwissen bereits verfügbar sind, weiter an und helfen dadurch, neue Informationen besser zu verstehen und auch besser zu behalten. Die Aktivierung von Vorwissen vor Beginn des Lernens, bspw. durch Brainstorming-Verfahren oder das Generieren von Fragen, die beim Lernen an den Text gestellt werden sollen, ist dabei ein zentraler Bestandteil elaborativer Lernstrategien (vgl. KLAUER/LEUTNER 2007, Kapitel 7). Max würde sich also einer Elaborationsstrategie bedienen, wenn er, nachdem er sich sein Wissen über Auftrieb in Flüssigkeiten ins Gedächtnis gerufen hat, sich mental vorzustellen versuchte, wie ein Körper in einer Flüssigkeit aufsteigt und welche Kräfte, vielleicht mental symbolisiert durch unterschiedliche Pfeile, an diesem Körper dabei „drücken und ziehen". Max könnte auch den Inhalt des Textes in eigenen Worten niederschreiben, paraphrasieren, oder er könnte versuchen, durch das Bilden von Analogien den Inhalt besser zu verstehen.

Organisations- und Elaborationsstrategien zählen zu den Tiefenverarbeitungsstrategien (s.o.). Ihre Anwendung führt zu einem tieferen Verständnis der Lerninhalte und zur Verknüpfung mit Vorwissen. Dadurch erfüllen diese Strategien auch eine Speicher- und Abruffunktion.

Aber auch ohne eine tiefere Verarbeitung können Prozesse des *Speicherns und Abrufens* in Gang gesetzt werden, z. B. durch die Anwendung von *Wiederholungsstrategien*. Dazu zählt das aktive Memorieren durch lautes oder leises Benennen von Informationen (z. B. das wiederholte Vorsagen einer Telefonnummer). Aber auch das Herausschreiben oder Unterstreichen wichtiger Informationen aus einem Text, mit dem Ziel, sich die daraus resultierende Liste wichtiger Informationen wiederholt durchlesen und dadurch einprägen zu können, ist eine andere Möglichkeit einer Wiederholungsstrategie. Max, der eine Vokabelliste wiederholt durchliest und damit Assoziationen aufbaut und stärkt, wendet ebenfalls eine Wiederholungsstrategie an. Wiederholungsstrategien dienen einer oberflächlichen Speicherung von Informationen, durch die der Informationsgehalt des zu erlernenden Inhalts unverändert bleibt.

Um die *Transferierbarkeit* des erlernten Inhalts auf neue Anwendungsbereiche zu erhöhen, schlagen bereits CAMPIONE und BROWN (1974) die Strategie der systematischen Kontextvariation vor. Die Grundidee besteht darin, den Lerninhalt bereits beim Lernen auf verschiedene Situationen anzuwenden und somit die relevanten, sprich auf alle Situationen anwendbaren Merkmale des Inhalts zu erkennen und in einem mentalen Schema zu organisieren. Dabei können (zusätzlich) Techniken, die das Erkennen relevanter Merkmale fördern, eingesetzt werden. Hierzu zählt zum Beispiel, während der Anwendung von

Erlerntem auf neue Situationen laut auszusprechen, was einem dabei durch den Kopf geht, oder auch laut Selbsterklärungen zu formulieren, diese auszusprechen oder aufzuschreiben. Im Falle von Max wäre es lernförderlich, wenn er sich unterschiedliche Aufgaben aus seinem Physikbuch suchen würde, in denen immer unterschiedliche Kräfte zu berechnen sind. Wenn er darin geübt ist, könnte Max versuchen, seine Kenntnisse anzuwenden. Er könnte sich Körper mit unterschiedlicher Dichte suchen und sie in ein Glas mit normalem Wasser und einmal in ein Glas mit stark salzhaltigem Wasser werfen. Er könnte Körper mit unterschiedlicher Dichte zusammenbinden und beobachten, wie sich ihr Auftriebsverhalten dadurch ändert.

Die bisher genannten Strategien erfüllten alle Funktionen, die das Lernen fördern unter der Voraussetzung, dass die Strategien für die aktuelle Lernaufgabe geeignet sind und durch den Lerner korrekt ausgeführt werden. Dies ist jedoch nicht immer der Fall. Deshalb müssen selbstreguliert Lernende eine weitere, sechste Funktion erfüllen, nämlich die der *Kontrolle und Überwachung*. Diese Funktion ist den bisherigen Funktionen übergeordnet, da sie bei der Anwendung jeder kognitiven Lernstrategie erfüllt sein sollte. Durch den Einsatz sogenannter *metakognitiver Strategien* kann dies erreicht werden. Dazu zählen:

- das Setzen von *Zielen*,
- das *Planen* des Vorgehens,
- die kontinuierliche und möglichst wertfreie Selbst-*Beobachtung* beim Lernen,
- das *Bewerten* des eigenen Vorgehens und des erreichten Lernerfolgs,
- das *Reagieren* für den Fall, dass entweder der Lernerfolg geringer als erwartet, ist oder auch, wenn Lernende feststellen, dass ihre Vorgehensweise unangemessen oder fehlerhaft ist.

Nehmen wir wieder Max, der den Physiktext lesen und lernen soll. Er könnte sich dabei zunächst das *Ziel setzen*, dafür die Textmarkierungsstrategie zu nutzen. Er würde sich deshalb als *Plan* vornehmen, zunächst jeden Textabschnitt zu lesen, dann in jedem Abschnitt die relevanten Begriffe zu unterstreichen und danach neben jeden Abschnitt ein charakterisierendes Stichwort über den Inhalt des Abschnitts als Randmarke zu schreiben. Während des Lesens würde Max regelmäßig überprüfen, ob in den bereits gelesenen Abschnitten tatsächlich Schlüsselwörter unterstrichen sind und ob neben jedem Abschnitt eine Randmarke vermerkt ist (*Beobachten*). Sollte er feststellen, dass Randmarken fehlen oder aber, dass er in den Abschnitten viel zu viele Wörter unterstrichen hat (*Bewerten*), müsste Max entsprechend *reagieren*. Er würde die Abschnitte erneut durchlesen und dieses Mal ausschließlich die wirklich wichtigen Begriffe unterstreichen. Außerdem würde er die fehlenden Randmarken ergänzen.

Klassifikationen von Lernstrategien

Direktheit. Einen weiteren Klassifikationsvorschlag für Lernstrategien machen FRIEDRICH und MANDL (1992), indem sie Primärstrategien von Stützstrategien unterscheiden. *Primärstrategien* setzen direkt an denjenigen kognitiven Prozessen an, die auf die unmittelbare Verarbeitung der Informationen des Lernmaterials gerichtet sind. Die meisten der bislang besprochenen Lernstrategien (außer den Strategien der Motivationsförderung und der metakognitiven Strategien) können dieser Kategorie zugeordnet werden, da sie alle die eigentlichen lernförderlichen Kognitionen direkt beeinflussen und gestalten.

Demgegenüber beeinflussen *Stützstrategien* den eigentlichen Lernprozess nur indirekt. Stützstrategien werden eingesetzt, um eine Lernsituation überhaupt erst herzustellen bzw. sie möglichst optimal zu gestalten, um die für das Lernen notwendigen Ressourcen verfügbar zu machen und auch verfügbar zu halten. Eine solche Ressource ist u.a. die Lernmotivation (s.o.). Weitere Ressourcen sind z.B. die Aufmerksamkeit, die Lernzeit, ein aufgeräumter Schreibtisch oder eine ablenkungs- und störungsfreie Lernumgebung. Max würde verschiedene Ressourcenstrategien einsetzen, wenn er vor dem Bearbeiten des Physiktextes sein Radio ausschaltet, die Türe zu seinem Zimmer schließt, seinen Schreibtisch aufräumt, (ausschließlich) alle relevanten Unterlagen bereitlegt und er die nächste Stunde für nichts anderes als das Lesen des Textes verwendet.

Bandbreite. Lernstrategien können allgemein einsetzbar sein oder aber nur sehr spezifisch auf bestimmte Lerninhalte angewandt werden. Allgemeine Strategien lassen sich demnach – ähnlich wie Stützstrategien – situationsübergreifend einsetzen. Eine allgemein einsetzbare Strategie beim Lernen aus Texten ist z.B. das Unterstreichen wichtiger Textteile (Textmarkierungsstrategie), was bei der Bearbeitung von Lerntexten in aller Regel einen lernförderlichen Effekt hat – aber nicht notwendig haben muss. Demgegenüber können spezifische Strategien nur in wenigen Situationen angewandt werden und sind dementsprechend eingeschränkt nutzbar. Dazu zählen z.B. Lernstrategien, die ausschließlich beim experimentierenden Lernen anwendbar sind. Eine solche ist z.B. die Variablenkontrollstrategie (KÜNSTING et al. 2008). Ihre Anwendung führt dazu, dass die Ergebnisse eines Experiments eindeutig interpretierbar sind. Dabei werden alle bis auf genau eine der manipulierbaren Variablen entweder auf Null gesetzt oder konstant gehalten. Dadurch können eventuell beobachtbare Effekte eindeutig auf genau diese eine Variable zurückgeführt werden. Es ist offensichtlich, dass diese Strategie nur in den – für Schülerinnen und Schüler leider recht seltenen – Fällen des experimentierenden Lernens Anwendung finden kann. Max wird diese Variablenkontrollstrategie beim Lernen und Lesen seines Physiktextes jedenfalls nicht einsetzen können.

■ **Zeitliche Erstreckung.** Die Abgrenzung von Mikro-, Meso- und Makrostrategien dient MANDL und FRIEDRICH (1992) dazu, die verschiedenen Hierarchieebenen und die zeitliche Reichweite der Einzelstrategien zu beschreiben. Unter *Mikrostrategien* fallen zeitlich kurze Informationsverarbeitungsprozesse wie das Finden von Oberbegriffen. Darunter fallen alle Lernstrategien, die Max bei der Bearbeitung des einen Physiktextes zum Thema Auftrieb in Flüssigkeiten verwendet.

Als *Mesostrategien* bezeichnen sie hingegen Verstehensprozesse beim Lesen längerer oder mehrerer aufeinander bezogener Texte oder Denkprozesse für das Lösen komplexer Aufgabentypen. Mesostrategien würde Max anwenden, wenn er sich bereits von dem Zeitpunkt an, zu dem seine Physiklehrerin das Thema Auftrieb in Flüssigkeiten im Unterricht einführte, auf die am Ende dieser Unterrichtseinheit fällige Physikklausur vorbereitete (zugegeben, ein selten zu beobachtender Fall). Eine entsprechende Strategie wäre z.B., an jedem Tag eine halbe Stunde für das Vor- und Nachbereiten der Physikstunden zu verwenden und darüber ein Lerntagebuch zu führen.

Die Prozesse mit der zeitlich längsten Ausdehnung werden als *Makrostrategien* bezeichnet, worunter MANDL und FRIEDRICH (1992) das längerfristige Arbeiten im Studium und in der Schule verstehen. Darunter fallen auch Einstellungen gegenüber dem Lernen und Werthaltungen zur Bildung allgemein.

Zusammenführung der verschiedenen Klassifikationen

BAUMERT (1993) sowie BAUMERT/KÖLLER (1996) analysierten verschiedene Testinstrumente, mit deren Hilfe der Einsatz von Lernstrategien erfasst werden soll. Sie kommen auf dieser Basis, in enger Anlehnung an WEINSTEIN/MAYER (1986), zu einer zusammenfassenden Aufteilung in
■ kognitive,
■ metakognitive Lernstrategien sowie
■ Ressourcenmanagementstrategien.
Zu den *kognitiven Strategien* zählen
■ Memorierstrategien (Wiederholen, Auswendiglernen sowie sogenannte Mnemotechniken), die wir schon unter dem Begriff Oberflächenstrategien kennengelernt haben,
■ Elaborationsstrategien (Konstruktion, Integration und Transfer) und
■ Transformationsstrategien (Reduktion, Selektion und Enkodierung), ein anderer Begriff für Organisationsstrategien.
Die *metakognitiven Strategien* unterteilen sie in die Bereiche
■ Planung (Setzen von Lernzielen, Planen des Lernprozesses),

Zusammenführung der verschiedenen Klassifikationen 109

- Überwachung (sich selbst beim Lernen beobachten; überprüfen, ob das Erlernte verstanden wurde, z. B. anhand von Kontrollfragen, aber auch, ob die genutzte Lernstrategie korrekt ausgeführt wurde) und
- Reagieren (z. B. Anpassen des Lerntempos an die gegebenen Bedingungen, neue Auswahl geeigneter kognitiver Strategien, falls das bisherige Vorgehen nicht zielführend war, aber auch erneutes, jedoch qualitativ verbessertes Anwenden der bisherigen Lernstrategie, falls zuvor Ausführungsfehler gemacht wurden).

Strategien des Ressourcenmanagements wurden bereits oben unter dem Begriff der Stützstrategien beschrieben. WILD, SCHIEFELE/WINTELER (1992) unterteilen diese weiter in
- interne und
- externe Strategien des Ressourcenmanagements.

Zu den *internen Strategien* des Ressourcenmanagements gehören die motivationalen Aspekte, die Überwachung der Anstrengungsbereitschaft und die sinnvolle Ausnutzung der eingeplanten Lernzeit. Die *externen Strategien* des Ressourcenmanagements regeln hingegen die Gestaltung der Lernumwelt (Arbeitsplatz) und die Nutzung institutioneller Ressourcen wie Datenbänke und Büchereien. Eine weitere externe Strategie stellt auch die Bildung von Lern- und Arbeitsgruppen dar.

Aufbauend auf BAUMERT (1993) und BAUMERT/KÖLLER (1996) schlagen wir selbst ein zusammenfassendes Strategiemodell vor, das zum einen die wichtigsten Lernstrategiemerkmale abbildet und zum anderen aber Lernstrategien auch hierarchisch anordnet. Das Modell gliedert sich in drei Strategiebereiche, die wie bei BAUMERT und KÖLLER als *metakognitive Strategien, kognitive Strategien und Strategien des Ressourcenmanagements* bezeichnet werden.

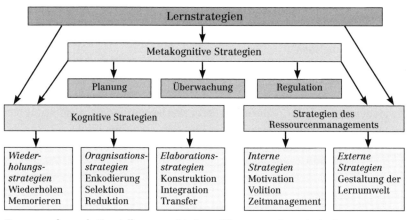

Zusammenfassende Darstellung verschiedener Klassen von Lernstrategien

Die Kategorie der *metakognitiven Strategien*, die sich aus den Unterkategorien Planung, Überwachung und Regulation zusammensetzt, ist den beiden anderen übergeordnet (SCHREIBER 1998). Diese Anordnung symbolisiert die Sonderstellung der metakognitiven Strategien gegenüber den kognitiven und den Ressourcenmanagementstrategien. Diese übergeordnete Stellung rührt daher, dass die qualitativ gute und lernförderliche Anwendung einer jeden kognitiven Strategie als auch einer jeden Ressourcenmanagementstrategie sich dadurch auszeichnet, dass ihre Anwendung geplant, überwacht und falls notwendig, nachreguliert wird (s.o.).

Unterkategorien der *kognitiven Strategien* sind die Memorierstrategien, Elaborations- und Organisationsstrategien, deren Inhalte bereits in den vorgestellten Klassifikationen beschrieben wurden. Zu den *Strategien des Ressourcenmanagements* zählen interne Strategien, die den metakognitiven Strategien ähnlich sind, und externe Strategien, die das Umfeld des Lernenden gestalten.

Prinzipien des Einsatzes und der Förderung von Lernstrategien im Unterricht

Aus den verschiedenen Merkmalen von Lernstrategien, die zusammengefasst in dem in Abbildung 1 dargestellten Strategiemodell dargestellt sind, lassen sich einige Grundprinzipien für ihre erfolgreiche Förderung im Unterricht ableiten. Empirische Ergebnisse aus der Forschung zu Möglichkeiten, Lernstrategien zu vermitteln und zu trainieren, untermauern diese Grundprinzipien ebenfalls. Zu diesen Grundprinzipien zählen:
- Verknüpfung von kognitiven und metakognitiven Lernstrategien,
- Prozessorientierung,
- situative Eingebundenheit und
- Üben, Üben, Üben.

■■ **Prinzip der Verknüpfung kognitiver und metakognitiver Lernstrategien.** Das Modell in Abbildung 1 zeigt die übergeordnete Funktion metakognitiver Strategien, die sich darin ausdrückt, dass eine lernförderliche Ausführung von kognitiven (d.h. auf die Verarbeitung des Lernmaterials direkt gerichteten) Lernstrategien eine gute Planung (inklusive Zielsetzung), Überwachung (inklusive Beobachtung) und gegebenenfalls Regulation voraussetzt. Das bedeutet jedoch auch, dass zu einer guten Vermittlung und Förderung einer kognitiven Lernstrategie gleichzeitig die Vermittlung und Förderung darauf bezogener metakognitiver Strategien der Planung, Überwachung und Regulation notwendigerweise dazu gehört. Wenn die Physiklehrerin unseres Schülers

Prinzipien des Einsatzes und der Förderung von Lernstrategien 111

Max im Unterricht die Textmarkierungsstrategie vermitteln und fördern möchte, reicht es nicht aus, der Klasse zu erklären, aus welchen Teilschritten die Textmarkierungsstrategie besteht und unter welchen Bedingungen sie lernförderlich eingesetzt werden kann. Die Lehrerin muss gleichzeitig erklären und mit der Klasse üben, wie die Textmarkierungsstrategie qualitativ gut angewandt wird und wie eine solche Anwendung geplant, überwacht und gegebenenfalls reguliert wird (DEN ELZEN-RUMP/LEUTNER 2007; LEOPOLD/DEN ELZEN-RUMP/LEUTNER 2006; LEOPOLD/LEUTNER 2004; LEUTNER/LEOPOLD 2003, 2006). Diese metakognitive Komponente könnte die Lehrerin fördern, indem sie der Klasse Fragen an die Hand gibt. Damit können die Schüler den selbstregulierten Umgang mit der Textmarkierungsstrategie eigenständig einschätzen wie z. B. „Habe ich den Lernprozess wie geplant durchgeführt?", „Habe ich die Einzelschritte der Textmarkierungsstrategie richtig eingesetzt?", „Habe ich die zu lernenden Inhalte wirklich verstanden?" oder „Was ist mir noch unklar?"

Diese metakognitiven Strategien müssen zusätzlich verknüpft mit der kognitiven Lernstrategie erklärt, ausprobiert und trainiert werden, wenn eine lernförderliche Anwendung der Textmarkierungsstrategie gewährleistet werden soll. Vor allem in der Phase, in der Schüler den Umgang mit neuen Lernstrategien erlernen, müssen Lehrpersonen diese immer wieder konkret anregen, den Einsatz der Strategien fordern und die Anwendung vormachen. Erst nach und nach werden die Schülerinnen und Schüler die Strategien als natürliche lernprozessunterstützende Maßnahmen annehmen (Stichwort „Proceduralisierung", s.o.) und damit eigenständig beim Lernen einsetzen.

■ **Prinzip der Prozessorientierung.** In vielen Modellen des selbstregulierten Lernens wird die Regulation des Lernstrategieeinsatzes auf einer Makro-Ebene im Sinne einer Art „Endbandkontrolle" beschrieben (z. B. PINTRICH 2000; ZIMMERMAN, 2000): Eine bestimmte Lernstrategie wird zunächst ausgewählt und eingesetzt. Zeigt sich nach Anwendung der Strategie (also am „Ende") nicht das erwartete Lernergebnis, wird die Strategie durch eine andere ersetzt.

LEOPOLD, DEN ELZEN-RUMP und LEUTNER (2006; s. DEN ELZEN-RUMP/LEUTNER 2007) schlagen alternativ dazu einen prozessorientierten Ansatz vor, bei dem die Regulation insbesondere (auch) auf der Mikroebene der einzelnen Strategieschritte vollzogen wird. Nicht (nur) das Produkt des Strategieeinsatzes wird überprüft und bewertet, sondern (auch) jeder einzelne Schritt der Strategieausführung selbst. Diese Lernprozesskontrolle hat den Vorteil, dass auf kleinste Abweichungen während des Lernprozesses direkt mit kleinen Korrekturen reagiert werden kann und damit das Risiko eines erst später (gewissermaßen bei der „Endbandkontrolle") feststellbaren mangelhaften Lernergebnisses und eines aufwändigen Auswechselns der gesamten Lernstrategie reduziert wird. Wie nützlich das Herunterbrechen der Lernprozessregulation auf die Mikroebene ist, wurde durch mehrere Trainingsstudien zur Regulation verschiedener Lernstrategien demonstriert (LEOPOLD/LEUTNER 2004; LEUTNER/LEOPOLD 2003; LEUTNER/BARTHEL/SCHREIBER 2001).

Für den Einsatz im Unterricht bedeutet das, dass Schülerinnen und Schüler kontinuierlich dazu angehalten werden müssen, die Qualität ihrer Lernstrategie-*Anwendung* bereits *während* der Anwendung, d.h. bei der Ausführung der einzelnen Strategieschritte, zu überprüfen und gegebenenfalls zu verbessern. Stellt Max während des Lesen des Physiktextes, also *im* Prozess fest, dass er auf der zuletzt gelesenen Seite kein einziges Wort markiert hat, bedeutet das nicht, dass die Textmarkierungsstrategie an sich ungeeignet ist und durch eine andere Strategie ersetzt werden sollte, sondern, dass er die Textmarkierungsstrategie nicht gut angewandt hat. Prozessorientierte Regulation bedeutet in diesem Fall, dass er an die Stelle des Textes zurückgeht, ab der er nur noch sehr wenige Wörter markiert hat, und ab dort den Text erneut unter verbessertem Einsatz der Textmarkierungsstrategie bearbeitet.

■ **Prinzip der situativen Eingebundenheit.** Dieses Prinzip greift die unterschiedliche Bandbreite von Lernstrategien auf. Auch wenn viele Strategien in vielen verschiedenen Lernsituationen lernförderlich angewandt werden können, so ist es bei ihrer Vermittlung und Förderung wichtig, ihre Anwendung in Bezug auf konkrete Lernaufgaben zu erklären und sie anhand konkreter Lernaufgaben üben zu lassen. Nicht jede Lernstrategie ist in jeder Lernsituation hilfreich. Jede Lernstrategie drückt sich in Abhängigkeit von der jeweiligen Lernsituation in unterschiedlichen konkreten Handlungen und Vorgehensweisen aus. Entsprechend erfordert die Überwachung der Lernstrategieanwendung, dass in Abhängigkeit von der Lernaufgabe unterschiedliche konkrete Qualitätsmerkmale berücksichtigt werden. So muss Max für den Fall, dass sein Physiktext aus sehr langen Abschnitten besteht, diese zunächst noch in Teilabschnitte gliedern, um die Textmarkierungsstrategie dann auf diese Teilabschnitte anzuwenden – ein Qualitätsmerkmal der Textmarkierungsstrategie, das bei Texten mit kurzen Absätzen nicht relevant für das Lernen ist. Wenn eine Lernstrategie das erste Mal eingeführt wird, müssen solche konkreten situativen Merkmale deutlich gemacht werden. Damit wird es Schülerinnen und Schülern von Anfang an erleichtert, eine angemessene Lernstrategie auszuwählen, den Einsatz der Lernstrategie beim Bearbeiten eines konkreten Textes zu planen und die Anwendung prozessorientiert anhand konkreter Merkmale zu überwachen und zu regulieren.

Prinzipien des Einsatzes und der Förderung von Lernstrategien 113

- **Prinzip des Übens, Übens, Übens.** Die Anwendung von Lernstrategien ist eine Fertigkeit, die zunächst deklarativ vermittelt und erworben wird. Ein hoher Expertisegrad der Lernstrategieanwendung zeichnet sich jedoch u. a. dadurch aus, dass der Strategieeinsatz nahezu automatisiert verläuft (ANDERSON 1982). Eine solche automatisierte Anwendung ist kognitiv wenig beanspruchend und stellt daher mehr kognitive Kapazitäten für die eigentlichen Lern- und Verstehensprozesse zur Verfügung (vgl. SWELLER 1994).

So muss sich die Klasse in der ersten Stunde, in der die Physiklehrerin die Textmarkierungsstrategie erklärt und ein erstes Mal einübt, sich noch sehr darauf konzentrieren, die Abfolge der einzelnen Schritte einzuhalten, herauszufinden, welches die relevanten Wörter sind und zu überwachen, ob in jedem Abschnitt die Schlüsselwörter markiert wurden. Dadurch kann das Lernen des Textinhalts – zumindest anfangs – unter Umständen durchaus zu kurz kommen, sodass durch die Anwendung dieser neuen Lernstrategie die Lernzeit deutlich erhöht wird und der Lernerfolg zunächst gering ist. Der Vorteil der strategischen Vorgehensweise wird zu diesem Zeitpunkt noch nicht sofort erkenntlich. Solche zunächst negativen Ergebnisse sollten jedoch alle Beteiligten nicht entmutigen, sondern vielmehr zu einem weiteren intensiven Üben motivieren. Es darf davon ausgegangen werden, dass – weder den Schülern, noch der Lehrerin – mit dieser neuen Lernstrategie das Lernen erleichtert und gefördert werden kann, sobald ein gewisser Automatisierungsgrad erreicht ist. Dies setzt beständige Anregung und üben, üben, üben voraus (vgl. die Studie von LEOPOLD/DEN ELZEN-RUMP/LEUTNER 2006). Besonders sinnvoll ist es, wenn alle Lehrkräfte einer Schule kontinuierlich den Einsatz von Lernstrategien als natürlichen Bestandteil ihres Unterrichts ansehen und Schülerinnen und Schüler ermuntern, diese systematisch anzuwenden.

10 Förderung durch individualisierte Lehrmethoden

Sabine Kliemann

Ach hätte ich doch eine Klasse, in der alle etwa gleich intelligent sind, ein ähnliches Vorwissen haben, ... Wer hätte dies nicht schon einmal gedacht? Doch die *homogene Lerngruppe existiert nicht*, auch nicht im gegliederten Schulsystem. Der Preis einer fiktiven homogenen Lerngruppe ist sehr hoch: Sitzenbleiben, Zurückstufungen von „höheren" Schulformen in die Haupt-, Real- oder Sonderschule führen dazu, dass mehr als 40% aller Schülerinnen und Schüler von der ersten bis zur 10. Klasse mindestens einmal im Laufe ihrer Schullaufbahn die Erfahrung des Versagens, des Nichtkönnens, des Ausgeschlossenwerdens machen (TILLMANN 2004).

Trotzdem erhalten im „herkömmlichen" Unterricht alle Schüler häufig die gleiche Aufgabe, die oft nur eine Lösung auf einem vorgegebenen Lösungsweg zulässt. Der Schwierigkeitsgrad richtet sich dabei nach einem fiktiven „mittleren" Schüler. Dies führt vielfach dazu, dass ein Teil der Schüler sich überfordert fühlt, was Misserfolgserlebnisse und Frustration mit sich bringt, während ein anderer Teil sich unterfordert fühlt, seine volle Leistungsfähigkeit nicht entfalten kann und sich langweilt. Als Folge sowohl der Überforderung als auch der Unterforderung werden wiederholt Unterrichtsstörungen verzeichnet.

Als logische Konsequenz für den Unterricht ergibt sich die Individualisierung des Lernens durch Binnendifferenzierung. Sie ist eine zentrale Voraussetzung für individuelles Fördern (vgl. BÖNSCH 1991, 2000; PARADIES/LINSER 2005; MEYER 2004). Dabei sollten stets zwei Ziele verfolgt werden:
- Auffinden und Weiterentwickeln individueller Stärken.
- Entdecken und Ausgleichen individueller Defizite.

Voraussetzungen für eine funktionierende Binnendifferenzierung sind
- ein *kooperatives Unterrichtsklima*, das sich durch sachliche und partnerschaftliche Arbeits- und Kommunikationsformen auszeichnet (*affektive Dimension*)
- die *Angemessenheit der Aufgabenstellungen*, entsprechend dem Leistungsvermögen der Schüler, unter Berücksichtigung ihrer Interessen (*kognitive Dimension*)

Es gibt viele Möglichkeiten, Differenzierungsverfahren zu kategorisieren (s. dazu auch PARADIES/LINSER 2005). In diesem Beitrag werden verschiedene Verfahren der Binnendifferenzierung vier Kategorien aufgrund ihrer Sozialform zugeordnet:
1. Klassenunterricht
2. Einzelarbeit
3. Partnerarbeit
4. Gruppenarbeit

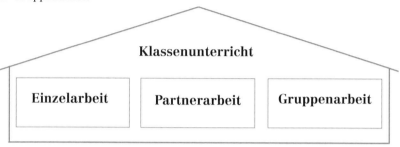

Verfahren der Binnendifferenzierung

Jedes Verfahren birgt besondere Vorteile und Möglichkeiten, aber auch kritische Aspekte in sich. Daher ist es sinnvoll, je nach Lerngruppe, -situation und -inhalt genau abzuwägen, wann welches Verfahren im Unterricht gewählt wird. Um die Vorteile möglichst optimal zu nutzen, sollten möglichst alle Verfahren oder auch Kombinationen der einzelnen Verfahren eingesetzt werden.

Klassenunterricht

Klassenunterricht ist grundsätzlich differenziert. Er ist notwendig, um eine *gemeinsame Grundlage für das Lernen* zu schaffen. Er kann aber bedeutendere individuelle Unterschiede nicht ausreichend berücksichtigen. Deswegen sollten auf der Grundlage des Klassenunterrichts weitergehende Verfahren der Differenzierung eingesetzt werden.

Im Klassenunterricht selbst ist darauf zu achten, dass die Lerngruppe als Gruppe von Individuen verstanden und behandelt wird. Gespräche und Aufgabenstellungen sollten den einzelnen Schüler und nicht einen fiktiven „mittleren" Schüler in den Blick nehmen. Individuelle Unterschiede, besondere Begabungen und Interessen können produktiv als Lernanlässe genutzt statt als Störung verstanden werden. Das soziale Miteinander sollte gefördert und nicht unterbunden werden.

Einzelarbeit

Wichtige Aspekte differenzierender Einzelarbeit sind die Entwicklung und Stärkung fachlicher Selbstkompetenz, die Einübung von Selbsteinschätzung, die Förderung von Selbstständigkeit usw. Die Grundlage dafür bilden die individuellen Lernvoraussetzungen der Schüler (Kompetenzen, Vorwissen, Erfahrungen und Interessen). Bearbeitungszeit, Arbeitsprozesse usw. werden vom einzelnen Lerner weitgehend selbst bestimmt.

Die Lehrperson sollte sich während der Einzelarbeit im Hintergrund halten. Sie kann bei Bedarf Möglichkeiten zur Selbsthilfe aufzeigen und eine beratende Funktion einnehmen. Wenn es um die Besprechung der erarbeiteten Ergebnisse geht, sollte die Lehrkraft die Präsentation organisieren und in der Rolle des Moderators die Diskussion leiten. Wichtig ist dabei, auf eine „echte" Kommunikation der Schüler untereinander zu achten, und eine Fixierung des Gesprächs auf den Lehrer zu vermeiden.

Es gibt verschiedene Möglichkeiten, durch Einzelarbeit zu differenzieren. Einige *differenzierende Aufgabenstellungen* wie offene Aufgaben und selbstdifferenzierende Aufgaben haben den Vorteil, dass jeder Schüler dieselbe Aufgabe erhält. Die Differenzierung findet durch die jeweilige Ausprägung und Tiefe der Ausarbeitung statt, während bei *methodisch-organisatorischen Verfahren* (Freiarbeit, Wochenplanarbeit, Stationenarbeit, differenzierte Arbeitsblätter) häufig unterschiedliche Aufgaben aus einem Aufgabenpool bearbeitet werden.

Differenzierung durch die Aufgabenstellung

Einige Möglichkeiten, durch die Aufgabenstellung zu differenzieren, sollen im Folgenden kurz skizziert und durch Beispiele dokumentiert werden.

- Es gibt verschiedene Arten **offener Aufgaben** (in Anlehnung an BRUDER 2000 und BÜCHTER/LEUDERS 2005). Sie können dadurch gekennzeichnet sein, dass
  - die Schüler auf der Grundlage einer Situation oder von Informationen selbst Aufgabenstellungen finden und bearbeiten (Start, Anhang 1)
  - die Schüler die Methode bzw. das Lösungsverfahren selbst bestimmen (Weg, Anhang 2 a, b)
  - es keine eindeutige Lösung/kein eindeutiges Ergebnis gibt (Ziel, Anhang 2 a, b).

BÜCHTER/LEUDERS nehmen in Abhängigkeit von dieser Einordnung eine Kategorisierung von Aufgabentypen vor, sechs davon sind offene Aufgabentypen:

Einzelarbeit

	Start Situation Information	Weg Methode, Verfahren	Ziel Ergebnis, Lösung	Aufgabentyp	
authentische Aufgabe	X	X	X	Beispielaufgabe	
	X	X	–	geschlossene Aufgabe	
	X	–	X	Begründungsaufgabe	offene Aufgaben
	X	–	–	Problemaufgabe	
	–	–	–	offene Situation	
	–	X	X	Umkehraufgabe	
	–	–	X	Problemumkehr	
	–	X	–	Anwendungssuche	

Aufgabentypen nach BÜCHTER/LEUDERS (2004)

„x" bedeutet, dass dieser Teil der Aufgabenstellung (vollständig) bekannt ist,
„–" bedeutet, dass dieser Teil der Aufgabenstellung unbekannt ist.
Im Gegensatz zu geschlossenen Aufgabentypen, bei denen die Automatisierung im Vordergrund steht, werden Schüler durch offene Aufgabentypen ermuntert, aufgrund eigener Überlegungen individuelle Wege – auch Irrwege – zu beschreiten und diese argumentativ zu vertreten.

Methodisch-organisatorische Verfahren

Im Kontrast zur Differenzierung durch die Aufgabenstellung selbst stehen Verfahren, bei denen Aufgaben aus einem Aufgabenpool zur Bearbeitung angeboten werden. Das bei diesen Verfahren verwendete Aufgabenmaterial kann nach unterschiedlichen Kriterien zusammengestellt werden.

■ **Aufgaben mit gestuften Anforderungsniveaus** bestehen in der Regel aus mehreren Aufgabenteilen, deren Schwierigkeitsgrad steigt. Sie sollen Schülern einen „sanften" Einstieg in komplexe Situationen ermöglichen. Nachdem sie sich in erste Aufgabenteile eingedacht haben, werden sie dazu ermuntert, auch weitere, anspruchsvollere oder tiefergehende Aspekte zu bearbeiten.
Aufgaben mit gestuften Anforderungsniveaus findet man häufig in gängigen Schulbüchern. Schwierigkeitsstaffelungen bei Teilaufgaben werden vielfach durch eine farbige Markierung oder besondere Symbole gekennzeichnet. Während einige Schüler diese Kennzeichnung als Ansporn betrachten, lassen sich leistungsschwächere dadurch auch teilweise entmutigen und versuchen erst gar nicht, diese Aufgaben zu lösen.

- Bei **Auswahlaufgaben** erhalten die Schüler einen vorgegebenen Pool ähnlicher Aufgaben mit unterschiedlichen Anforderungsniveaus, aus denen sie selbst unter bestimmten Vorgaben Aufgaben auswählen. Je nach Auswahlparameter erfolgt die Wahl z. B. aufgrund
  - verschiedener *Schwierigkeitsstufen*
  - unterschiedlicher *fachlicher Zugänge*
  - unterschiedlicher *außerfachlicher Zugänge*
  - der *Anzahl* der ausgewählten Aufgaben (z. b. mindestens drei Aufgaben von Seite 6)
  - der *Selbsteinschätzung* der Schüler (z. b. drei Aufgaben, bei denen man sich sicher fühlt, und eine Aufgabe, die eine Herausforderung darstellt)

Zwei gängige methodisch-organisatorische Verfahren differenzierender Einzelarbeit werden im Folgenden kurz erläutert.

- Ein **Wochenplan** legt schriftlich fest, welche Aufgaben die Schüler in einem festgelegten Zeitraum (z. B. in einer Woche) selbstständig bearbeiten. Der Wochenplan enthält sowohl verbindliche (Pflichtteil) als auch wählbare bzw. freiwillige Aufgaben (Wahlteil). Für leistungsstarke bzw. leistungsschwache Schüler können zudem jeweils Differenzierungsaufgaben angeboten werden, die z. B. den persönlichen Neigungen und/oder der individuellen Bedürfnislage entsprechen (wie in einem Wochenplan der 10. Klasse Aufgaben für Berufseinsteiger und alternativ weiterführende Aufgaben für potentielle Oberstufenschüler). Besonders im Sprachenunterricht werden auch häufig verschiedene Lernkanäle berücksichtigt (z. B. Lesen von Texten, Hören einer CD oder einer Radiosendung).

Pflichtaufgaben müssen zuerst bearbeitet werden. Die Bearbeitung der Aufgaben in Bezug auf die Reihenfolge und das Lerntempo im jeweiligen Bereich kann selbst bestimmt werden.

Arbeitsergebnisse lassen sich durch Selbstkontrollen oder von vorher bestimmten Schülerinnen und Schülern überprüfen. Die Überprüfung durch Klassenkameraden hat den Vorteil, dass die Schüler über Lösungswege und Ergebnisse kommunizieren und argumentieren. Trotzdem sollten in regelmäßigen Abständen Fremdkontrollen durch die Lehrperson durchgeführt werden, da sie für pädagogisch begründete Beobachtungen und Diagnosen des individuellen Lernfortschritts bzw. Feststellung des Lernstands unverzichtbar sind. Fehler müssen besprochen und anschließend korrigiert werden. Dem Schüler muss deutlich gemacht werden, dass es nicht um Leistungskontrolle, sondern um Lernkontrolle geht. Je informativer die Rückmeldung durch die Lehrkraft ist, desto größer sind die Lernerfolge.

Einzelarbeit 119

Wochenplan für die Zeit vom 28.1. bis 1.2.2008

Darstellungen von Zuordnungen

- Tabelle -		- Pfeildiagramm -	- Koordinatensystem -
MÄDCHEN		JUNGEN	
Alter (Jahre)	Gewicht (kg)	Alter (Jahre) Gewicht (kg)	
10	27,0	10 Jahre → 30,0 kg	
11	29,0	11 Jahre → 32,5 kg	
12	32,0	12 Jahre → 35,0 kg	Jungen
13	37,0	13 Jahre → 37,5 kg	
14	43,0	14 Jahre → 41,0 kg	Mädchen
15	48,0	15 Jahre → 45,0 kg	

	Tipp	Kontrolle		Tipp	Kontrolle
1. Einige Schüler/innen reisen in den Ferien in ferne Länder. Hilf ihnen und lege Umrechnungstabellen für die verschiedenen Währungen an. Finde selber sinnvolle Einteilungen. Schweiz 1 € → 1,60 CHF England 1 € → 0,75 £ Schweden 1 € → 9,50 SEK USA 1 $ → 0,70 € Ägypten 1 EGP → 0,12 € **ABC**	Nora		2. Mathebuch S. 168 Nr. 1. **A** 3. Lege eine Tabelle an, in der du deiner/m besten Freund/in verschiedene Daten und Größen wie Geburtsdatum, Telefonnummer, Gewicht, Größe usw. zuordnest. **ABC** 4.a) Mathebuch S.168 Nr. 3., Nr. 5. (oben) b) Überlege dir eine besonders originelle Aufgabe für den nächsten Wochenplan. **C**	Marco Kiri Nora	
5. Einige Schüler/innen haben Brieffreunde in anderen Ländern der europäischen Union. Das Porto für einen **Standardbrief** (Länge 140–235 mm, Breite 90–125 mm, Höhe bis 5 mm) bis 20 g Gewicht beträgt 0,70 €. Ein **Kompaktbrief** (Länge und Breite wie beim Standardbrief, aber bis 10 mm Höhe) bis 50 g Gewicht kostet 1,00 € Porto. Ein **Maxibrief** (Länge mind. 140 mm, Breite mind. 90 mm, L+B+H höchstens 900 mm) bis 100 g kostet 2,00 €, von 101–500 g 4,50 €, von 501–1000 g 6 € und von 1001–2000 g 14,00 €.				Marco	

a) Stelle die Zuordnung übersichtlich dar. b) Lies das Porto ab: – Jans Brief ist 150mm lang, 110mm breit, 3mm hoch und wiegt 20g. – Susis Brief ist 210mm lang, 125mm breit, 7mm hoch und wiegt 15g. c) Erfinde 3 eigene Aufgaben und stelle sie deinem Tischnachbarn. BC				
6. Mathebuch S. 26 Nr. 3., S. 29 Nr.14 ABC	Kiri	7. Mathebuch S. 30 Nr. 18. b), d), e) BC	(Partneraufgabe)	
8. Gib an, bei welchen der angegebenen Zuordnungen du die in ein Koordinatensystem eingezeichneten Punkte verbinden darfst und begründe. a) Mehl (kg) → Preis (€) b) Zeit → Temperatur c) Anzahl Eier → Preis d) Alter → Größe ABC	Nora	9. **Tüftelaufgaben** a) Esther ist 24 Jahre alt und damit doppelt so alt, wie es Frank war, als Esther so alt war, wie es Frank jetzt ist. b) 5 Frösche fangen 5 Fliegen in 5 Minuten. Wie viele Frösche fangen 50 Fliegen in 50 Minuten?	Lehrerin	

Mini (A) → 1., 2., 3., 6., 8. und wenn du noch Zeit und Lust dazu hast auch 9.
Midi (B) → 1., 3., 5., 6., 7., 8. und wenn du noch Zeit und Lust dazu hast auch Nr. 9.
Maxi (C) → 1. bis 8. und, wenn du noch Zeit und Lust dazu hast auch Nr. 9.

■ Bei der **Stationenarbeit** wird eine komplexe Thematik nach didaktischen Gesichtspunkten in Einzelaspekte aufgeteilt. Den Einzelthemen ordnet die Lehrperson Arbeitsmaterialien zu und entwickelt dazu Aufgabenstellungen, die an verschiedenen Stationen dargeboten werden. Dabei besteht die Möglichkeit, Arbeitsmaterial und Aufgabenstellungen nach ihrem Schwierigkeitsgrad zu differenzieren.

Je nach sachlogischer Notwendigkeit oder pädagogischer Absicht wird vorgegeben, ob die Stationen in einer bestimmten Reihenfolge durchzuarbeiten sind oder ob die Schüler Wahlfreiheit haben. Nach der Erarbeitung leitet die Lehrperson die Auswertung und sorgt für Ergebnissicherung. Die Vorbereitung der Lernstationen nimmt viel Zeit in Anspruch, Teamarbeit ist daher sinnvoll. Während der Stationenarbeit hält sich die Lehrperson beobachtend im Hintergrund, zeigt bei Bedarf Möglichkeiten zur Selbsthilfe auf und berät.

Partnerarbeit

Bei der Partnerarbeit bearbeitet ein Team aus zwei Schülern einen gemeinsamen Arbeitsauftrag. Wichtige Aspekte eines Themas werden gemeinsam bearbeitet und diskutiert. Die Schülerinnen und Schüler üben die prozessbezogene Kompetenz des Kommunizierens, wobei sie einerseits eigene Gedanken prägnant und adressatengerecht formulieren und andererseits Gedanken des Gegenübers verstehen und ggf. hinterfragen und anschließend gemeinsam reflektieren. Gleichzeitig kann im Team geprobt werden, eigene Interessen und Meinungen zu vertreten. Dabei üben die Schüler sich im sozialen Umgang miteinander. Durch den gegenseitigen Austausch können auch neue Aspekte eines Inhalts sichtbar werden und zu produktiven Gedanken anregen. Differenzierte Partnerarbeit kann Versagensängsten gegenüber der gesamten Lerngruppe entgegenwirken und Gespräche in der Klasse vorbereiten.

Partnerarbeit lässt sich bei jeder Sitzordnung schnell und leicht organisieren. Manchmal ist es einfacher, Schüler zusammenarbeiten zu lassen, die ohnehin nebeneinandersitzen. Es kann aber auch sinnvoll sein, Schüler miteinander ins Gespräch zu bringen, die sonst wenig miteinander zu tun haben. Dadurch können sie neue Anregungen, z.B. über andere Ansätze und Arbeitsverfahren, erhalten und sich auch im sozialen Miteinander mit anderen Gesprächspartnern üben.

Die Lehrperson sollte sich während der Partnerarbeit im Hintergrund halten. Sie nimmt eine eher beobachtende Position ein, kann aber bei Bedarf Möglichkeiten zur Selbsthilfe aufzeigen und beraten.

Es gibt verschiedene Möglichkeiten, durch Partnerarbeit zu differenzieren. Auch zu zweit ist die Bearbeitung differenzierender Aufgaben (vgl. S. 116, 117) sinnvoll. Einige Beispiele für methodisch-organisatorische Verfahren von Partnerarbeit werden im Folgenden kurz skizziert (Partner-Check als eine Möglichkeit zur Strukturierung des fachlichen Inhalts und einige Methoden zur Bildung von Partnerkonstellationen, wie Karusselldiskussion, Verabredungen, Partnerpuzzle).

Vielen methodisch-organisatorischen Verfahren liegt das Ich-Du-Wir-Prinzip (RUF/GALLIN 1998, GREEN/GREEN 2005) zugrunde. Beim Ich-Du-Wir-Prinzip (auch Think-Pair-Share) macht sich jeder zuerst allein zu einer bestimmten Aufgabenstellung Gedanken (ich mache das so!), dann werden diese Überlegungen mit einem Partner ausgetauscht (wie machst du es?). Schließlich wird das Ergebnis der eigenen Überlegungen und des Austausches vorgetragen und besprochen (das machen wir ab).

■ Beim **Partner-Check** (auch Pair-Check) stellt zunächst Lernpartner A Lernpartner B eine Aufgabe von einem vorgegebenen Aufgabenblatt. B wiederholt die Aufgabe mit eigenen Worten, beschreibt seine Vorgehensweise und teilt das Ergebnis mit. A überprüft und kommentiert das Ergebnis. Ggfs. erfolgt eine kurze Diskussion und Berichtigung. Wenn beide einverstanden sind, stellt nun Lernpartner B Lernpartner A die nächste Aufgabe usw.

Die Methode eignet sich besonders gut, um fachliche Inhalte zu üben, zu wiederholen oder zu überprüfen, inwiefern diese verstanden wurden.

Pair-Check   **Thema: Prozentrechnung**

Partner A	Partner B
Erkläre: Wie viel Prozent sind drei von fünf? Gib diesen Anteil als Bruch, Hundertstelbruch und Dezimalzahl an.	Vergleiche 3/5 mit 11/20.
Eine Haselnusscreme besteht aus 9/20 Zucker, 62/200 Fett, 3/25 Haselnussanteil und 3/100 Magermilchpulver, Aroma, Salz. Vergleiche die Anteile, indem du sie in Prozent umrechnest.	Erkläre, wie du beim Zeichnen eines Kreisdiagramms vorgehst!
Gib an, welche Winkelmaße diesen Prozentangaben entsprechen.	Zeichne das zugehörige Kreisdiagramm!
Berechne den Inhalt eines „Jumboglases" der Haselnusscreme! Es enthält 432 g Zucker.	Wie viel Gramm Zucker enthält ein 400g-Glas der Haselnusscreme?
Erkläre die Berechnung des Prozentsatzes an einem selbst gewählten Beispiel.	Erkläre die Berechnung des Prozentwertes an einem selbst gewählten Beispiel.
Erkläre die Berechnung des Grundwertes an einem selbst gewählten Beispiel.	Formuliere eine eigene Aufgabe zum Thema Prozentrechnung.

Eine Erweiterung dieser Methode ist das 3-Schritt-Interview. Ein Beispiel aus dem Sprachenunterricht verdeutlicht die Vorgehensweise: Nach einer Textauseinandersetzung werden drei zentrale Fragen in einem Briefumschlag an eine Dreiergruppe gegeben. A zieht eine Frage, beantwortet sie, B hört zu und gibt das Gehörte wieder, C reflektiert anschließend die Güte des Ablaufs. Dann zieht B die nächste Frage usw. (Rollentausch).

Partnerarbeit 123

■ Bei der **Karusselldiskussion** (nach WEIDNER 2006) sind alle Gruppenmitglieder simultan in Lernprozesse eingebunden. Die Schüler kommen miteinander in Kontakt und lernen mit- und voneinander.
Die Schüler bilden einen inneren und einen äußeren Kreis. Diejenigen im inneren Kreis schauen nach außen, diejenigen im äußeren Kreis schauen nach innen. Jeder ordnet sich einem Partner zu. Es wird eine Aufgabe gestellt oder ein Problembereich diskutiert. Die Partner tauschen sich aus und entwickeln gemeinsam eine Lösung. Nach einer gewissen Zeit gibt die Lehrkraft ein Signal, die Kreise bewegen sich weiter, z. B. „Der äußere Kreis geht drei Partner weiter nach rechts", sodass sich neue Partnerkonstellationen ergeben, die entweder dieselbe Frage miteinander behandeln oder aber eine neue.
Diese Methode lässt sich gut zur Besprechung zeitlich überschaubarer Übungen und Hausaufgaben einsetzen. Im Sprachenunterricht eignet sie sich z. B. für die Auseinandersetzung mit zwei (Sach-)Texten, im Mathematikunterricht beispielsweise, um ein Kopfrechentraining durchzuführen.

■ Bei **Verabredungen** erhält jeder Schüler ein Verabredungskärtchen, auf dem der eigene Name und drei andere Namen von Mitschülern nach gegenseitiger Absprache eingetragen werden. Wichtig: Diese Schüler tragen den Schüler ebenfalls als Partner unter A, B oder C auf ihrem Kärtchen ein.

Verabredungskärtchen
Name: _____
A: _____
B: _____
C: _____

Für konkrete Partnerarbeiten werden die Schüler aufgefordert, sich mit ihrem Partner A (B, C) zu treffen, um eine bestimmte Aufgabe zu bearbeiten, ein Thema zu diskutieren, etwas auszuarbeiten usw.
Auf die Zusammensetzung der Teams kann die Lehrperson gezielt Einfluss nehmen, indem bestimmte Bedingungen an die Partnerwahl gestellt werden, z. B. ein Partner muss dem anderen Geschlecht angehören, ein Partner muss einen roten Pullover tragen (den heute der Außenseiter der Gruppe trägt), ein Partner muss einer anderen Tischgruppe angehören.

■ Das **Partnerpuzzle** (s. auch HUBER 2004) kann als methodische Vorstufe zur Jigsaw-Methode (Gruppenpuzzle) betrachtet und eingesetzt werden. Organisatorisch sind Gruppentische für vier besonders gut für diese Form der Partnerarbeit geeignet. Mithilfe des Partnerpuzzles können effektiv komplexe Themen erarbeitet werden.
In der ersten Phase arbeiten sich zwei Expertenteams pro Tischgruppe individuell in ein Teilgebiet des Themas ein. Jeder ist am Ende dieser Phase als Experte dafür verantwortlich, dass sein Teilgebiet anderen plausibel gemacht wird.

```
A   B
↕   ↕
A   B
```

In der zweiten Phase arbeiten Experten unterschiedlicher Themengebiete zusammen. Jeder trägt dem anderen das Ergebnis aus der ersten Phase vor. Basierend auf den Einzelpräsentationen erarbeiten die beiden nun eine weiterführende Aufgabenstellung.

Es können weitere Phasen folgen, in denen die Partner wieder tauschen und auf der Grundlage des Erarbeiteten weiterarbeiten. In der letzten Phase werden die Ergebnisse präsentiert. Sie dient der Evaluation und Reflexion.

Gruppenarbeit

Gruppenarbeit ist durch die gemeinsame Bearbeitung eines Arbeitsauftrags durch mehrere Schüler gekennzeichnet. Die Gruppenzusammensetzung kann heterogen (z. B. nach Freundschaft oder Sitzplatz) oder homogen (z. B. nach Leistungsvermögen) erfolgen, die Arbeitsaufträge können arbeitsteilig oder arbeitsgleich gestellt werden. Um sinnvoll arbeiten zu können, ist eine Gruppengröße von vier Schülern empfehlenswert.

Wie auch in der Partnerarbeit soll das Arbeiten in der Gruppe die aktive Mitarbeit und Kommunikation, das selbstständige Arbeiten und die Verantwortung für das eigene Tun fördern. Zusammengehörigkeit soll verstärkt und Sozialkompetenzen sollen geübt werden. Oft erweisen sich Schüler in der Gruppe als besonders kreativ und produktiv.

Die Lehrperson sollte sich während der Gruppenarbeit im Hintergrund halten und eine eher beobachtende Position einnehmen. Sie kann bei Bedarf Möglichkeiten zur Selbsthilfe aufzeigen und beraten.

Grundsätzlich ist es auch für die Gruppenarbeit sinnvoll, differenzierende Aufgabenstellungen (s. S. 116, 117) anzubieten. Einige methodisch-organisatorische Verfahren der Gruppenarbeit (Gruppenpuzzle, Platzdeckchen-Schreibgespräch, 4-S-Brainstorming, Graffiti-Methode) werden im Folgenden kurz skizziert.

▪ Mithilfe des **Gruppenpuzzles** kann ein komplexes Thema mit verschiedenen Teilaspekten besonders effektiv erarbeitet werden.

Dazu werden im ersten Schritt Expertengruppen gebildet, deren Mitglieder sich zunächst individuell in ein Teilgebiet des Themas einarbeiten, dann untereinander austauschen und zuletzt darauf vorbereiten, ihre Ergebnisse anderen als Experten zu präsentieren.

Jeder Schüler ist somit als Experte dafür verantwortlich, dass sein Teilgebiet anderen plausibel gemacht wird.

Im zweiten Schritt werden die Gruppen für die Expertenarbeit neu zusammengesetzt, sodass an jedem Tisch Experten für alle Teilgebiete zusammenkommen. Jedes Gruppenmitglied trägt den anderen das Ergebnis aus der ersten Runde vor. Basierend auf diesen Einzelpräsentationen erarbeitet die Gruppe nun das gesamte komplexe Thema.

A	B		A	B
C	D		C	D

A	B		A	B
C	D		C	D

Im dritten und letzten Schritt werden die Ergebnisse präsentiert. Er dient der Evaluation und Reflexion.

Die Methode eignet sich z. B. gut, um mehrere Aspekte eines Themas zu erfassen. Das könnten im Sprachenunterricht beispielsweise verschiedene Deutungsansätze eines literarischen Textes oder in Mathematik verschiedene Anwendungsbeispiele eines mathematischen Inhalts sein.

■ Beim **Platzdeckchen-Schreibgespräch**, auch Placemat genannt (nach WEIDNER 2006), beginnen alle Gruppenmitglieder nach Klärung der Aufgabenstellung parallel zu arbeiten. Jeder schreibt seine Ideen in sein Feld auf dem Arbeitsplakat in der Mitte des Gruppentisches. (Je nach Teilnehmerzahl wird das Plakat unterschiedlich gestaltet.)

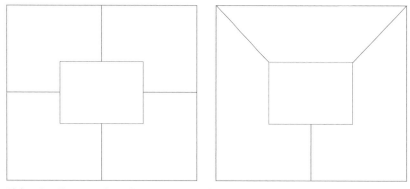

Plakateinteilung vier bzw. drei Gruppenmitglieder

Die Gruppenmitglieder sichten die verschiedenen Statements durch schrittweises Drehen des Plakats und kommentieren sie schriftlich. Nach Durchsicht der eigenen kommentierten Felder kommt die Gruppe durch diskursive Prozesse zu einem Konsens, den sie zum Schluss im Feld in der Mitte des Plakates festhält. Danach folgt z. B. eine gemeinsame Besprechung im Plenum.

Die Methode eignet sich z. B. im Sprachenunterricht gut zur Textanalyse. Sie kann auch mit anderen Methoden wie dem Gruppenpuzzle kombiniert werden: Im ersten Schritt deutet jede Gruppe im Platzdeckchen-Schreibgespräch eine zentrale Textstelle. Im zweiten Schritt erfolgt ein Austausch der verschiedenen Deutungen mit einer anschließenden weiterführenden Aufgabe.

Im Mathematikunterricht wird das Platzdeckchen-Schreibgespräch gerne eingesetzt, um beispielsweise die Vielfalt offener Aufgaben sichtbar zu machen und Anlass zu Diskussionen zu bieten.

■ Beim **4-S-Brainstorming** (WEIDNER 2006) oder Brainwriting (nach KAGAN 1990) sollen in möglichst kurzer Zeit so viele Ideen wie möglich entwickelt und niedergeschrieben werden. Dabei ist alles erlaubt, nichts wird vorschnell bewertet oder abgelehnt. Die Schüler sammeln auf Karten oder Papierstreifen ihre Ideen und legen diese dann für alle sichtbar aus oder heften sie an eine Tafel oder Pinnwand.
Dabei gelten die „4-S" Regeln: (Speed, Suspend Judgement, Silly, Synergie)
■ Sei schnell!
■ Sieh zunächst von jeglicher Bewertung ab!
■ Schreib alles auf, was dir in den Sinn kommt! Auch „Unsinn"!
■ Schließe die Ideen anderer mit ein und baue sie aus!
Danach werden die Ideen gesichtet, sortiert, strukturiert, zusammengefasst, besprochen und als Grundlage für die weitere Arbeit genutzt.

■ Die **Graffiti-Methode** (nach WEIDNER 2006) ermöglicht es, in kurzer Zeit zu verschiedenen Themenschwerpunkten verschiedener Schülergruppen simultan von allen Schülern der Klasse gemeinsam eine Vielzahl von Ideen sammeln und entwickeln zu lassen. Dazu wird auf jeden Gruppentisch ein Plakat gelegt und der Themenschwerpunkt der Gruppe darauf notiert. In der ersten Phase werden von den Gruppenmitgliedern in einer vorher festgelegten Zeit Ideen (Stichwörter, Sätze, Visualisierungen) auf das Gruppenposter geschrieben. In der nächsten Phase wechselt die Gruppe zum Plakat ihrer Nachbargruppe und notiert auch hier wieder in einer vorher festgelegten Zeit eigene Ideen usw. Wenn jede Gruppe wieder bei ihrem eigenen Plakat angekommen ist, sichtet sie die gesammelten Statements, diskutiert sie, kategorisiert sie, fasst zusammen und arbeitet auf dieser Grundlage weiter.

Fazit

Die Heterogenität von Lerngruppen erfordert den Einsatz differenzierender Unterrichtsverfahren. Differenzierende Aufgabenstellungen geben Schülern mit unterschiedlichen Voraussetzungen die Möglichkeit, Aufgaben auf unterschiedliche Arten in unterschiedlicher Tiefe bzw. auf unterschiedlichen Abstraktionsniveaus zu bearbeiten. Methodisch-organisatorische Verfahren erlauben es, durch die Organisation und Strukturierung bestimmter Unterrichtsphasen zu differenzieren. Differenzierungsverfahren sollten sorgfältig aufgrund der Lerngruppe, der -situation und des -inhalts, aber auch der speziellen Vorlieben und Einstellungen der Lehrperson ausgewählt werden. Nur wenn ich als Lehrkraft hinter einem Verfahren stehe, kann ich dieses glaubwürdig vor meiner Lerngruppe vertreten und durchführen.

11 Lernberatung und individuelle Entwicklungspläne

Susann Dreibholz, Heide Koehler

Ziel individueller Förderung ist es, die Potentiale jedes Schülers und jeder Schülerin für den eigenen Bildungsweg zur Geltung zu bringen und konstruktiv und individuell mit Leistungsunterschieden umzugehen. Individualisierendes Lehren setzt deshalb eine sorgfältige Diagnostik voraus, die sowohl Schwächen und soziale Benachteiligungen als auch Talente und Interessen der Lerner aufdeckt sowie Perspektiven für Entwicklung aufzeigt. Auf dieser Grundlage setzt Lernberatung an. Sie verfolgt das Ziel, individuelles Lernverhalten unter Beachtung der Förderung fachlicher Kompetenzen anzuregen, eigenes Lernverhalten auf Effektivität hin zu überprüfen und gegebenenfalls zu verbessern.

Lernberatung

Lernberatung meint nicht ein Einschreiten bei Misserfolgen, sondern ist zu verstehen als ein lernunterstützender Dialog zwischen den am Lernprozess beteiligten Personen: Schülern, Lehrern und Eltern. In diesem Miteinander geht es darum, die Persönlichkeitsentwicklung zu stärken und das individuell Mögliche herauszufinden. Ausgehend von dem Wissensstand, den Interessen und Fähigkeiten des Lernenden vereinbaren Lehrende und Lernende gemeinsam Ideen für individuelle Lernwege und Lernmethoden, mit denen individuell bestmögliche Lernfortschritte erreichbar werden sollen. Lehrerinnen und Lehrer werden dadurch vor große Herausforderungen gestellt. Einerseits sind sie Wissensvermittler, die an vorgegebene Standards und zu erreichende Ziele gebunden sind. Andererseits gehen sie jeweils eine ganz persönliche Beziehung mit den Lernenden ein. Um einen Menschen beraten zu können und herauszufinden, wo seine Stärken, Schwächen und Interessen liegen, muss man ihn sehr gut kennen.

ANDREAS SCHLEICHER erklärte auf einem Kongress in Essen 2007, es käme im deutschen Schulsystem darauf an, die besonderen Stärken bei den scheinbar so unauffälligen durchschnittlichen Schülerinnen und Schülern zu entdecken:

- „Es geht um eine andere Einstellung zu den Schülern: Lehrerinnen und Lehrer müssen davon ausgehen, dass gewöhnliche Schüler außergewöhnliche Fähigkeiten haben. Sie müssen die Verschiedenheit ihrer Schüler, ihre unterschiedlichen Interessen und Fähigkeiten, die Unterschiede in ihrem sozialen Umfeld konstruktiv aufnehmen ... Fortlaufende Diagnostik, im angelsächsischen Sprachgebrauch „assessment for learning", und der ständige Dialog zwischen Schülerin oder Schüler und Lehrkraft sind die Grundvoraussetzung, um strukturierte Rückmeldungen zu geben, um individuelle Lernpfade festzulegen und um Unterrichtsplanung auf individuelle Anforderungen auszurichten." ■

Die vornehmliche Aufgabe des Lernberaters ist es, Lernen und Lernprozesse von Schülern zu unterstützen und gemeinsam verständliche, herausfordernde Ziele zu erarbeiten. Beratung in diesem Sinne meint nicht Einschreiten, wenn das Lernen nicht erfolgreich ist, sondern die Arbeitssituation gemeinsam mit den Lernenden zu verbessern. Es geht darum, junge Menschen da abzuholen, wo sie stehen, ihre eigenen Ideen und Lernwege nachzuvollziehen und sie aufzugreifen. Individuelle Lernberatung will von außen gesetzte Anforderungen mit dem Lernstand des Einzelnen abgleichen und Lernende beraten, damit mögliche Lücken zwischen angestrebten Zielen und bereits Erreichtem geschlossen werden können. Ausgangspunkt dabei ist der jeweilige Leistungsstand und die Bereitschaft zur Veränderung des Lernverhaltens. Dabei wird eine Lernumgebung vorausgesetzt, die offene Kommunikation ermöglicht und fördert. Lehrende müssen ihre Lernziele transparent machen und begleitende Kriterien und Standards mit den Lernenden vereinbaren. Fehler und Misserfolge sollten nicht als zu sanktionierende Miss-Stände betrachtet, sondern als Hinweise auf die Gedankengänge der Lernenden verstanden werden. Diese gilt es gemeinsam in erfolgreiche Bahnen zu lenken. Beratung sollte realistische Wege aufzeigen, die das Scheitern vermeiden und Lernfortschritte greifbar machen.

Erfahrungen aus Finnland und Schweden

Erfolgreiche PISA-Länder, deren Schulen konstruktiv und individuell mit Leistungsunterschieden umgehen und die zudem weder Sitzenbleiben noch Abschulung kennen, haben begleitende und unterstützende Praktiken der Beratung entwickelt. Diese können uns in Deutschland auf dem Weg zu einer professionellen Lernberatung hilfreiche Anregungen geben.

Die nordischen Länder haben seit langem die Wertschätzung individueller Unterschiede zum Zentrum des Lehrens und Lernens erhoben, um den Anspruch auf Chancengleichheit für alle zu gewährleisten. Die Grundannahme, dass jeder etwas kann und erfolgreich lernen will, bewirkt in Finnland, Norwegen und Schweden die Anerkennung der Heterogenität und das Bewusstsein von Vielfalt in der Gemeinsamkeit. Das erklärte Ziel ist die Wertschätzung und individuelle Förderung der Potentiale und Interessen jeder einzelnen Schülerpersönlichkeit. Das gemeinsame Ziel ist das selbstgesteuerte und eigenverantwortliche Lernen jedes einzelnen Kindes und Jugendlichen. Damit rückt der Blick auf das einzelne Kind und nicht die Fachlichkeit in das Zentrum des Denkens und Handelns.

Um die Potentiale aller Schülerinnen und Schüler entwickeln zu können, verfügt die finnische Schule über ein vorbildliches Unterstützungssystem. Ein aus mehreren pädagogischen Professionen bestehendes „Schülerpflegeteam" (Beratungslehrer, Sonderpädagogen, Sozialpädagogen, Gesundheitsschwester) legt Art und Umfang der Beratung in Absprache mit den Eltern fest. Dazu werden ausführliche Diagnose- und Förderpläne, die schon im Kindergarten angelegt wurden, herangezogen. Diese entwickeln sich von Anfang an durch die Mitarbeit der Kinder anhand von Portfolios und Selbsteinschätzungsbögen. Lernberatung beruht auf Wertschätzung und Respekt zwischen Lehrenden und Lernenden: Kein Kind wird beschämt, jedes entscheidet über seine Lernwege.

Chancengleichheit und individuelle Förderung jedes einzelnen Kindes sind auch in Schweden Mittelpunkt allen schulischen Handelns, das in der gemeinsamen Verantwortung der Eltern, der Lehrkräfte und der Schulleitung liegt. Grundlagen für die Bildungs- und Erziehungsarbeit sind Verantwortung, Respekt und Vertrauen. Jeder Lehrer nimmt die Interessen eines jeden Kindes ernst und bemüht sich, es auf seinem individuellen Lernweg hilfreich zu begleiten. Konsequenterweise wird die Schullaufbahn bis zum Ende der Sekundarstufe I offengehalten und immer wieder daraufhin überprüft, wie eine individuelle Entwicklung ermöglicht werden kann. Die Eltern werden dabei bewusst in die Verantwortung für das Lernen einbezogen. Die in den Schuljahren 1–7 individualisierte Form der Leistungsbewertung in Lernberichten wird mit den Eltern im Beisein ihrer Kinder zweimal im Jahr besprochen. Grundlage des Gespräches sind die Portfolios der Kinder, die zunächst Sammel- und mit fortschreitendem Alter Fachportfolios sind, sowie ein Kompetenzraster, in dem gemeinsam mit dem Kind Fertigkeiten und Kenntnisse ermittelt und eingetragen werden. Das Ergebnis wird in einem individuellen Entwicklungsplan festgehalten. Er gibt Auskunft über die Ziele und wie diese im Blick auf den Lehrplan langfristig zu erreichen sind.

Instrumente der Lernberatung

Ein Blick auf die in diesen Ländern eingesetzten Instrumente kann uns als Anregung für die Entwicklung sinnvoller Wege der Lernberatung dienen. In beiden Ländern bildet die Partizipation der Lernenden die Grundlage der Beratung. Ihre Mitarbeit wird ernst genommen, aber auch eingefordert.

Schülerselbsteinschätzung

In Finnland schätzen zunächst die Schülerinnen und Schüler ab Klasse 7 zweimal jährlich eigenverantwortlich ihre Lernentwicklung ein (s. Plan S. 132: ↑ verbessert, → unverändert, ↓ verschlechtert). Die Fachlehrer setzen anschließend ihre entsprechenden Zeichen ebenfalls in die Tabelle ein. Bei Abweichungen in positiver oder negativer Weise kommentieren sie diese. Nach der Beratungskonferenz erfolgt eine Einladung an ausgewählte Schülerinnen und Schüler und deren Eltern zur Absprache des weiteren Handlungsbedarfs (s. S. 133). Die Entwicklungspläne bleiben in der Schule, die Eltern erhalten eine Kopie.

Dieses Verfahren setzt voraus, dass die Kinder bereits gelernt haben, sich selbst einzuschätzen. Daher kann das Instrument nur dann übernommen werden, wenn ein Kollegium sich entschließt, seine Schüler schrittweise zur Einschätzung der eigenen Leistung zu befähigen. Die Erfahrungen zeigen, dass die Selbsteinschätzung die Selbststeuerung und Eigeninitiative der Lernenden positiv beeinflusst.

Der Selbstbewertungsbogen (s. S. 134) ist eine von zahlreichen Möglichkeiten, wie man Schüler anregen kann, über ihre eigenen Kompetenzen und Verhaltensweisen nachzudenken.

Aus dem Erleben dessen, was ich kann, entwickelt sich das Vertrauen in die eigenen Fähigkeiten. Die damit einhergehende positive Bestärkung bildet die Grundlage dafür, sich Aufgaben und Herausforderungen mit mehr Zuversicht zu stellen. Der Beratung kommt hier eine wichtige Aufgabe zu: Die persönliche Selbsteinschätzung bildet sich aus der Verarbeitung von eigenen Erfahrungen, aber auch aus Rückmeldungen von anderen. Das konstruktive Feedback durch Schule und Elternhaus ist eine wichtige – gegebenenfalls korrigierende – Quelle für solche Erfahrungen.

Rückmeldung zur persönlichen Lernentwicklung (Jahrgänge 7–9)

Schüler/in: _____ Klasse: _____

Liebe/r ...., bitte nimm dir Zeit und denke darüber nach, wie du deine persönliche Weiterentwicklung in den verschiedenen Unterrichtsfächern in diesem Schuljahr einschätzt.

Es ist wichtig, dass du ehrlich und offen mit dir umgehst. Denn deine Selbsteinschätzung ist die Grundlage für Überlegungen deiner dich unterrichtenden Lehrer/innen im Hinblick auf deine weitere Unterstützung und ihre Beratung. Deine Lehrer/innen werden deine Rückmeldung kommentieren und möglicherweise zum Anlass zu einem Gespräch mit dir und deinen Eltern nehmen.

Gleichbleibende Erfolge →   aufsteigende Erfolge ↑   abfallende Erfolge ↓

Fächer	D	E	M	NW	GE	WP	KU	MU	RE	SP	Soz. Verh.
S/S'											
FL/FL'											

Kommentar der Fachlehrer/innen (Ergebnisse der Beratungskonferenz)

_____

_____

_____

_____

_____

_____

_____

_____

Instrumente der Lernberatung

Mitteilung an den Schüler/die Schülerin und dessen/deren Eltern

Liebe/r _____,

Sehr geehrte Frau/Herr _____,

_____
_____
_____
_____

Einladung zur Rücksprache am: _____ **um** _____

Ort: _____

Datum: _____ Klassenlehrer/in: _____

Stellungnahme/Rückmeldung der Eltern an die Schule:

_____
_____
_____
_____
_____
_____
_____
_____

_____   _____
Datum   Unterschrift (Eltern bzw. Erziehungsberechtigte)

nach: Vihtavuoren Peruskoulu, Jyväskylä, Finnland

Selbstbewertungsbogen für Schülerinnen und Schüler

Name:					
Klasse: Schuljahr:	immer	meistens	manchmal	fast nie	weiß ich nicht
Datum:					

	immer	meistens	manchmal	fast nie	weiß ich nicht
1. Ich arbeite selbstständig.					
2. Ich arbeite ausdauernd und konzentriert.					
3. Ich kann gezielt um Unterstützung bitten.					
4. Ich helfe anderen.					
5. Ich halte die Regeln der Gruppe ein.					
6. Ich führe meine Hefte/Ordner sorgfältig.					
7. Ich formuliere Kritik rücksichtsvoll.					
8. Ich kann Kritik annehmen ...					

Weitere Anmerkungen/Wünsche:

www.eu-mail.info

Schüler-Eltern-Lehrer-Gespräch

Grundlage der Lernberatung in Schweden ist ein halbjährlich stattfindendes Schüler-Eltern-Lehrer-Gespräch, das mit unserem Schülersprechtag vergleichbar ist. Angelehnt an die nordischen Erfahrungen bietet sich als Grundlage ein Fragebogen an, der zu Hause ausgefüllt und der Klassenleitung vorab eingereicht wird (s. S. 136). Durch diese Information kann das Gespräch zwischen den Beteiligten fundiert verlaufen. Gleichzeitig dient es als Instrument fortwährender Diagnose und Bewertung des individuellen Lernstandes.

Somit gewinnt das häusliche Vorgespräch an Bedeutung. Die Fragen implizieren zudem eine positive Haltung. Besonders hinzuweisen ist auf den Punkt: „Worüber ich noch gerne sprechen möchte". Die Erfahrungen zeigen, dass sich daraus häufig für die Beratung außergewöhnliche Einsichten in die persönliche Situation der Kinder bzw. der Jugendlichen ergeben. Insbesondere in Beratungsfällen von Schülern mit besonderen Stärken (Begabtenförderung) oder Schwächen (Gefährdung) kann eine spezielle Vorbereitung eines solchen Gespräches durch eine zuvor eingeholte Information von den Fachlehrern in einem parallel gestalteten Lehrerbogen sinnvoll sein.

Individueller Entwicklungsplan

Die im Gespräch vereinbarten Ziele werden in einem persönlichen Entwicklungsplan festgehalten. Dieser kann sich auf alle Fächer oder nur auf die Fächer beziehen, die für den Schüler von besonderer Bedeutung sind, weil er dort Stärken ausbauen oder Lücken füllen will. Da in diesem Zusammenhang auch der Weg zum festgesetzten Ziel vereinbart wird, sind die Bereitschaft, sich anzustrengen und die realistische Erreichbarkeit wesentliche Voraussetzungen für eine erfolgreiche Lernentwicklung. Aufgabe von Beratung ist es, Möglichkeiten aufzuzeigen, die nicht defizitär angelegt sind oder Misserfolge erwarten lassen, sondern zumindest Teilerfolge ermöglichen. Das intensive Bemühen um passgenaue Ansatzpunkte für erfolgreiches Lernen und nicht das Festhalten an einer einmal gefundenen Strategie macht die Professionalität von individueller Lernberatung aus. Zu bedenken ist in diesem Zusammenhang die herausgehobene Rolle der Klassenleitung in ihrer Verantwortung für die Koordination der Arbeit mit dem Entwicklungsplan. Die Arbeitshaltung und der Einsatz einer Schülerin oder eines Schülers kann je Fach oder unterrichtender Lehrkraft variieren. Deshalb sollte ein möglichst dezidierter individueller Entwicklungsplan angelegt werden (s. S. 138). Ein solcher Entwicklungsplan erfasst sowohl Lernschwierigkeiten als auch besondere Lernleistungen. Darauf aufbauend wird dann gemeinsam mit der Schülerin oder dem Schüler sowie den Eltern eine begrenzte Anzahl von Zielen mit kon-

Schülerbogen zur Vorbereitung auf ein Schüler-(Eltern)-Lehrer-Gespräch

Name:_____ Klasse:_____

1. In welchem Fach/in welchen Fächern ist mir das Lernen leicht gefallen?
_____
_____

2. Wo/Wann habe ich mich besonders angestrengt?
_____
_____

3. Ich glaube, gut kann ich ...
_____
_____

4. Was ist mir schwergefallen?
_____
_____

5. Verbessern möchte ich mich in ...
_____
_____

6. Mehr erfahren möchte ich über ...
_____
_____

7. Worüber ich sonst noch gerne sprechen möchte:
_____
_____
_____

Unterschrift: _____   _____ Datum: _____
                Schüler/in   Erz.Ber

nach: Lernende Schule 21/2003, 50

kreten Arbeits- und Zeitplänen benannt. Der so erstellte Plan muss zu einem vereinbarten Zeitpunkt evaluiert und fortgeschrieben werden.

Der Entwicklungsplan unterstützt auch die Bewertung des Arbeits- und Sozialverhaltens. Ausgehend von einer Selbsteinschätzung kann die Beratung konkret auf die individuellen Voraussetzungen des Jugendlichen sowie auf seine Beziehung zu anderen und zur Schule eingehen (s. auch S. 143,144).

Förderplan

Während ein Entwicklungsplan als Instrument der Beratung darauf ausgerichtet ist, die Schülerinnen und Schüler zu zunehmend selbstständigeren Lernprozessen zu motivieren und anzuhalten, stellt der Förderplan auf Maßnahmen und Lernarrangements ab, die von dem begleitenden Fachlehrerteam gesteuert werden (s. S. 139). Förderpläne schaffen Verbindlichkeiten für die gemeinsame Arbeit des Förderteams und dienen der Planung entwicklungsspezifischer Förderaspekte.

Förderpläne dokumentieren zugleich den Förderprozess und bilden somit die Grundlage der Kommunikation zwischen dem Beratungsteam und dem Schüler. Ein individueller Förderplan ist grundsätzlich für alle Schüler sinnvoll. Doch angesichts der Arbeitsbelastung im Schulalltag bietet er sich vor allem dann an, wenn bestimmte Mädchen oder Jungen Sorgen machen oder sich außergewöhnliche Begabungen zeigen, die systematisch gefördert werden sollen. In jedem Fall müssen auch Förderpläne stärkenorientiert sein. Erfahrungen in einem Schulversuch der Schweiz zeigen, dass jene Schüler, deren Stärken gefördert wurden, deutlich bessere Leistungsfortschritte zeigten, als jene, deren Schwächen ins Visier genommen wurden (MÜLLER 2003).

Für die Arbeit mit dem Lernentwicklungs- oder dem Förderplan hat sich bewährt, sich jeweils auf wenige Ziele zu einigen und die Maßnahmen sehr konkret zu formulieren. Bereits bei deren Planung sollte überlegt werden, wie die angestrebten Ziele evaluiert werden können.

Lernvertrag

Eine weiterführende Form der Beratung stellt der Lernvertrag dar (s. S. 141). Er bietet sich dann an, wenn Unregelmäßigkeit oder Verweigerung in der Arbeitshaltung vorliegen. Der Lernvertrag kann dazu führen, dass die Schülerin oder der Schüler den eigenen Lernprozess mit einer größeren Selbstverantwortung steuert. Dadurch wird keine einseitige Forderung an die Schülerin oder den Schüler gestellt, vielmehr enthält er auch die Selbstverpflichtung des Lehrers in der Rolle des Lernberaters zur individuellen Unterstützung.

Individueller Entwicklungsplan

Name:	Klasse:		Datum:	EVA:
Lernbereich	Meine gegenwärtige Situation	Meine Ziele (Was will ich erreichen?)	Der Weg (Wie kann ich meine Ziele erreichen?)	Die Überprüfung (Habe ich meine Ziele erreicht? Welche? Wenn nein, warum nicht?)

Unterschrift: _____ _____ _____

Folgende Aspekte kennzeichnen den individuellen Entwicklungsplan:
- Wesentliches Ziel ist, dass die Schüler lernen, sich selbst individuelle und realistische Ziele zu setzen und ihre Zielerreichung regelmäßig überprüfen. Der Entwicklungsplan ist Grundlage der halbjährlichen Evaluation.
- Weiteres Ziel ist die Verbesserung der Selbsteinschätzung der eigenen Leistungen (einschl. sozialer) durch die Schüler.
- Der individuelle Entwicklungsplan dient als Grundlage für Gespräche zwischen Schüler, Klassenlehrer und Eltern.
- Der Entwicklungsplan wird halbjährlich überprüft und erneuert.
- Die Eltern erhalten ein Exemplar und unterschreiben die Kenntnisnahme und ihre Verpflichtung zur Mitarbeit.

nach: IDP/Selbsteinschätzung der Lernenden, Schweden; www.eu-mail.info

Prozessbegleitender schülerintegrierender Förderplan

Förderplan für _____

gültig von _____ bis _____ Lehrer/innen:

Vorrangiger Förderbedarf: _____

z. B.: Wahrnehmung, Motorik, Emotion, Sozialverhalten, Kommunikation, Lern-/ Arbeitsverhalten, Lesen, Schreiben, Mathematik, Deutsch, Englisch, Naturwissenschaften

Stärken, Probleme, Grenzen, Selbstwahrnehmung der Schülerin/des Schülers	Möglicher notwendiger nächster Lernschritt, vereinbartes Ziel	Unterstützende Lernorganisation, Mitverantwortung des Schülers/der Schülerin	Prozessbeobachtung des Lehrers/der Lehrerin bzw. des Schülers/der Schülerin

Vereinbarung mit Schüler/in, Eltern, Therapeuten:	
Bezug zur Gesamtklasse:	
Evaluation durch/am/in Form von:	

© Katrin Höhmann, Dortmund, Friedrichverlag Jahresheft 2004

Der Entwicklungsplan wie der Förderplan und im besonderen Maße der Lernvertrag stellen jeweils einen zielführenden Auftrag. Insbesondere junge Menschen wenden sich eher Anforderungen zu, die sie sich zutrauen. Deshalb ist es wichtig, gemeinsam Ziele zu vereinbaren, die für die Lernenden klar und erreichbar sind. In diesem Sinne verweist ANDREAS MÜLLER in seinem Aufsatz „Das Lernen gestaltbar machen" (2006) auf die Notwendigkeit einer Zielentwicklung durch Selbsteinschätzung und Selbstkontrolle.

- ■ „Wer nicht fähig ist oder willens ist, eigene Ziele zu entwickeln, wird sich den Zielen anderer – zum Beispiel der Lehrer – anzupassen haben. Dadurch entstehen Abhängigkeiten, entsteht Macht und Ohnmacht. Lernen soll aber eigentlich von der Abhängigkeit in die Unabhängigkeit führen. Lerner müssen folglich lernen, (schulische) Ziele zu haben. Und sie müssen lernen, ihre Ziele und Vorstellungen zu verbalisieren. Mit der Versprachlichung entwickeln sie ein inneres Bild dessen, was entstehen soll." ■

In der Auseinandersetzung mit Qualitätsmerkmalen und den zugeordneten Niveaustufen von einfachen Grundkenntnissen bis zu komplexen Fähigkeitsstufen können die Schüler erkennen, wie eine Leistung zu bewerten ist und welchem Grad ihr individueller Lernerfolg entspricht. Damit erhalten sie eine Orientierung. Sie sehen aber auch, welches die nächsten Ziele sein können. Als anregendes Beispiel sei hier auf das „Raster zur Selbstbeurteilung" des Europäischen Sprachenportfolios hingewiesen (s. Literaturverzeichnis). Mithilfe dieses Rasters können die Schülerinnen und Schüler ihre Kompetenzen in verschiedenen Sprachen selber beurteilen und werden zugleich angeregt, ihr Sprachenlernen, ihre Sprachkontakte und interkulturellen Erfahrungen für sich selbst und andere transparent zu machen. In der Auseinandersetzung mit „Ich-kann"-Formulierungen gewinnen sie sprachliche Muster zur Selbsteinschätzung und mögliche eigene Ziele. Die gleichen Ziele verfolgt der Selbsteinschätzungsbogen (s. S. 134), der in seiner einfachen Rasterung bereits in einer Anfangsklasse der Sekundarstufe I eingesetzt werden kann.

Phasen der Lernberatung

Sowohl in dem Schüler-Eltern-Lehrer-Gespräch wie in der gemeinsamen Erstellung eines Entwicklungs- oder Förderplans konkretisiert sich Lernberatung in der Frage des methodischen Vorgehens. Dabei ist der Weg das Ziel:
- Verbalisierung konkreter Ziele/angestrebter Leistungsergebnisse
- Auswahl und Festlegung geeigneter Strategien
- Selbstbeobachtung und Aufzeichnung des eigenen Lernverhaltens und der begleitenden Gefühle
- Bilanzierung mit den an der Lernberatung Beteiligten
- Formulierung nächster Schritte

Lernvertrag

zwischen: _____ und _____
(Name der Schülerin/des Schülers)   (Name des oder der Lehrenden)

Der Vertrag wurde am _____ geschlossen.

Die Beteiligten vereinbaren miteinander:
Zum Bereich (Zutreffendes bitte ankreuzen)
- ❑ Unterricht
- ❑ Hausaufgaben
- ❑ Verhalten
- ❑ Sonstiges: _____

daran zu arbeiten, das folgende Ziel zu erreichen:

_____

_____

Der Lehrer/die Lehrerin verpflichtet sich, den Schüler/die Schülerin wie folgt dabei zu unterstützen, dass er/sie dieses Ziel erreichen kann:

_____

_____

Der Schüler/ die Schülerin verpflichtet sich, zum Erreichen dieses Ziels Folgendes zu berücksichtigen bzw. zu tun:

_____

_____

Das nächste Gespräch findet statt am: _____

_____   _____
Datum/Unterschrift Schüler/in   Datum/Unterschrift Lehrer/in

© Katrin Höhmann, Dortmund, Friedrichverlag Jahresheft 2004

Auf diese Weise werden die Lernenden in die Lage versetzt, ihre eigenen Ziele zu bestimmen, ihr Lernen selbst zu organisieren, Lernfortschritte zu bewerten und ihnen selbst gemäße Lernwege zu entwickeln. Für die kontinuierliche Begleitung auf diesem Wege gibt es unterschiedliche Möglichkeiten (s. dazu auch Kap. 7), z.B. die Arbeit mit

- einem *Logbuch* als Aufgabenheft mit Kommentar, wie die Aufgaben erledigt werden,
- einem *Lerntagebuch* für Kommentare zum Unterricht und den gestellten Anforderungen,
- einem *Portfolio* als Dokumentation der persönlichen Auseinandersetzung mit einem Lerngegenstand.

Durch ihren Einsatz kann fachlich und überfachlich sichtbar werden, wie bestimmte Ergebnisse zustande gekommen sind. Insbesondere ein Lernportfolio als eine subjektive Sammlung von Arbeiten und Dokumenten aller Art vermittelt Einblicke in die geistige und emotionale Auseinandersetzung mit einer zu bewältigenden Anforderung. Das zugrunde liegende bewusste Nachdenken über das, was gelungen ist, stärkt zudem das Vertrauen des Verfassers in die eigenen Fähigkeiten.

Leistungsrückmeldung

Das Feedback im Fachunterricht gibt den Schülern eine Chance, sich zu verbessern, wenn sie dies als unmittelbare und differenzierte Leistungsrückmeldung erfahren. In Lernentwicklungsgesprächen kommt der Rückmeldung ebenso eine wichtige Rolle zu. Auch hier sollte sie schülerbezogen und lernprozessorientiert erfolgen. Da es in der Lernberatung über die Förderung der fachlichen Leistungspotentiale hinaus um die Stärkung der generellen Lernhaltung geht, wird die Rückmeldung vornehmlich die Lernfortschritte in den Blick nehmen. Für die Schüler (und deren Eltern) ist es wichtig, dass ihnen der erreichte Lernstand in verständlicher und konstruktiver Weise beschrieben wird. Sie müssen nachvollziehen können, wo sie etwas erreicht haben und woran sie weiterarbeiten können. Grundlage kann der Bogen zur Beurteilung der sonstigen Mitarbeit (s. S.143) sein. Das gemeinsame Gespräch über Perspektiven und nächste Schritte wird dann umso akzeptabler, wenn der Schüler merkt, dass bereits erreichte Teilerfolge positiv wahrgenommen werden. Auf diese Weise fällt es ihm leichter, Verbesserungsvorschläge zu akzeptieren oder sogar selbst zu entwickeln. Lernberater gestalten die Lernumgebung so, dass erfolgreiches Lernen ermöglicht wird. Sie unterstützen das individuelle Kompetenzmanagement ihrer Schüler, indem sie Prozesse des Reflektierens und der persönlichen Lernentwicklung initiieren und begleiten. Das Lernen selbst bleibt jedoch Aufgabe jedes Einzelnen.

Instrumente der Lernberatung

Beurteilung der sonstigen Mitarbeit im Fach _____ **(SI)**

für: _____ Klasse/Kurs: _____ Beurteilungszeitraum: _____

1. Häufigkeit der Wortbeiträge im Unterricht

| selten, kaum | mehrfach | sehr rege |

0   5 Punkte

2. Qualität der Äußerungen

| gehen oft an der Sache vorbei | weiterführend | treffen den Kern |

0   5 Punkte

3. Erledigung von Arbeitsaufträgen im Unterricht

| schleppend, unzuverlässig | zuverlässig | zügig ergebnisorientiert |

0   5 Punkte

4. Kommunikationsverhalten im Unterricht

| undiszipliniert | unfair | diszipliniert | fair |

0   5 Punkte

5. Eigeninitiative in der Bearbeitung von Aufgabenstellungen

| selten | gelegentlich | öfter, anregend |

0   5 Punkte

6. Erledigung von Hausaufgaben

| selten | gelegentlich | immer |

0   5 Punkte

7. Heftführung

| unsauber, unübersichtlich | übersichtlich | sauber, sorgfältig |

0   5 Punkte
www.eu-mail.info

Beurteilung der sonstigen Mitarbeit im Fach _____(SI)

Kommentar/Hinweise: _____

Gesamteindruck (Note): _____

Dieses Ziel möchte ich im nächsten Quartal erreichen:

_____

So kann ich dieses Ziel erreichen:

_____

Datum/Unterschrift der Schülerin/des Schülers:

_____

Bitte hier abtrennen und an die Lehrkraft zurückgeben

Beurteilungsbogen von: _____

Kenntnisnahme des Klassenlehrers: Kenntnisnahme eines Erziehungsberechtigten:

_____   _____
(Datum, Unterschrift)   (Datum, Unterschrift)

Quelle: S. Schönwetter, Änderungen und Ergänzungen wurden durch H. Koehler vorgenommen

12 Förderung im Fach Deutsch mithilfe von Kompetenzmodellen

Frank Schneider

In den vergangenen Jahrzehnten hat die fachdidaktische Forschung für unterschiedliche Lernbereiche des Faches Deutsch Stufenmodelle entwickelt, die eine natürliche Abfolge von Kompetenzprofilen beschreiben. So gilt in der Rechtschreibdidaktik schon lange als gesichert, dass in gewissen Entwicklungsphasen jeweils bestimmte Rechtschreibverfahren dominieren und daher auch falsche Schreibweisen auf das Durchlaufen einer sinnvollen Entwicklungsstufe hindeuten können. Ähnlich sind für den Ausbau der Schreibkompetenz verstärkt seit den achtziger Jahren Stufen ausgemacht worden, über die sich ein Schreibanfänger zu einem kompetenten Schreiber entwickelt. Und in der Lesekompetenzforschung gewannen durch die PISA-Studie 2000, in der das Lesen im Zentrum des Testinteresses stand, Modelle an Gewicht, die eine Klassifizierung von Leseleistungen in Kompetenzstufen zulassen.

Im Rahmen der Bildungsstandards für den Mittleren Schulabschluss, auf die sich die Kultusministerkonferenz im Dezember 2003 geeinigt hat, wurde Kompetenzmodellen eine zentrale Stellung für den Unterricht zugewiesen. Ihre Funktion bei der Standardentwicklung besteht vor allem darin, Ziele der unterrichtlichen Arbeit herleitbar zu machen, also Standards als Erreichung bestimmter Stufen eines Kompetenzmodells formulieren zu können (vgl. KLIEME 2003, 21 f.). Die Stufenmodelle für spezifische Lernbereiche des Faches Deutsch können jedoch mehr leisten: Sie vermögen nicht nur Lernziele, sondern auch Lernwege im Unterricht aufzuzeigen, vor allem aber können sie eine Hilfe sein bei der individuellen Gestaltung von Fördervorhaben.

Wer Schülerinnen und Schüler fördern will, erhebt den Anspruch, beim aktuellen Entwicklungsstand des Kindes ansetzen zu wollen und von dort aus eine lernpsychologisch begründete und planvoll vollzogene Weiterentwicklung der Fähigkeiten und Fertigkeiten anzustreben. In der Praxis ist dieser hohe Anspruch vor allem in großen Lerngruppen oft schwer umsetzbar. Stufenmodelle können jedoch eine wichtige Unterstützung bieten, denn sie lassen sich sowohl für die Diagnostik als auch für die Planung eines konkreten Fördervorhabens nutzen:

- Durch Stufenmodelle ist ein *diagnostischer Rahmen* gegeben, der die Aufmerksamkeit dafür schärfen kann, welche Fähigkeiten das Kind bereits besitzt.
- Stufenmodelle können gleichzeitig eine begründbare Vorstellung davon liefern, welche entwicklungspsychologisch motivierten *Ziele in einer Förderung* auf welchem Wege kurz- und mittelfristig erreichbar erscheinen.

Für speziellen Förderunterricht, aber auch für eine Differenzierung im regulären Unterricht bilden die Stufenmodelle somit praktikable Hilfsmittel zur Gestaltung von lernerdifferenzierten Lernwegen.

Ihrem Wesen nach stellen Stufenmodelle Idealisierungen dar, die prinzipiell kontinuierliche Entwicklungsverläufe in diskontinuierliche Phasen einteilen, um sie fassbar zu machen. Dies geschieht unabhängig davon, ob die Entwicklungen immer oder nur bei planvoller unterrichtlicher Begleitung zu beobachten sind. Für die unterrichtliche Nutzung der Stufenmodelle sollten darüber hinaus drei Gefahren bedacht sein:
- Stufenmodelle können zu einem *Rasterdenken* führen, das den Blick auf die Individualität der Lernenden verstellt. Kein Schüler wird sich in einem Stufenmodell bezüglich seiner Kompetenzen eindeutig zuordnen lassen, vielmehr wird jeder ein spezifisches Muster von Fähigkeiten aufweisen, die unterschiedlichen Stufen zuzuordnen sind. Mit Blick auf den Einzelnen kann lediglich untersucht werden, auf welchem Niveau die erreichten Fähigkeiten schwerpunktmäßig einzuordnen sind. So wurden Schüler im PISA-Test in die höchste all jener Kompetenzstufen eingeordnet, deren Aufgaben sie zu mindestens 50% richtig gelöst hatten (vgl. BAUMERT u.a. 2001, 95). Richtige Lösungen einer höheren Kompetenzstufe blieben also bei der Einstufung unberücksichtigt, wenn die Lösungsquote für Aufgaben dieser Stufe unter 50% lag. Eine Zuordnung zu einer Kompetenzstufe trifft somit stets nur einen Teil des Kompetenzprofils eines Kindes oder eines Jugendlichen.
- Orientierung an Kompetenzmodellen birgt zudem die Gefahr eines *Unterrichtsschematismus*, der individuelle Entwicklungswege behindern kann. So basiert beispielsweise eine Schreibförderung oftmals gerade darauf, von einem schrittweisen Aufbau von Kompetenzen abzusehen und Freiheiten einzuräumen, die noch unerkannte Fähigkeiten des Schreibenden abrufen können. Stufenmodelle sollten daher an manchen Stellen des Lernweges bewusst ignoriert werden.
- Und schließlich enthält jedes Kompetenzmodell die Gefahr, die Komplexität der Lerngegenstände und die Komplexität des Kompetenzaufbaus *unzulässig zu reduzieren* und damit der Sache nicht gerecht zu werden.

Stufenmodelle sind daher nur dann sinnvoll eingesetzt, wenn sie in der Praxis Möglichkeiten nicht verengen, sondern Orientierungen geben, durch die neue

Möglichkeiten der Förderung eröffnet werden. Trotz vielfach vorgetragener Vorbehalte gegen die Nutzung von Stufenmodellen als Basis von Lernarrangements (vgl. z. B. AUGST/DEHN 1998, 68) besteht für viele Bereiche des Deutschunterrichts die Hoffnung, dass durch ihre Berücksichtigung die Förderansätze präziser am Fähigkeitsprofil des jeweiligen Kindes ansetzen.

Die Grundidee einer Förderung, die sich an solchen Modellvorstellungen orientiert, ist stets ähnlich: Eine Entwicklung lässt sich fortsetzen, wenn das erreichte Niveau gesichert und ein neues Kompetenzniveau angestrebt wird, indem Anforderungen und Aufgaben gestellt werden, die das schon Erreichte knapp übersteigen. Es gilt stets Lernsituationen herzustellen, die Schülerinnen und Schüler dazu anleiten, an Aspekten zu arbeiten oder über Aspekte nachzudenken, die bislang für sie nicht im Blick waren, aber durchaus in ihrem Horizont Raum finden könnten.

Für die Lehrkräfte bedeutet dies konkret:

- Es müssen geeignete *Diagnoseinstrumente* gefunden werden, um feststellen zu können, wie der augenblickliche Entwicklungsstand der Schülerinnen und Schüler im jeweiligen Lernbereich einzuschätzen ist.
- Es müssen *Aufgaben* vorhanden sein, die eine Kompetenzentwicklung auf eine höhere Stufe ermöglichen. Diesen müssen typische Lerngegenstände zugeordnet werden.
- Es müssen *Unterrichtssettings* gefunden werden, in denen die Schüler sinnvoll an die komplexeren Aufgaben herangeführt werden können.

Eine solche Förderung ist nicht nur kompensatorisch angelegt, sondern sie will natürliche Entwicklungen unterstützen und kann auch helfen, besondere Begabungen zu entfalten, indem Ideen aufgezeigt werden, welche Fortentwicklung bestehender Fähigkeiten möglich ist.

Wie der beschriebene Förderansatz im Fach Deutsch aussehen kann, wird nun für die Lernbereiche Rechtschreibung, Schreiben und Lesen in Umrissen skizziert.

Beispielbereich I: Rechtschreibung

Innerhalb des Rechtschreiblernens lassen sich Gesetzmäßigkeiten beobachten, die zu theoretischen Konzeptionen überindividueller orthographischer Entwicklungsphasen geführt haben. Besondere Beachtung fand das „epigenetische" Modell von UTA FRITH (1986), das den Rechtschreiberwerb in Zusammenhang mit dem Lesenlernen bringt und Lesen- und Schreibenlernen in die logographemische, alphabetische und orthographische Phase einteilt. Dieses Modell wurde von GÜNTHER THOMÉ für den Rechtschreiberwerb präzisiert und weiterentwickelt:

Stufenmodell des Rechtschreiberwerbs nach GÜNTHER THOMÉ (2006)	
Protoalphabetisch-phonetische Phase	Rudimentäre Verschriftungen, die zunächst bei sichtbar hervortretenden Einheiten, z.B. Großbuchstaben, ansetzen und später auch Silbenanfänge verwenden, sodass Wörter als „Skelett" vorhanden sind (*„LMN" für Limonade).
Alphabetische Phase	Die Verschriftlichungen folgen zunehmend dem phonologischen Prinzip, das die (phonologische) Lautform eines Wortes wiederzugeben versucht. Wörter, die vollständig aus Basisgraphemen (ohne orthographische Ausnahmeschreibung) bestehen, werden oft richtig geschrieben („Baum", „bunt").
Orthographische Phase	Auf Regeln basierende Schreibungen werden verwendet und zum Teil übergeneralisiert („Hund" statt zuvor *„hunt", aber evtl. nun auch *„bund")

Der Vorteil eines solchen Phasenmodells besteht darin, Fehler nicht mehr nur als Normabweichung, sondern als „lernspezifische Notwendigkeit" zu sehen (AUGST/DEHN 1998, 67).

Unterdessen existieren auch Diagnoseinstrumente, die mit relativ wenig Aufwand Erkenntnisse über das individuelle Profil der angewandten Rechtschreibstrategien liefern und damit eine Einordnung des Schreibenden in das Stufenmodell zulassen, beispielsweise die Oldenburger Fehleranalyse (OLFA, vgl. THOMÉ/THOMÉ 2004) oder – mit etwas anderer Terminologie – die Hamburger Schreibprobe (HSP, vgl. MAY 2007). Ein Kind, das f statt v schreibt (*fogel), befindet sich danach vermutlich in der alphabetischen Phase, denn es folgt der Lautung, ein Kind, das v statt f schreibt (*Verkel), eher in der orthographischen Phase, in der Übergeneralisierungen häufig sind. Die Vermutung, dass alle Schüler in der Sekundarstufe I die alphabetische Phase überwunden haben dürften, erweist sich übrigens selbst für die Klasse 9 als falsch, auch dort werden in allen Leistungsgruppen noch lautliche Fehler gemacht, wie die DESI-Studie gezeigt hat (vgl. EICHLER 2004, 186).

Besonders Kinder und Jugendliche, die auch in höheren Klassen noch häufig alphabetische Fehler machen, aber auch solche, die in ihrem Kompetenzprofil eine übergroße Zahl von orthographischen Normverletzungen aufweisen, benötigen individuelle Förderung, um die entwicklungstypische Kompetenzstufe zu erreichen oder voll zu entwickeln.

Förderungen erweisen sich dann als erfolgversprechend, wenn sie vom Ansatz des Erforschens von Rechtschreibung ausgehen, bei dem innere Regelbildungsprozesse angeregt und unterstützt werden (vgl. EISENBERG/FEILKE 2001). Die Nutzung des „h" – eine besondere Fehlerquelle beim Übergang von alphabetischer zu orthographischer Phase – lässt sich beispielsweise untersu-

Beispielbereich I: Rechtschreibung 149

chen, indem aus Texten Wörter mit „h" nach einem Vokal herausgesucht werden, um die unterschiedlichen Fälle zu klassifizieren und die dahinterstehende Rechtschreiblogik zu ermitteln. Auch Kunstwörter sind ein ausgezeichneter Forschungsgegenstand, weil hier implizites Rechtschreibwissen bewusstgemacht und diskutiert werden kann (vgl. EISENBERG/FEILKE 2001, 13f.).

Ein vielfach erfolgreich beschrittener Weg des Erforschens ist es, den Lernenden zentrale Strategien zur Rechtschreibung zu vermitteln und sie in die Lage zu versetzen, diese Strategien als Forschungsmethode differenziert einsetzen zu können. AGNES FULDE (2007) nennt fünf zentrale Strategien: Schwingen (d.h. deutlich silbierendes Sprechen: Pup-pen-stu-be), Verlängern, Ableiten, Merken, Zerlegen. Zu jeder Strategie stellt sie Übungsmaterial zusammen, mit dem die Strategie eingeübt und Regelhaftigkeit forschend entdeckt werden kann. Mithilfe dieser Strategien können bereits erreichte Stufen gefestigt und Fähigkeiten einer höheren Stufe angebahnt und entwickelt werden. So wird für eine Sicherung der Kompetenzen der alphabetischen Phase vor allem die Strategie des Schwingens einzuüben sein, um die Differenzierung von Vokalstrukturen zu ermöglichen oder das Silbenprinzip zu erfassen. Bei der Hinführung zur orthographischen Phase ist das Verlängern hilfreich, das davon abhält, Phoneme wie /t/ am Ende von „Feld" auch – wie auf der alphabetischen Stufe denkbar – als <t> zu schreiben. Innerhalb der orthographischen Phase differenziert sich das Rechtschreibwissen immer weiter, was in dem dreistufigen Modell nicht mehr unterschieden wird. In den qualitativen Testverfahren (wie OLFA) ist dies gleichwohl diagnostizierbar, da dort Fehlerschwerpunkte in Bereichen der orthographischen Kompetenz ausgemacht werden können, die wiederum einen forschenden Zugriff erlauben (vgl. FULDE 2007, 61ff.).

Die Lehrereingriffe bei einer solchen Förderung sollten an das erforschende Vorgehen angepasst sein. Eine „kreative Korrektur" (BÜNTING/EICHLER/POSPIECH 2000, 37) kann das intelligente Verbessern unterstützen, indem bei Fehlern nicht genau die Fehlerstelle markiert wird, sondern lediglich das Wort. Hilfreich ist oft das Hinzufügen eines Zeichens, aus dem hervorgeht, mit welcher Strategie dieser Fehler verhinderbar gewesen wäre (vgl. FULDE 2007, 6f.). So zeigt der Lehrer nicht einfach, wo ein Fehler vorliegt, sondern er hält dazu an, die Strategien anzuwenden und sich vor Augen zu führen, dass dieser Fehler mit dem Erlernten vermeidbar gewesen wäre.

Das Stufenmodell der Rechtschreibentwicklung kann somit helfen, eine individuell abgestimmte, entwicklungsorientierte Förderung für das jeweilige Kind zu gestalten. Auf komplizierte Regelhaftigkeiten der Rechtschreibung hinführen zu wollen, ist unnötig, zum Teil sogar kontraproduktiv bei einem Kind, das nicht einmal die alphabetische Phase erreicht hat. Gleichzeitig ist denkbar, dass Schüler höherer Klassen viele Qualifikationen besitzen, die der orthographischen Phase zuzuordnen sind, aber Fehler in der Laut-Buchstaben-Zuordnung machen, die eine Erinnerung an die entsprechenden Strategien erforderlich machen. Das Stufenmodell lässt somit nicht zu, bestimmte Kompetenzebenen nach Erreichen als vollständig gesichert zu betrachten. Es liefert jedoch ein spezifisches Profil, das eine individuelle Auswahl von Förderschwerpunkten begründen kann.

Beispielbereich II: Schreiben

Kenntnisse zur Rechtschreibung stellen eine Basisfähigkeit zur Kompetenz des Schreibens dar, doch Schreibkompetenz umfasst weit mehr, sie muss grammatische und lexikalische Kenntnisse berücksichtigen sowie die soziale Kognition oder das Wissen über Textmuster aktivieren (vgl. BECKER-MROTZEK/BÖTTCHER 2006, 59). Auch für die Schreibentwicklung sind Phasenmodelle entwickelt worden, die einen natürlichen Verlauf des Kompetenzzuwachses erfassen wollen. So entwickelte BEREITER unter dem Einfluss von PIAGET ein Modell klar unterscheidbarer Stufen, die vom assoziativen Schreiben zum epistemischen, also wissenerzeugenden Schreiben führen (vgl. OSSNER 1996, 75). Dieses Modell ist kritisch diskutiert worden (vgl. OSSNER 1996), und es wurden Alternativen entworfen, die Kompetenzzuwachs als Weg von bereits Vorhandenem, noch Unvollkommenem zu Vollkommerem verstehen (vgl. BAURMANN 2002, 28). Ein solches Modell wurde von BECKER-MROTZEK und BÖTTCHER beschrieben:

Entwicklungsniveaus des Schreibens nach BECKER-MROTZEK/BÖTTCHER (2006)	
Startphase: Erste Schreibversuche (5–7 Jahre)	Kinder schreiben auf, was ihnen in den Sinn kommt, sie hören auf, wenn ihnen nichts mehr einfällt. Schreiben dient als Ausdruck der eigenen Einfälle.
Ausbauphase I: Orientierung am Erlebten (7–10 Jahre)	Das Schreiben ist von einer subjektiven Erlebnisperspektive geprägt (minimale Planung, kaum Revisionen); es herrscht das Prinzip der szenischen Kontiguität, d. h. Sachverhalte werden so wiedergegeben, wie sie erlebt wurden.
Ausbauphase II: Orientierung an der Sache und am Leser (10–14 Jahre)	Das Schreiben orientiert sich an der Sache und berücksichtigt die Leserperspektive. Die subjektive, erlebnisorientierte Sicht auf eine Sache wird abgelöst von der Logik der Sache selbst.
Ausbauphase III: Literale Orientierung (ab Adoleszenz) (optional, wird nicht von jedem Schreiber erreicht)	In einem geplanten Prozess des Schreibens wird eine Vermittlung versucht zwischen sachlicher Angemessenheit, Leserorientierung und eigener Intention. An die Stelle einer formalen Logik tritt nun beispielsweise vermehrt eine dialogische Ordnung, die Gegenargumente thematisiert und entkräftet.

Beispielbereich II: Schreiben 151

In diesem Modell sind die Altersangaben nicht normativ, sondern lediglich als Orientierung zu verstehen, sie variieren individuell, vor allem abhängig von der Schreiberfahrung. Praktikabel einsetzbares Diagnoseinstrumentarium für eine genaue Zuordnung von Kindern und Jugendlichen zu den Phasen fehlt weitgehend, sodass die Unterrichtenden darauf angewiesen sind, die genannten Merkmale an Schülertexten auszumachen. Eine Schreibförderung wird dann einsetzen, wenn die Entfaltung der Schreibkompetenz bei einem Jugendlichen an bestimmten Entwicklungsstufen zu scheitern scheint.

In der konkreten Förderarbeit werden dabei ebenso wie im Unterricht neben der Entwicklungsphasierung auch die Bedürfnisse des Schreibenden, die Orientierung auf die zu erwerbende Schreibfähigkeit und die, zum Beispiel zeitlichen, Rahmenbedingungen des Schreibprozesses zu berücksichtigen sein (vgl. BECKER-MROTZEK/BÖTTCHER 2006, 79).

Soll in der Förderung die Kompetenzentwicklung auf eine neue Stufe hin unterstützt werden, so ist es ratsam, die Spezifika der neuen Stufe zur Leitlinie des Förderansatzes zu machen, also beispielsweise beim Übergang von der Ausbauphase I zur Ausbauphase II (Orientierung an der Sache und am Leser) Übungen zu formulieren, die diese Orientierung gezielt in den Mittelpunkt stellen. Denkbar sind z.B. folgende Ansätze:

- *Schwerpunktsetzung für die Schreibplanung*: Aufgaben, die eine Sach- oder Leserorientierung ins Zentrum stellen wollen, werden Textsorten zum Gegenstand haben, die in besonderer Weise eine Sachorientierung (z.B. Bericht) oder eine Leserorientierung (z.B. Brief) erfordern. In der Aufgabenstellung lässt sich die Schreibplanung durch Fragen anregen, die beispielsweise die Leserorientierung explizit in den Blick rücken. So kann einem Fünftklässler die Aufgabe gestellt werden, einen Brief an seine Grundschullehrerin zu schreiben, um diese in die weiterführende Schule einzuladen. Die Adressatenorientierung wird für die Schreibplanung in der Aufgabe mitformuliert: „Was muss deine Lehrerin wissen, um kommen zu können?"
- *Orientierung an Textmustern*: Schreibende lernen auch dadurch, dass sie sich an gelungenen Texten orientieren. Zur Stärkung des sachorientierten Schreibens lassen sich beispielsweise gelungene Personenbeschreibungen präsentieren, an die sich eine Schreibaufgabe anfügt, die nun nicht sofort einen freien Auftrag zur Personenbeschreibung enthält, sondern als Übergang Satzanfänge aus der Vorlage vorgibt, die eine Sachorientierung erfordern („Das auffälligste äußerliche Merkmal meines Freundes ... ist ...").
- *Checklisten*: Eine Förderung der Schreibkompetenz kann erreicht werden, wenn die Schüler ihre eigenen Schreibprodukte kriterienorientiert überprüfen. Günstig ist es, wenn die Kriterien vorher gemeinsam erarbeitet wurden. Für die Erweiterung der Schreibfähigkeit ist darauf zu achten, dass in den Checklisten für die Überprüfung eigener Texte die Aspekte der Sach-

bzw. Leserorientierung besonders berücksichtigt werden, und zwar möglichst konkret: „Erfährt deine Lehrerin, wann sie wo sein soll?", „Ist erklärt, auf welche Weise deine Lehrerin mitteilen kann, ob sie kommen kann?", „Erfährt die Lehrerin, wie es zu der Einladung gekommen ist?" Bei aller Skepsis gegenüber den Möglichkeiten von Kindern und Jugendlichen, eigene Texte ohne spezielles Training selbstständig überarbeiten zu können (vgl. BAURMANN 2002, 88 ff.), bieten sehr konkret gehaltene Checklisten einen Ansatzpunkt zu leistbaren Textveränderungen.

- *Abfolge von Schreibaufgaben:* Ein Kompetenzzugewinn lässt sich auch anstreben, indem die Schreibaufgaben orientiert an der Sach- bzw. Leserorientierung zunehmend komplexer werden. Wenn Adressatenorientierung in einem Brief gelingt und eine Personenbeschreibung sachorientiert bewältigt wird, kann beispielsweise eine Spielanleitung deutlich höhere Anforderungen stellen und eine vielschichtige Verknüpfung von Sach- und Leserorientierung erfordern.

Erprobte Verfahren der Schreibdidaktik wie Schreibkonferenz, Portfolio-Arbeit oder inhaltsentlastete Schreibaufgaben können die beschriebenen Übungsformen unterstützen.

Mehr noch als in der Rechtschreibdidaktik ist bei der Schreibentwicklung daran zu erinnern, dass das Stufenkonzept eine Hilfskonstruktion zur Orientierung ist und kein Entwicklungsraster, dem starr zu folgen ist. Leser- und Sachorientierung wird auch erfahrenen Schreibern zuweilen misslingen. Schülerinnen und Schüler, die die Leserorientierung in Briefen vermissen lassen, sind manchmal beim kreativen Schreiben durchaus in der Lage, in raffinierter Weise mit Lesererwartungen zu spielen und sie zu brechen. Das Stufenmodell kann somit für die Gestaltung des Förderangebotes hilfreich sein, immer wieder aber sollte das Schreibtraining Freiräume gewähren, die spontane Entwicklungen ermöglichen oder auch nur zeigen können.

Beispielbereich III: Lesen

Die Schulung von Schreibkompetenz ist im schulischen Kontext eng verwoben mit der Entwicklung von Lesekompetenz: Schreiben geschieht oft in der Auseinandersetzung mit gelesenen Texten, Lesefähigkeit manifestiert sich darin, Verstandenes verständlich – mündlich oder schriftlich – darzustellen. Die Vermittlung von Schreib- und Lesestrategien sollte daher in einem „themazentrierten Deutschunterricht" integrativ verbunden sein (vgl. ABRAHAM 2003, 209 ff.). Für Förderzwecke kann es dagegen ratsam sein, jeweils eine Fähigkeit zum Schwerpunkt zu machen.

Beispielbereich III: Lesen 153

Stufenkonzepte für die Lesekompetenz haben seit dem Jahr 2000 weit über die Deutschdidaktik hinaus Interesse gefunden, nämlich durch die PISA-Studie, bei der 12,7 % der deutschen Schülerinnen und Schüler nur die Kompetenzstufe I der Gesamtskala Lesen erreichten, 9,9 % sogar nicht einmal die Stufe I (vgl. BAUMERT u. a. 2001, 103). Diese Lesefähigkeit wird dabei in drei Subskalen eingeteilt, für die jeweils fünf Stufen definiert wurden. Ähnliche Stufenmodelle für die Lesekompetenz existierten schon zuvor, allerdings für jüngere Schüler (z. B. Hamburger Lesetest, vgl. FISCHER 2004).

Für die Überlegungen zur Förderung soll die Subskala „Informationen ermitteln" der PISA-Studie betrachtet werden:

Lesekompetenz gemäß PISA-Studie Subskala „Informationen ermitteln" (BAUMERT u. a. 2001, 89)	
Aufgaben auf der jeweiligen Kompetenzstufe erfordern vom Leser ...	
Stufe I	... eine oder mehrere unabhängige, aber ausdrücklich angegebene Informationen zu lokalisieren.
Stufe II	... eine oder mehrere Informationen zu lokalisieren, die beispielsweise aus dem Text geschlussfolgert werden müssen.
Stufe III	... Einzelinformationen herauszusuchen und dabei z.T. auch die Beziehungen dieser Einzelinformationen untereinander zu beachten.
Stufe IV	... mehrere eingebettete Informationen zu lokalisieren.
Stufe V	... verschiedene, tief eingebettete Informationen zu lokalisieren und geordnet wiederzugeben.

Der Begriff der Lesekompetenz in der PISA-Studie ist von einem funktionalen, kognitionszentrierten Ansatz geprägt. Lesen als umfassende kulturelle Praxis ist demgegenüber nur am Rande berücksichtigt (vgl. HURRELMANN 2002). Erfasst sind mit den Lesekompetenzstufen der PISA-Studie aber Basisfähigkeiten, die eine grundlegende Form der Weltaneignung darstellen.

Förderangebote können auf der Grundlage dieses Stufenmodells prinzipiell auf allen Stufen ansetzen, da die je spezifischen Kompetenzen immer erweiterbar sind. Vor allem wird eine Förderung aber für diejenigen wichtig sein, die an komplexeren Verstehensleistungen scheitern.

Eine Leseförderung beschränkt sich dabei in der Praxis häufig darauf, die Kinder und Jugendlichen mit PISA-ähnlichen Lesetests zu konfrontieren, um so das – vielfach auch in zentral gestellten Prüfungen wie Lernstandserhebungen – geforderte Testformat zu trainieren. Eine wirkliche Stärkung der Lesekompetenz muss dagegen Lesestrategien vermitteln, die über die Testanforderung hinaus komplexes Leseverstehen ermöglichen.

In der fachdidaktischen Literatur sind zahlreiche Strategien genannt, die das sinnentnehmende Lesen von Sachtexten fördern können: Brainstorming anhand der Überschrift, Fragen an den Text stellen, Zwischenüberschriften finden, Wenn-dann-Beziehungen aufsuchen, zentrale Begriffe markieren, zentrale Textaussagen mit eigenen Worten „verständlicher" formulieren (vgl. ABRAHAM 2003, 215). Bei Problemen im Textverständnis können daneben die von GRZESIK genannten Verfahren helfen: Lokalisierung von Verstehensschwierigkeiten, um die Verstehenshürden fassbar und damit überwindbar zu machen, Hervorhebung von Textstellen, die für eine Frage relevant zu sein scheinen, Übertragung relevanter Textteile in ein anderes Medium, z. B. in Strukturskizzen (vgl. GRZESIK 2005, 358 ff.).

Auf der Basis dieser allgemeinen Lesestrategien kann eine Leseförderung, die auf dem Stufenmodell fußt, einen konkreten Fokus setzen, der die spezifische Fähigkeit der nächsthöheren Stufe in den Mittelpunkt rückt. Ein Beispiel: Mit Schülern, die die Kompetenzstufe III nicht erreichen – das sind laut PISA 2000 ca. 7% der 15-jährigen Gymnasiasten, 41% der Realschüler, 59% der Gesamtschüler und ca. 85% der Hauptschüler (vgl. BAUMERT u.a. 2001, 122) –, wird insbesondere zu trainieren sein, wie es gelingt, verschiedene Einzelinformationen in Texten zueinander in Beziehung zu setzen und daraus eine Schlussfolgerung zu ziehen. Dies lässt sich üben, indem Teilhandlungen, die bei der Verbindung verschiedener Textinformationen zu leisten sind, zunächst musterhaft präsentiert und diese Muster in neuen Aufgaben immer weiter reduziert werden. So kann ein Schüler zu Beginn der Förderung Fragen der Kompetenzstufe III zu einem Text erhalten, der ihm in bereits markierter Form vorliegt: Die relevanten Textteile zu jeder Frage sind in jeweils unterschiedlichen Farben unterstrichen, zwischen inhaltlich verknüpften Textstellen sind Pfeilverbindungen eingefügt. Die Anforderung besteht nunmehr nur noch darin, bereits lokalisierte und verbundene Informationen auszuwerten. In einer Fortsetzung können zunächst die Verbindungspfeile weggelassen werden, später kann auch der Einsatz verschiedener Farben abgebaut und am Ende ein völlig unmarkierter Text präsentiert werden. Die Zerlegung des Verstehensprozesses in Teiloperationen, die zunächst vorgegeben und später selbstständig vollzogen werden müssen, hat das Ziel, eine Lesestrategie aufzuzeigen und sie Zug um Zug zu automatisieren (vgl. GRZESIK 2005, 116 ff.).

Für Übungen zur Stufe II werden Verschlüsselungsstrategien in Texten (doppelte Verneinung, implizite Verweisung ...) ins Bewusstsein zu heben sein, z. B. durch Übungen, bei denen unter verschiedenen Sätzen diejenigen zu finden sind, die den gleichen Inhalt abbilden, oder durch die Aufgabe, selbst Sätze zu verschlüsseln. Für Stufe IV müssen dann die Strategien der beiden vorherigen Stufen miteinander verbunden werden.

Ähnlich wie bei der Schreibkompetenz machen Förderübungen zur Lesekompetenz zudem Differenzierungen auf den einzelnen Kompetenzstufen nötig. Was an einfachen Texten gelingt, muss zunehmend auf komplexere Texte übertragen werden. Die Komplexität der Texte kann dabei ebenfalls über das Stufenmodell abgeschätzt werden, anhand des Verschlüsselungsgrades von Informationen und der Verweisungsstruktur innerhalb des Textes.

Stärkung der Metakognition als verbindendes Element von Fördervorhaben

Anhand der für das Fach Deutsch zentralen Lernbereiche der Rechtschreibung, des Schreibens und des Lesens wurde versucht zu zeigen, wie Stufenmodelle der Kompetenzentwicklung eine Orientierung für die Anlage von Fördervorhaben bieten können. Fundamental für eine nachhaltige Förderung, die unabhängig von der Einzelsituation anwendbare Kompetenzen aufbauen will, wird neben dem Training von Strategien zum Rechtschreiben, zum Schreiben und zum Lesen vor allem sein, das metakognitive Strategiewissen selbst im Bewusstsein der Schülerinnen und Schüler zu verankern. Mit ihnen muss der Leistungsstand von Fähigkeiten und Defiziten erörtert werden, sie sollten nachvollziehen können, welcher Fokus daraus für ihre Förderung resultiert, und im Nachhinein verstehen, welche Bedeutung solche Strategien bei der Steuerung eigener Lernprozesse besitzen. Wichtig ist somit neben der Auseinandersetzung mit Fördermaterial stets auch die Kommunikation der Lernenden mit den Lehrenden und das Gespräch der Lernenden untereinander. Reflexion des Geleisteten, Abwägung unterschiedlicher Vorgehensweisen, Einbindung des Gelernten in reale Kontexte und die Herstellung eines Bezuges zu individuellen Lese- oder Schreibinteressen können eine Basis dafür bilden, dass das Erlernte nicht lediglich als relevant für schulische Zusammenhänge betrachtet wird, sondern als Möglichkeit erscheint, künftig eigene Fähigkeiten selbstständig zu erweitern.

13 Jahrgangsbezogene Beispiele für das Fach Englisch

Ulrich Dannenhauer, Peter Debray

Nachdem in Kapitel 6 Diagnosemöglichkeiten im Bereich Hörverstehen beispielhaft vorgestellt werden, wirft dieses Kapitel einen Blick auf die übrigen traditionellen *skills* Lesen, Schreiben und Sprechen.

Beispiel: Leseverstehen, Klasse 8, Mandy's Story

Der folgende Ausgangstext aus English G 2000, D5, Unit 2 entspricht im Wesentlichen den curricularen Vorgaben für die Kompetenzerwartungen im Bereich Leseverstehen am Ende der Klasse 8.

■ „Die Schülerinnen und Schüler können Texte zu vertrauten Themen verstehen, wenn sie überwiegend einen schulisch vermittelten bzw. aus dem Kontext erschließbaren Wortschatz enthalten. Sie können einen Text als Ganzes betrachten und sich auf bestimmte Textteile konzentrieren. Sie können ihre Vorkenntnisse beim Verstehensprozess gezielt einsetzen. Die Texte sind jugendgemäß und problemorientiert.
Sie können ...
– im Unterricht thematisch vorbereiteten Sachtexten (u. a. Leserbriefen, Boschüren, Internet-Leitseiten) wesentliche Informationen bzw. Argumente entnehmen sowie grundlegende Wirkungsabsichten verstehen.
– einfache Gedichte, Liedtexte sowie längere adaptierte Erzähltexte ... bezogen auf Thema, Figuren, Handlungsverlauf, emotionalen Gehalt und Grundhaltung verstehen." ■ (MSJK 2004, 30)

Mandy's Story

I think maybe I did something really stupid. I've got this friend – I'll call her Heather. Well, Heather and I do everything together. We go to school together, listen to the same music, dress the same way, have all the same interests – we even go out with boys together. And last night we went to the disco together.

It was like every other Friday. This time the disco was in Little Missenden, about six miles from where Heather and I both live. You see, we live in the

Beispiel: Leseverstehen, Klasse 8, Mandy's Story

country, miles from everything. Most kids in this area hitchhike when they want to get somewhere, and that's what Heather and I did last night. I know it's dangerous, but what else can we do?

We only had to wait about ten minutes – and that was good, because it was really cold. This car came along with an old guy in it. I mean, he was 40 or something. But nice – he took us all the way to the disco door, although it was a few more miles for him. While driving, he told us about his daughter. 'She's about your age. I hope somebody would do the same for her.'

Anyway, we got inside. There weren't very many people there, and things were kind of quiet. Heather and I decided to go for a walk and come back later when there would be more people there.

We walked around for about an hour, had a few cigarettes. We were getting kind of cold, so we went so back inside. There were a lot more people. Heather and I danced a little. Then this great guy came and asked Heather to dance with him. 'No problem,' I told her.

So then this other guy – I think it was a friend of the guy who was dancing with Heather – came and asked me to dance. He wasn't as attractive as the first boy, but he had a great smile, so I said yes. We danced for a long time. Then the DJ played a slow song. Brian – that was the boy's name – put his arms around me and pulled me close. Ian, Heather's partner, did the same with her.

After two slow songs, Brian said, 'Why don't we go outside?' I didn't feel good about it, but I said, 'OK, but only with Heather.' So all four of us went outside. I thought maybe they would try to get a kiss or something, but I wasn't ready for what happened next. Brian pulled out a little bag of pills and offered us some. I said no, but Heather wanted to try the stuff.
'A new experience,' she said. 'Come on, Mandy. It'll be fun.'

'Yeah, Mandy, don't be such a goody-goody.' Brian added.

I didn't even have to think about it: I told them I just didn't want any drugs and walked away. Heather stayed, and I have no idea what happened after that. It's Saturday night, and Heather still hasn't phoned. I've got a guilty conscience, but I'm afraid to call her house. If she isn't there, her parents would just worry.

13 Jahrgangsbezogene Beispiele für das Fach Englisch

Beispiele für kompetenzniveauorientierte Testitems

Mit der Anwendung eines Modells gestufter Kompetenzniveaus kann eine qualitative Ergänzung der relativ globalen Begriffe „verstehen" und „wesentliche Informationen entnehmen" mit Blick auf eine förderorientierte Diagnose vorgenommen werden. Dabei können von Schülern Antworten erwartet werden, die auf die Kompetenzniveaus E-LV 1 bis 4 und möglicherweise punktuell auch E-LV 5 abzielen (vgl. die Beschreibung der Kompetenzniveaus unter http://www.standardsicherung.schulministerium.nrw.de/lernstand8/upload/erg_06-07/komp-niv_en_leseverstehen07.pdf).

- **Kompetenzniveau E-LV 1,**
„Auffinden bzw. Wiedererkennen von Informationen auf der Textoberfläche
Die Schülerinnen und Schüler können explizit formulierte Informationen auffinden bzw. wiedererkennen.
Dabei können sie in der Regel eindeutige Signale – z. B. Eigennamen, Zahlenangaben oder illustrierende Bilder – nutzen.
Der Nachweis des Verstehens erfolgt in geschlossenen Aufgabenformaten." ■

- Testitem zur Veranschaulichung des Anforderungsniveaus E-LV 1:
Tick the correct answer.
The disco that Mandy and Heather went to was about
❏ *forty miles*
❏ *ten minutes*
❏ *six miles*
❏ *away from where they live.*

Die Lösung dieses Aufgabenitems erfordert das Auffinden bzw. Wiederkennen einer Einzelinformation (explizit genannte Zahlenangabe) auf der Oberfläche des Textes. Die Schüler brauchen keine weiteren Textbezüge herstellen. Die Kompetenz wird daher auch als Vorstufe des Leseverstehens definiert.

- **Kompetenzniveau E-LV 2,**
„Einfaches Verstehen
Die Schülerinnen und Schüler können eng umrissene und explizit formulierte Informationen auffinden und verstehen.
Sie können einfache sprachliche – meist lexikalische – Zusammenhänge erkennen und nutzen.
In Bezug auf sprachlich weniger anspruchsvolle Sachtexte können die Schülerinnen und Schüler die Lesestile des suchenden und des detaillierten Lesens nutzen.
Dabei können sie eindeutige Signale – z. B. Eigennamen, Zahlenangaben oder illustrierende Bilder – und leicht verständliche Schlüsselwörter nutzen.
Der Nachweis des Verstehens erfolgt in geschlossenen Aufgabenformaten." ■

Beispiel: Leseverstehen, Klasse 8, Mandy's Story 159

- Testitem zur Veranschaulichung des Anforderungsniveaus E-LV 2:
  Tick the correct answer.
  Mandy and Heather are close friends because
  ❏ Mandy often does something really stupid.
  ❏ they share a lot of interests.
  ❏ they both live in Little Missenden.

Die Lösung dieser Aufgabe setzt das Verstehen von explizit gegebenen Informationen innerhalb einer eng umrissenen Textpassage voraus. Die Anforderungen gehen insoweit über das bloße Wiedererkennen einzelner sprachlicher Elemente hinaus, da hier einfache sprachliche Bezüge hergestellt werden müssen, wobei sich die Schüler an Schlüsselwörtern (hier: *friends, interests*) orientieren können. Die Lösung des Testitems wird dadurch erschwert, dass auch die in den Distraktoren (1 und 3) gegebenen Informationen im Text zwar explizit genannt werden, hier jedoch nicht relevant sind.

- **Kompetenzniveau E-LV 3,**
  „Grundlegendes Verstehen und einfache Schlussfolgerungen"
  Die Schülerinnen und Schüler können die in der jeweiligen Aufgabe erfragten – eng gefassten – Informationen im Rahmen klar umrissener Textstellen finden und verstehen.
  Sie können zusätzlich einfache Verarbeitungsleistungen sprachlicher und/oder inhaltlicher Art erbringen – z.B. sprachliche Bezüge nutzen und/oder Schlussfolgerungen ziehen.
  In Bezug auf sprachlich weniger anspruchsvolle bzw. sehr kurze Sachtexte können die Schülerinnen und Schüler die Lesestile des detaillierten, des globalen und des suchenden Lesens nutzen.
  Der Nachweis des Verstehens erfolgt in geschlossenen Aufgabenformaten." ▪

- Testitem zur Veranschaulichung des Anforderungsniveaus E-LV 3:
  Tick the correct answer.
  Mandy and Heather often go to the disco on Friday evenings.
  true ❏   false ❏   not in the text ❏

Die Lösung der Aufgabe erfordert, dass die Schülerinnen und Schüler die Textpassage detailliert verstehen, ohne dass die gesuchten Informationen explizit genannt werden bzw. das Auffinden der Textstelle durch eindeutige Signale unterstützt wird. Dabei müssen die sprachlichen Bezüge (*like every other Friday; This time*) so verarbeitet werden, dass die Schüler die richtige Schlussfolgerung ziehen. Die Antwortoption *not in the text* dürfte daher für diejenigen attraktiv sein, die lediglich explizit genannte Informationen von der Textoberfläche entnehmen.

13 Jahrgangsbezogene Beispiele für das Fach Englisch

■ **Kompetenzniveau E-LV 4,**
„*Differenziertes Verstehen und Schlussfolgern*
Die Schülerinnen und Schüler können umfassendere und/oder mehrschichtigere Informationen finden und verstehen.
Sie können in der Regel Verarbeitungsleistungen inhaltlicher Art, die komplexerer Natur sind, erbringen – sie können also z.B. nötige Schlussfolgerungen ziehen oder Zusammenhänge bewerten.
Sprachlich gesehen können sie unterschiedliche Formulierungen in den Aufgaben und der Textvorlage in ihrer Bedeutung verstehen und zutreffende Bezüge herstellen.
Die Schülerinnen und Schüler können unterschiedliche Lesestile nutzen und weisen dabei in einigen Fällen ein differenziertes Verstehen einzelner Aspekte oder ein anspruchsvolleres globales Verstehen nach.
Der Nachweis des Verstehens erfolgt überwiegend in geschlossenen Aufgabenformaten." ■

■ Testitem zur Veranschaulichung des Anforderungsniveaus E-LV 4:
Mandy feels guilty/bad because
❑ *she has not told Heather's parents about what happened last night.*
❑ *Mandy and Heather did things they should not have done, like smoking cigarettes.*
❑ *it was very dangerous to get into the old man's car.*
❑ *she went away from the disco and left Heather in a dangerous situation.*

Die Lösung der Aufgabe erfordert eine inhaltlich und sprachlich komplexe Verarbeitungsleistung. Die Schülerinnen und Schüler müssen hier verschiedene über den Text verteilte Informationen im Sinne eines schlussfolgernden und wertenden Globalverstehens zusammenführen.

■ **Kompetenzniveau E-LV 5,**
„*Differenziertes Verstehen, Schlussfolgern und Restrukturieren*
Die Schülerinnen und Schüler können umfassende und vielschichtige Informationen auffinden und verstehen.
Sie erbringen in der Regel komplexere Verarbeitungsleistungen inhaltlicher Art – ziehen also z.B. nötige Schlussfolgerungen, bewerten Zusammenhänge oder differenzieren komplexe Informationen in Teilinformationen.
Sprachlich gesehen, können sie unterschiedliche Formulierungen in den Aufgaben und der Textvorlage in den Details ihrer Bedeutung verstehen und zutreffende Bezüge herstellen.
Die Schülerinnen und Schüler können unterschiedliche Lesestile in Bezug auf den/die vorgelegten Texte(n) nutzen.
Sie beweisen – auch in Bezug auf Textstellen mit hoher Informati-onsdichte – ein sehr präzises Detailverstehen sowie die Fähigkeit, dieses entsprechend der Aufgabenstellung zu restrukturieren und z.B. in Form von Kurzantworten wiederzugeben.

Beispiel: Leseverstehen, Klasse 8, Mandy's Story 161

Der Nachweis des Verstehens erfolgt überwiegend in halboffenen Aufgabenformaten." ■

■ Testitem zur Veranschaulichung des Anforderungsniveaus E-LV 5:
Why does Mandy feel guilty/bad?
Write down your answer.

Die Lösung der Aufgabe erfordert eine noch über das Kompetenzniveau E-LV 4 hinausgehende Verarbeitungs- und Verstehensleistung, da die Kurzantwort voraussetzt, das Verstandene zu restrukturieren. Die Aufgabenstellung geht deutlich über einzelne Textstellen hinaus und zielt auf den Nachweis eines tiefergehenden Globalverstehens, was auch Schlussfolgerungen und Wertungen einschließt.

Bei der Auswertung der Schülerantworten sollte stets die eigentliche diagnostische Intention (hier: Leseverstehen) im Vordergrund stehen. So wären etwa die in folgender Schüleräußerung enthaltenen Fehler *für die diagnostische Erfassung der Kompetenzen im Bereich des Leseverstehens* nicht relevant:
* *Mandy go away and not care for Heather. Heather perhaps eat the pills. Mendy was no good friend and leave Heather in a dangeros situation. Now Mandy know that she did a mistake. And she feels not so good.*

Als *rule of thumb* für die Bewertung solcher Schülerprodukte im Hinblick auf den Kompetenzbereich Leseverstehen hat sich bewährt, dass der Schülertext für einen *native speaker* noch verständlich sein sollte.

Rezeptive und produktive *Skills*

Bei der Diagnose im Bereich der produktiven *skills* scheinen wir es im Vergleich zur Diagnose der rezeptiven *skills* mit einem etwas vielschichtigeren Sachverhalt zu tun zu haben. Während im rezeptiven Bereich geschlossene bzw. halboffene Aufgabenstellung ein klar strukturiertes und überschaubares (Schüler-)Produkt liefern, zeichnet sich ein Text im produktiven Bereich (geschrieben oder gesprochen) durch ein erhebliches Maß an Komplexität aus.

Bereits ein kurzer Blick auf die Beschreibung des Kompetenzniveaus 1 für den Bereich Schreiben zeigt, dass hier nicht nur die primär kommunikativen Kompetenzen auftauchen.

■ **Kompetenzniveau E-S 1:**
„Einfaches Beschreiben in Einzelsätzen"
Die Schülerinnen und Schüler sind in der Lage
– durch Fragen, Stichwörter und Bilder gesteuert inhaltlich zutreffende Beschreibungen von Tätigkeiten, Orten und Personen zu erstellen,

– vollständige Sätze zu bilden, die für einen *native speaker* überwiegend verständlich sind,
– Formen und Strukturen der grundlegenden Grammatik und Elemente des Grund-Wortschatzes zu verwenden.
In Bezug auf den gesamten Bereich der Verfügbarkeit sprachlicher Mittel kommen in einem größeren Teil der gebildeten Sätze noch elementare Fehler vor." ■
(http://www.standardsicherung.schulministerium.nrw.de/lernstand8/upload/download/ergebn_05/kompetenzniveaus_05.pdf)

Es werden also Fähigkeiten in vier Bereichen beschrieben:
- der inhaltliche Aspekt (Vollständigkeit und Richtigkeit)
- der Aspekt der Selbstständigkeit der Textproduktion
- das Textformat bzw. die kommunikative Gestaltung
- die Qualität der Verfügbarkeit der sprachlichen Mittel

Dieses sollte nicht darüber hinwegtäuschen, dass Kompetenzen, die für den Bereich der Sprachproduktion offensichtlich eine wichtige Rolle spielen, im Bereich der Rezeption völlig bedeutungslos sind. Darauf weist bereits z. B. die Tatsache hin, dass die methodischen Kompetenzen im Kernlehrplan NRW ausdrücklich sowohl die Unterpunkte „Hörverstehen und Leseverstehen" als auch „Sprechen und Schreiben" ausweisen. Auch die Beschreibungen zu „Umgang mit Medien" umfassen rezeptive und produktive Elemente.
    Für eine qualitative Stufung von Ergebnissen im Bereich Seh-Hörverstehen und Leseverstehen in Kompetenzniveaustufen scheinen die nichtkommunikativen Kompetenzen jedoch keine wesentliche Rolle zu spielen. Dort bewegen sie sich eher im Bereich der funktionalen (methodische Kompetenzen) bzw. inhaltlichen (ggf. interkulturelle Kompetenzen) Vorbereitung. Für die Tatsache, dass dem Bereich „Verfügbarkeit sprachlicher Mittel" bei den produktiven *skills* mehr Bedeutung zukommt, spricht auch, dass nur Bezug auf die Bereiche Sprechen und Schreiben genommen wird.

In die Kompetenzniveaubeschreibungen für Schreiben werden also im Einklang mit den curricularen Vorgaben explizit die Kompetenz „Verfügbarkeit sprachlicher Mittel" und auch methodische Kompetenzen in die qualitative Stufung einbezogen. Dies bedeutet für die Durchführung einer angemessenen Diagnose für Schreiben (und Sprechen), dass ein adäquater Aufgabenapparat entsprechend komplexer ausfallen muss, als dies für Hör-Sehverstehen und Leseverstehen der Fall ist.
    Zunächst muss der Aufgabenapparat dem Schüler Gelegenheit geben, die im entsprechenden Kompetenzniveau geforderten Operationen auch durchzuführen. Um mit den komplexen Kompetenzniveaus in ihren vier Teilaspekten

Beispiel: Leseverstehen, Klasse 8, Mandy's Story

angemessen umgehen zu können, muss zu diesem Aufgabenapparat aber auch ein adäquates Instrument hinzutreten, das eine Erfassung dieser Teilaspekte ermöglicht.

Kompetenzniveaustufungen sind auch in der „Alltagsdiagnostik" sinnvoll zu nutzen. Einmal dienen sie als Zielperspektive für die Erstellung der Aufgabenapparate, zugleich können sie bei der Beschreibung von Schülerleistungen als analytische Kategorien benutzt werden.

Dieser Umgang mit den Kompetenzniveaus trägt der täglichen Unterrichtserfahrung Rechnung, dass die Qualität eines Schülertextes in den unterschiedlichen Teilbereichen der komplexen Kompetenz „Schreiben" sehr unterschiedlich ausfallen kann. So wird es nicht selten vorkommen, dass ein Schüler in einem Text in der Lage ist,

- „zu einer eng umgrenzten Fragestellung [seine] eigene Meinung in elementarer Form zu äußern, diese knapp zu begründen und mit einem passenden Beispiel zu belegen,
[seinen] Gedankengang durchgängig verständlich und adressatenorientiert darzulegen und dabei die spezifischen Textsortenmerkmale zu beachten."
(http://www.standardsicherung.schulministerium.nrw.de/lernstand8/upload/download/ergebn_05/kompetenzniveaus_05.pdf),

aber ein Qualitätsmerkmal wie (er ist in der Lage)

- „in Ansätzen sowohl Formen und Strukturen der erweiterten Grammatik als auch einen differenzierten Wortschatz zu verwenden. Darüber hinaus können sie vereinzelt Redemittel der Argumentation sowie Redemittel der erklärenden Beschreibung und Meinungs- bzw. Gefühlsäußerung verwenden. In den Bereichen des Wortschatzes und der erweiterten Grammatik kommen gelegentlich, im Bereich der Rechtschreibung fast keine Fehler vor."
(http://www.standardsicherung.schulministerium.nrw.de/lernstand8/upload/download /ergebn_05/kompetenzniveaus_05.pdf)

nicht in allen Bereichen erfüllt.

Ein angemessenes Erfassungsinstrument wird so nicht direkt und eindeutig ein Schülerprodukt einer Kompetenzniveaustufe zuordnen. Es wird aber verlässliche Aussagen darüber erlauben, auf welcher Qualitätsstufe sich dieses Produkt in den vier Teilaspekten befindet.

Beispiele für diagnostische Aufgabenstellungen im Bereich Schreiben Klasse 5/6

Die Angemessenheit einer Aufgabenstellung lässt sich u.a. aus den curricularen Vorgaben für die entsprechende Schülergruppe herleiten. Der Kernlehrplan NRW für Gesamtschulen erwartet von den Schülerinnen und Schülern am Ende der Jahrgangsstufe 6 im Bereich Schreiben (kommunikative Kompetenzen):

- „Die Schülerinnen und Schüler können kurze einfach strukturierte Texte schreiben, die sich auf Alltagskommunikation und vertraute thematische Zusammenhänge beziehen.
Sie können ...
– erarbeitete (Lehrbuch-)Texte umformen oder ergänzen (u.a. Texte dialogisieren, die Perspektive wechseln) sowie kurze Gedichte und Geschichten nach Vorbild schreiben
– kurze persönliche Alltagstexte (u.a. Einladungen, Postkarten, Briefe, E-Mails) schreiben und Sachverhalte aus dem eigenen Erfahrungshorizont (u.a. Familie, Freunde, Schule, Tiere) beschreiben." ■ (MSJK 2004, 22)

Da die übrigen Kompetenzbereiche in den Formulierungen der Kompetenzniveaubeschreibungen ausreichend reflektiert sind, kann hier auf deren detaillierte Darstellung verzichtet werden. Stattdessen genügt ein Blick auf die Kompetenzniveaus des Bereichs Schreiben:

- **Kompetenzniveau E-S 1:** *Einfaches Beschreiben in Einzelsätzen*
„Die Schülerinnen und Schüler sind in der Lage
– durch Fragen, Stichwörter und Bilder gesteuert inhaltlich zutreffende Beschreibungen von Tätigkeiten, Orten und Personen zu erstellen,
– vollständige Sätze zu bilden, die für einen *native speaker* überwiegend verständlich sind,
– Formen und Strukturen der grundlegenden Grammatik und Elemente des Grund-Wortschatzes zu verwenden.
In Bezug auf den gesamten Bereich der Verfügbarkeit sprachlicher Mittel kommen in einem größeren Teil der gebildeten Sätze noch elementare Fehler vor.

- **Kompetenzniveau E-S 2:** *Einfaches themenorientiertes Darstellen in zusammenhängender Form*
Die Schülerinnen und Schüler sind – über die für Kompetenzniveau E-S 1 geltenden Anforderungen hinaus – in der Lage
– grundlegende Aussagen zu einem alltäglichen Themenbereich zu treffen,
– durch inhaltliche Vorgaben gesteuert einzelne Aspekte dieses Themenbereichs knapp darzustellen,
– ihren Gedankengang im Großen und Ganzen nachvollziehbar darzulegen und diesen überwiegend verständlich und adressatenorientiert zu gestalten,

Beispiele für diagnostische Aufgabenstellungen im Bereich Schreiben

– Formen und Strukturen der grundlegenden Grammatik und Elemente des Grund-Wortschatzes zu verwenden. In den Bereichen der grundlegenden Grammatik und der Rechtschreibung kommen an mehreren Stellen, im Bereich des Grundwortschatzes gelegentlich Fehler vor.

- **Kompetenzniveau E-S 3:** *Kommunikations- und themenorientiertes Darstellen und einfaches Stellungnehmen*
Die Schülerinnen und Schüler sind – über die für die Kompetenzniveaus E-S 1 und E-S 2 geltenden Anforderungen hinaus – in der Lage
– zu einer eng umgrenzten Fragestellung ihre eigene Meinung in elementarer Form zu äußern, diese knapp zu begründen und mit einem passenden Beispiel zu belegen,
– ihren Gedankengang durchgängig verständlich und adressatenorientiert darzulegen und dabei die spezifischen Textsortenmerkmale zu beachten,
– in Ansätzen sowohl Formen und Strukturen der erweiterten Grammatik als auch einen differenzierten Wortschatz zu verwenden. Darüber hinaus können sie vereinzelt Redemittel der Argumentation sowie Redemittel der erklärenden Beschreibung und Meinungs- bzw. Gefühlsäußerung verwenden. In den Bereichen des Wortschatzes und der erweiterten Grammatik kommen gelegentlich, im Bereich der Rechtschreibung fast keine Fehler vor.

- **Kompetenzniveau E-S 4:** *Differenzierteres, schlüssig strukturiertes Darstellen und erweitertes Stellung nehmen*
Die Schülerinnen und Schüler sind – über die für die vorgelagerten Kompetenzniveaus geltenden Anforderungen hinaus – in der Lage
– durch inhaltliche Vorgaben gesteuert einzelne Aspekte eines alltäglichen Themenbereichs ausführlich bzw. differenziert zu beschreiben,
– zu einer eng umgrenzten Fragestellung ihre eigene Meinung zu äußern, diese begründen und mit verschiedenen Beispielen anschaulich zu belegen,
– ihren Text schlüssig aufzubauen, sodass man dem Gedankengang leicht folgen kann, der durchgängig verständlich und adressatenorientiert dargelegt ist.

- **Kompetenzniveau E-S 5:** *Differenziertes Darstellen sowie erweitertes Stellung nehmen unter sicherer Verwendung sprachlicher Mittel*
Die Schülerinnen und Schüler sind – über die für die vorgelagerten Kompetenzniveaus geltenden Anforderungen hinaus – in der Lage
– auch zu offeneren Fragestellungen ihre eigene Meinung zu äußern und zu begründen sowie eigene gedankliche Alternativen zu entwickeln,
– einen Text in sinnvolle Abschnitte zu gliedern,
– Formen und Strukturen der erweiterten Grammatik, einen differenzierten Wortschatz, Redemittel der Argumentation sowie Redemittel der erklärenden Beschreibung und Meinungs- bzw. Gefühlsäußerung häufig und in der Regel angemessen zu verwenden. Dabei kommen in allen Bereichen der Verfügbarkeit sprachlicher Mittel fast keine Fehler vor."
(http://www.standardsicherung.schulministerium.nrw.de/lernstand8/upload/download/ergebn_05/kompetenzniveaus_05.pdf)

Beispiel "Pocket Money"

Nach einer angemessenen Vorbereitung (z.B. English G 21, D2, Unit 2) könnte eine Aufgabenstellung, die diese Vorgaben berücksichtigt, ungefähr so aussehen.

Pocket Money
Write a short text about pocket money. Use the questions and answer them in complete sentences. Try to link your sentences/ideas. Write about 100 words.

Als Liste steuernder Fragestellungen wäre etwa denkbar:
- *How much pocket money do you get?*
- *Do you get extra pocket money for jobs at home?*
- *How much pocket money do you spend?*
- *What do you spend your pocket money on?*
- *How much pocket money do you save?*
- *What do you save your pocket money for?*
- *Do you think that you get enough pocket money?*

Dabei versucht insbesondere die letzte Frage die Ebene der begründeten Meinungsäußerung zu eröffnen und damit Lösungen einer höheren Qualitätsstufe zu ermöglichen.

Eine Alternative zu dieser Art der Aufgabenstellung, die dem Prinzip „Vom Ausgangstext zum Zieltext" nahekommt, könnte darin bestehen, dass die Inhalte der Leitfragen in einem Text (z.B. E-Mail eines Freundes) zusammengestellt werden und die Schüler eine Antwort schreiben.

Erfassungsinstrument. Das folgende Raster hilft, einen komplexen Schülertext nach den in den Kompetenzniveaubeschreibungen enthaltenen Kriterien differenziert zu erfassen bzw. in seinen unterschiedlichen Qualitätsstufen darzustellen.

Eine Erweiterung bzw. Verfeinerung des Rasters beispielsweise durch eine ausgefächerte Darstellung einzelner inhaltlicher Teilkriterien ist ebenso denkbar wie eine summarische Zuordnung des gesamten Produktes zu einer Niveaustufe (diejenige Niveaustufe gilt als erreicht, auf der sich die Mehrzahl der Kriterien befindet bzw. wenn mindestens drei Kriterien diese Qualitätsstufe erreichen). Allerdings muss hier ganz klar festgestellt werden, dass eine solche zusammenfassende Zuordnung zu einer Kompetenzstufe nicht den Anforderungen an eine empirisch abgesicherte Kompetenzstufenzuordnung genügt. Sie stellt lediglich eine Tendenz oder grobe Zuordnung in Anlehnung an die empirisch gewonnenen Kompetenzniveaustufen dar.

Beispiele für diagnostische Aufgabenstellungen im Bereich Schreiben

Kriterium ↓ / Niveaustufe →	Kompetenz- niveaustufe 1	Kompetenz- niveaustufe 2	Kompetenz- niveaustufe 3	Kompetenz- niveaustufe 4	Kompetenz- niveaustufe 5
Vollständigkeit und Richtigkeit der inhaltlichen Textgestaltung					
Eigenständigkeit der inhaltlichen Textgestaltung					
Kommunikative Textgestaltung Adressatenorientierung Textformat					
Verfügbarkeit sprachlicher Mittel Wortschatz					
Verfügbarkeit sprachlicher Mittel Grammatik					
Verfügbarkeit sprachlicher Mittel Orthographie					

Beispiele für diagnostische Aufgabenstellungen im Bereich Sprechen Klasse 9/10

Die Auswahl bzw. Entwicklung der Aufgaben sollte eng an den jeweiligen curricularen Vorgaben für die Jahrgangsstufe orientiert sein. Als Beispiel sei hier auf die Kompetenzbeschreibungen im Kernlehrplan NRW für die Gesamtschule verwiesen. Schülerinnen und Schüler der Jahrgänge 9/10 sollen demnach im Bereich Sprechen über folgende Kompetenzen verfügen:

- „*Sprechen: an Gesprächen teilnehmen*
  Die Schülerinnen und Schüler können sich in unterschiedlichen Situationen des Alltags an Gesprächen beteiligen und sich zu Themen und Inhalten ihres Interessen- und Erfahrungsbereichs sowie zu Themen von gesellschaftlicher Bedeutung äußern.
  Sie können ...
  – im *classroom discourse* mitteilungsbezogene Gespräche u. a. über Beruf, Medien, Gesellschaft führen und dabei eigene Interessen einbringen

- sich nach Vorbereitung argumentierend an Gesprächen beteiligen und dabei ihre eigenen Interessen, Positionen und Gefühle einbringen
- im Rollenspiel anwendungsorientierte Gesprächssituationen erproben (u. a. Durchführen eines Bewerbungsprächs).

■ *Sprechen: zusammenhängendes Sprechen*
Die Schülerinnen und Schüler können zu Themen und Inhalten von gesellschaftlicher Bedeutung weitgehend zusammenhängend sprechen.
Sie können ...
- Ergebnisse aus Projekten und Kurzreferaten mit visueller Unterstützung (u. a. Folien, Power Point) präsentieren und bewerten
- gelesene und gehörte Texte bzw. Filmsequenzen zusammenfassend wiedergeben
- über eigene Erfahrungen und Interessengebiete berichten oder erzählen, Meinungen äußern und Gefühle formulieren sowie Gesprächsbeiträge und Texte kommentieren." ■ (MSJK 2004, 39f.)

Die folgenden Aufgaben[1] könnten im Rahmen einer Unterrichtsreihe zum Thema Media/TV (z. B. English G 2000, A6, Unit 2; English G 2000, D6, Unit 2) oder auch nach entsprechender thematischer Einstimmung ad hoc gestellt werden.

Beispiel 1: zusammenhängendes Sprechen

Tell the class about your TV habits!
You are going to give a brief talk (2 – 3 minutes) about your personal TV habits. You have 15 minutes to collect ideas and to prepare your talk. You may take down notes that you can use during your presentation. In your talk you should refer to the following items:

■ *whether you watch TV (why/why not ?)*
■ *how much time you spend watching TV*
■ *when/where you watch TV*
■ *whether you sometimes record programmes*
■ *your favourite programmes/channels (why?)*
■ *programmes that you don't like (why?)*
■ *whether/why you prefer other media (e. g. computer games, You Tube)*
■ *...*

Keep in mind that you are not allowed to read out a written statement.

---

1 Die Aufgabenstellung ist z.T. inspiriert durch: Skolverket (Hrsg.), Exempel pa provuppgifter, Äp 9 - Engelska (vgl. auch die website dieses schwedischen Bildungsträgers: http://www.ped.gu.se/sol/ep9es.html).

Beispiele für diagnostische Aufgabenstellungen im Bereich Sprechen 169

Die Aufgabe lässt sich auch in traditionellen Unterrichtsarrangements leicht durchführen. Alle in der Aufgabenstellung genannten Zeitvorgaben können selbstverständlich den Bedürfnissen der Lerngruppe angepasst werden. Die Lehrkraft wird auch entscheiden müssen, ob und in welcher Zahl steuernde Vorgaben gemacht werden sollten. Es empfiehlt sich, die Schüleräußerungen in irgendeiner Form festzuhalten (Videokamera, Diktierfunktion von Handys und MP3-Geräten, PC usw.). So kann sich die Lehrkraft (ggf. zusammen mit Fachkollegen) genügend Zeit zur Beurteilung der Schüleräußerungen nehmen.

Beispiel 2: an Gesprächen teilnehmen

TV – What do you think?
- *Choose one of the cards.*
- *Read out the statement.*
- *Say whether you agree or disagree. (Explain your view and give examples.)*
- *Now ask your classmates what they think.*

Vorschläge für *statements on cards*:
- *Children up to the age of 10 should not be allowed to watch TV at all.*
- *News programmes and documentaries are boring.*
- *TV commercials make people buy unnecessary things.*
- *Watching TV is boring because it's not really interactive.*
- *Many teenagers can't live without watching their favourite daily soap.*
- *Reading books is better than watching TV.*
- *There are far too many sports programmes on TV.*
- *TV stops many pupils from doing their homework.*
- *Violence on TV does not affect people at all.*
- *Celebrities who are bad role models should not be presented on TV.*
- *You cannot learn anything useful from watching TV.*
- *TV spoils family life because people have stopped talking to each other.*
- *TV presents a fake world which often looks more attractive than the real world.*
- *…*

Bei dieser Aufgabe bietet es sich an, Gruppen von jeweils drei bis vier Schülern als Gesprächsrunde zusammenzubringen. Die Karten (mit jeweils einem *statement*) werden umgedreht auf einem Tisch ausgebreitet und die Gesprächsteilnehmer sind aufgefordert, nacheinander die Karten vorzulesen, zu kommentieren und zu diskutieren. Die Lehrkraft sollte die Rolle eines zurückhaltenden

Moderators übernehmen, der die Aktivität initiiert, nach „erschöpfender" Behandlung eines *statements* zum Ziehen einer neuen Karte auffordert, schweigsamen Schülern die Möglichkeit eröffnet, sich am Gespräch zu beteiligen und ggf. sparsam Hilfen gibt. Auch hier empfiehlt es sich, die Schüleräußerungen in irgendeiner Form festzuhalten. Innerhalb einer Doppelstunde wäre es auch denkbar, die beiden hier vorgestellten Aufgaben zu kombinieren.

- **Erfassungsinstrument.** Ein auf breiter empirischer Grundlage abgesichertes Niveaustufenmodell für das Kompetenzfeld Sprechen liegt nicht vor. Deshalb wird hier ein Kriterienraster zur diagnostischen Erfassung von Schülerprodukten im Bereich Sprechen vorgestellt. Es ist evident, dass ein solches Kriterienraster die komplexen sprachlichen Verarbeitungs- und Vernetzungsvorgänge sowie die Vielgestaltigkeit der kommunikativen Performanz nicht umfassend widerspiegeln kann. Die Beschreibung der Indikatoren orientiert sich an den Kernlehrplänen für das Fach Englisch des Landes NRW. Die Beschreibung der die Niveaustufen konkretisierenden Indikatoren orientiert sich daher an den Kompetenzerwartungen für die Jahrgänge 9/10 im Bereich Sprechen, wie sie in den Kernlehrplänen des Landes NRW ausgewiesen sind und die sich in ganz ähnlicher Weise in den curricularen Vorgaben der anderen Bundesländer finden. Mit wenigen Modifizierungen kann das Kriterienraster auch den Kompetenzerwartungen anderer Jahrgangsstufen angepasst werden.

Das Diagnoseinstrument, das sich auch in der alltäglichen Unterrichtspraxis ohne größeren Aufwand handhaben lässt, soll in erster Linie dazu dienen, gesprochenen Text differenziert zu erfassen und in seinen unterschiedlichen Niveaustufen darzustellen bzw. zu dokumentieren. Dies ermöglicht eine qualifizierte diagnostische Rückmeldung an Schüler und eröffnet damit Möglichkeiten einer kompetenzorientierten und zielgenauen individuellen Förderung. Neben dieser diagnostischen Funktion kann das Kriterienraster auch zur Bewertung von Schülerleistungen verwendet werden, z. B. mit einer in Notenstufen skalierten Punktewertung (Niveaustufen = Punkte).

Zu den Kriterien des Erfassungsinstruments sei angemerkt:

- Verfügbarkeit von sprachlichen Mitteln und sprachliche Korrektheit

Die in den Niveaustufen formulierten Indikatoren sind mit Hinblick auf die curricularen Vorgaben für die jeweiligen Schulformen, Jahrgangsstufen oder ggf. einzelnen Lerngruppen zu konkretisieren. So dürften sich etwa die mit den Begriffen „Grundgrammatik/erweiterte Grammatik" bzw. „Grundwortschatz/ (thematisch) erweiterter Wortschatz" angedeuteten Anforderungsprofile zwischen den Schulformen und Jahrgängen z.T. recht deutlich unterscheiden.

Beispiele für diagnostische Aufgabenstellungen im Bereich Sprechen 171

▪ Kommunikative Gestaltung
Die hier genannten für den Kommunikationsprozess konstitutiven Kriterien „Adressatenorientierung/Textformat" sowie „Flüssigkeit" beschreiben Fähigkeiten, die sich letztlich aus der Vernetzung von Kompetenzen aus dem Bereich „Verfügbarkeit von sprachlichen Mitteln" und methodischen Kom-petenzen zur inhaltlichen Bewältigung einer Aufgabe ergeben. Bei der Zu-ordnung der Schülerprodukte zu den Niveaustufen ist darüber hinaus zwi-schen den Kompetenzbereichen „zusammenhängendes Sprechen" und „an Gesprächen teilnehmen" zu differenzieren und die Beschreibung der Niveaustufen ggf. entsprechend zu modifizieren.

▪ Inhalt
Die Beschreibung der Niveaustufen bezieht sich hier vor allem auf methodische Kompetenzen. Bei der Zuordnung der Schülerprodukte zu den Niveaustufen ist die jeweilige Aufgabenstellung sowie das jeweilige Test- bzw. Unterrichtsarrangement zu berücksichtigen (z.B. gut vorbereitetes Schülerreferat oder Ad-hoc-Stellungnahme im nicht formalisierten *classroom discourse*). Die Beschreibung der Niveaustufen ist ggf. entsprechend zu modifizieren.

13 Jahrgangsbezogene Beispiele für das Fach Englisch

Kriterienraster zur diagnostischen Erfassung von Lernständen im Kompetenzbereich

Niveau- stufe/Punkte	Inhalt	Kommunikative Gestaltung	
	Vollständigkeit, Richtigkeit, Selbstständigkeit, Originalität, Strukturierung	Adressatenorientierung, Textformat	Flüssigkeit
5	Ausführungen sachlich richtig, vollständig, ausführlich, wirkungsvoll auf die zentralen Themenaspekte fokussiert; überzeugende, tiefergehende Auseinandersetzung mit dem Thema; differenzierte eigene Bewertung; tragfähige, logische Gliederung.	Äußerungen durchgängig am Adressaten orientiert (z.b. effektive Verwendung rhetorischer Mittel; sehr variabler Gebrauch von Redemitteln der Diskussion und persönlichen Stellungnahme); Kriterien des Textformats werden durchgängig angemessen realisiert.	Äußerungen nur selten durch Sprechpausen unte brochen, wodurch der Ko munikationsfluss und die Kohärenz jedoch nicht be einträchtigt werden; Sprechtempo ist normal u erleichtert das Zuhören; Einhilfen sind in der Rege nicht erforderlich.
4	Ausführungen im Wesentlichen sachlich richtig, vollständig; reflektierte Übernahme zentraler Inhaltsaspekte und eigenständige Verarbeitung; weitgehend plausible eigene Bewertung; im Wesentlichen tragfähige, logische Gliederung.	Äußerungen im Wesentlichen am Adressaten orientiert (z.B. Redemittel der direkten Ansprache, der Diskussion und persönlichen Stellungnahme); Kriterien des Textformats werden im Allgemeinen angemessen realisiert.	Äußerungen bisweilen durch Pausen unterbroch die Kommunikationsfluss und Kohärenz nicht wese lich beeinträchtigen; selte Einhilfen beschränken sic auf Stichwörter und werd als Impulse zur Textprodu tion sinnvoll verarbeitet.
3	Ausführungen zwar nicht vollständig, doch zentrale Inhaltsaspekte im Wesentlichen zutreffend dargestellt; Übernahme einzelner Inhaltsaspekte und deren korrekte Zuordnung; eigene Stellungnahme, aber oft klischeehaft und zu pauschal.	Äußerungen zwar an Adressaten orientiert, jedoch bisweilen nicht wirkungsvoll (z.B. wenig treffende Beispiele, z.T. unklare Intention, z.T. Wiederholungen); Kriterien des Textformats werden stellenweise nicht umgesetzt.	Äußerungen hinterlassen insgesamt den Eindruck e nes kohärenten Textes, au wenn *fluency* durch Paus gelegentlich ins Stocken g rät; Einhilfen sind nötig, werden aber meist produ tiv aufgenommen; auch: z schnelles Sprechtempo.
2	Ausführungen unvollständig und z.T sachlich falsch; kaum reflektierte, z.T. wörtliche Übernahme einzelner Inhaltsaspekte; mangelndes Gesamtverständnis; Gliederung nicht immer plausibel.	Ausführungen orientieren sich kaum am Adressaten (Wiederholungen, Umständlichkeiten, auch: fehlende Gestik und Mimik); Kriterien des Textformats nur in Ansätzen realisiert (z.B. Perspektivwechsel).	Äußerungen durch länger Sprechpausen gekennzeic net; einzelne Sätze werde zu Ende geführt, sodass E zelinformationen kommu ziert werden; Einhilfen nu selten sinnvoll verarbeite
1	Ausführungen sehr lückenhaft und überwiegend sachlich falsch; unreflektierte, oft wörtliche Übernahme einzelner Inhaltsaspekte und deren Einbettung in wenig plausiblen Kontext; Gliederung (fast) nicht erkennbar.	Äußerungen enthalten keinerlei Adressatenbezug; grundlegende Kriterien des Textformats werden nicht beachtet (z.B. *formal debate; panel discussion, statement /comment, speech, role play, „Referat" etc.*)	Äußerungen durch lange Pausen gekennzeichnet („Fragmentierung"), soda Intention und Sinn der Äu ßerungen meist nicht nac vollziehbar; Einhilfen kön nen durchgängig nicht genutzt werden.

Beispiele für diagnostische Aufgabenstellungen im Bereich Schreiben 173

Sprechen" (zusammenhängendes Sprechen; an Gesprächen teilnehmen)

rfügbarkeit von sprachlichen Mitteln und sprachliche Korrektheit

ssprache/Intonation	Wortschatz	Grammatik
ssprache/Intonation durchngig angemessen/korrekt alisiert; Unsicherheiten tre- nur ganz selten bei sehr mplexen phonetischen ukturen auf; Äußerungen d für *native* und *nonnative* eakers jederzeit leicht ·ständlich.	Sichere Beherrschung des Grund- und erweiterten Wortschatzes ist Basis für differenzierte und variable Äußerungen (auch: gelegentlicher Gebrauch von idiomatischen Wendungen); lexikalische Ungenauigkeiten sind selten und erschweren das Verständnis nicht.	Grundgrammatik wird sicher beherrscht und in angemessener Weise durchgängig korrekt produziert; gelegentliche Unsicherheiten beim Gebrauch der erweiterten Grammatik beeinträchtigen die Verständlichkeit nicht (auch: beachtliche syntaktische Varianz).
ssprache/Intonation weitgend angemessen/korrekt verndet; Unsicherheiten bei mplexen phonetischen ukturen erschweren die ·ständlichkeit der Äußengen nicht wesentlich; mutsprachl. Akzent beeinträch- die Verständlichkeit nicht.	Thematisch erweiterter Grundwortschatz wird zumeist korrekt verwendet; Sprechintentionen werden im Allgemeinen angemessen und treffsicher kommuniziert; Idiomatik und Varianz sind noch nicht optimal ausgeprägt.	Grundgrammatik im Wesentlichen korrekt verwendet, sodass die Verständlichkeit der Äußerungen gegeben ist; beim Gebrauch der erweiterten Grammatik schleichen sich Unsicherheiten und Fehler ein, ohne die Verständlichkeit wesentlich zu beeinträchtigen.
ssprache/Intonation meist akzeptabler Weise realisiert s auf komplexere phoneti- 1e Strukturen); Verständlich- t der Äußerungen bis auf ige Ausnahmen gegeben; ittersprachl. Akzent behin- rt den Kommunikationsfluss :ht wesentlich.	Grund- und z.T. erweiterter Wortschatz werden in der Regel angemessen produziert, sodass die Verständlichkeit nur stellenweise beeinträchtigt ist; erkennbare Defizite in den Bereichen Idiomatik, Differenziertheit, Treffsicherheit und Varianz.	Grundgrammatik wird zumeist korrekt verwendet, sodass die Verständlichkeit der Äußerungen überwiegend gegeben ist; komplexere Strukturen sind z.T. fehlerhaft, was stellenweise zu Verständnisproblemen führt; eingeschränkte syntaktische Varianz.
undinventar von Ausspra- e- und Intonationsmustern rd nur teilweise korrekt an- wendet, sodass fehlerhafte ıssprache und Intonation die ·ständlichkeit der Äußerun- n deutlich erschweren.	Unangemessener und falscher Wortgebrauch führt oft zu Missverständnissen, sodass Sprechintention nur in Ansätzen kommuniziert wird; erweiterter Wortschatz selten und oft fehlerhaft gebraucht.	Grundgrammatik wird häufig nicht korrekt produziert, sodass die Verständlichkeit stellenweise deutlich erschwert wird; erweiterte Grammatik wird nur selten und zumeist fehlerhaft verwendet.
ıssprache/Intonation ent- rechen fast vollständig dem utsystem der Muttersprache B. Phoneme /ð/, /θ/, /w/, /r/); ıßerungen sind aufgrund ılerhafter Aussprache/Into- tion fast immer unver- ındlich.	Unzureichende Kenntnis des Grundwortschatzes; Sprechintention kann daher in der Regel nicht sinnvoll kommuniziert werden; Elemente des erweiterten Wortschatzes werden gar nicht oder ganz fehlerhaft verwendet.	In (nahezu) jeder verwendeten syntaktischen Struktur finden sich gravierende Fehler, sodass die Äußerungen nahezu unverständlich sind; Elemente der erweiterten Grammatik werden gar nicht oder ganz fehlerhaft verwendet.

14 Mathematiklernen: Die verkannte Bedeutung des sprachlosen Denkens

Inge Schwank

Im Folgenden wird dargelegt, wie der Einstieg ins arithmetische Denken und dessen Weiterentwicklung zum algebraischen Denken erleichtert und bereichert werden kann.

Mit dem EIS-Prinzip zum Zahlbegriff

In der Namensgebung ist das EIS-Prinzip im deutschen Sprachraum besonders einprägsam, weckt es doch Erinnerungen an Momente leckeren Eisgenusses bei sommerlichen Temperaturen. Tatsächlich erfasst dieses auf JEROME BRUNER zurückgehende Prinzip drei Denk- bzw. Darstellungsmodi, um Ideen – und den Umgang mit ihnen – sich selbst und anderen zugänglich zu machen.

- Enaktiv: Ideen werden im handelnden Umgang in der gegenständlichen Umwelt erschlossen und kommuniziert.
- Ikonisch: Ideen werden anhand von Abbildungen erschlossen und kommuniziert.
- Symbolisch: Ideen werden anhand von Symbolen erschlossen und kommuniziert.[1]

Vielfach ist diese 3-Gliederung missverstanden und als *Hierarchie* (3-Stufung) in Bezug auf die Denkanforderungen interpretiert worden. Problematisch ist ebenfalls, dass oftmals die Unterscheidung zwischen *externen* und *internen* Repräsentationen nicht beachtet und damit der Typ der externen Repräsentation (Darstellung) nicht sauber von dem Typ (oder den Typen) der dadurch induzierten, internen Repräsentationen (Vorstellungen) unterschieden wird.

Die Annahme einer Hierarchie ergibt sich in verführerischer Weise leicht aus der Beobachtung, wie sich Ausdrucks- und Kommunikationsmöglichkeiten von Kindern mit Beginn ihres Geborenwerdens bis hin zum Grundschulalter entwickeln: Bevor sie mit einem Symbol wie 3 umgehen können, erlernen sie

---

1 Bezogen auf den Mathematikunterricht sind hier vor allen Dingen die mathematischen Symbole und Formeln, also der mathematische Formalismus gemeint (d.h. z.B. Zeichenfolgen wie 13 und nur am Rande Buchstaben-Zeichenfolgen wie dreizehn). Mitunter wird daher die Wortwahl „Symbolisch" zu „Formal-Symbolisch" präzisiert.

vorwiegend in Handlungssituationen mit drei-vielen umzugehen (drei Brotstückchen auf dem Teller zu haben, drei Holzklötzchen zu stapeln usw.) und damit einhergehend auch, das in ihrer Sprache gebräuchliche Wort für drei-viele einzusetzen (z.B: drei, three, trois, san, tiga). Zumindest später und zunächst in deutlich geringerem Ausmaß werden sie mit (statischen) Abbildungen von so-und-so-viel Gegenständen z.B. in Bilderbüchern konfrontiert. Der systematische Gebrauch von Symbolen für so-und-so-viele erfolgt dann mit Schulbeginn.

Zwar hat BRUNER (1964) selbst explizit darauf hingewiesen, dass sowohl das enaktive Zurechtlegen wie auch das ikonische und symbolische beim erwachsenen Menschen parallel nebeneinander zur Verfügung stehen und sich gegenseitig befruchten. Dennoch ist im Mathematikunterricht der Grundschule zu beobachten, dass der Förderung enaktiv begründeter Ideen wenig Raum beigemessen und vorschnell dem Operieren mit Symbolen der Vorrang eingeräumt wird[2]. Es ist weiter zu beobachten, dass die Mathematik eher als die *Lehre von Mustern* unterrichtet wird und nicht als die *Lehre der Entstehungsgeschichte von Mustern*. Dabei sind diejenigen Schüler und Schülerinnen im Nachteil, die eine geringere Begabung oder Gewandtheit ihr eigen nennen, von sich aus enaktive Vorstellungen aufbauen zu können.

Inwieweit von der mathematischen Sache her Handlungsbedarf besteht und eine rechtzeitige Diagnose Defizite aufzeigen muss, um Ausgleichs- und Fördermaßnahmen zu initiieren, soll im Folgenden näher untersucht werden.

Zahlzeichen – Zahlbegriff

Über die Jahrtausende hinweg ist ein für die grundlegenden Rechenoperationen, die heute in der Grundschule behandelt werden, sehr effizientes formal-symbolisches Zahlbezeichnungssystem entwickelt worden: Selbst große Anzahlen können dank der Stellenwertschreibweise bequem aufgeschrieben und rein kalkülhaft verrechnet werden.

Diese Bequemlichkeit stellt für den mathematischen Anfänger (und den fachfremd Mathematik Unterrichtenden) eine große Gefahr dar, erlaubt sie es doch, eine ideenarme Abkürzung zu nehmen und dabei unter Umgehung tauglicher Zahlvorstellungen und mathematischen Denkens blind mit Zahlzeichen zu jonglieren. Fehlt aber der Aufbau eines tragfähigen Zahlbegriffs und die damit einhergehende Schulung arithmetischen Denkens, ist eine Entwicklung

---

[2] Dieses so antrainierte Repertoire an kognitiven Verhaltensweisen ist wenig hilfreich, Situationen wie sie z.B. in Textaufgaben geschildert werden, einen mathematischen Sinn abzugewinnen.

höherer Formen mathematischen Denkens mehr als erschwert, wenn nicht gar unmöglich.

In seinem Werk „Die Grundlagen der Arithmetik. Eine logisch-mathematische Untersuchung über den Begriff der Zahl" spricht FREGE die Diskrepanz zwischen *mechanischem Gebrauch* und *denkdurchdrungenem Gebrauch* an; auf die dem Zahlbegriff innewohnende Schwierigkeit weist er explizit hin:

■ „Man kann freilich Zahlzeichen mechanisch gebrauchen, wie man papageimäßig sprechen kann; aber Denken möchte das doch kaum zu nennen sein. ... Im Gegentheil wird man dem Zahlbegriffe einen feineren Bau zuerkennen müssen als den meisten Begriffen anderer Wissenschaften, obwohl er noch einer der einfachsten arithmetischen ist." ■

(FREGE 1977/1884, XVI)

Wie ist es um die Natur des Zahlbegriffs bestellt? In seinem berühmten Werk „Was sind und was sollen die Zahlen?" definiert DEDEKIND die (natürlichen) Zahlen, wobei er seine Definitionen dankenswerterweise mit umgangssprachlichen Erklärungen einleitet. In unserem Kontext sind die beiden bedeutsamsten die 21. sowie die 73. Erklärung:

■ „21. Erklärung. Unter einer *Abbildung* φ eines Systems S wird ein Gesetz verstanden, nach welchem zu jedem bestimmten Element s von S ein bestimmtes Ding *gehört*, welches das Bild von s heißt und mit $\varphi(s)$ bezeichnet wird; wir sagen auch, daß $\varphi(s)$ dem Element s *entspricht*, daß $\varphi(s)$ durch die Abbildung φ aus s *entsteht* oder *erzeugt* wird, daß s durch die Abbildung φ in $\varphi(s)$ *übergeht*. ... ■

■ 73. Erklärung. Wenn man bei der Betrachtung eines einfach unendlichen, durch eine Abbildung φ geordneten Systems N von der besonderen Beschaffenheit der Elemente gänzlich absieht, lediglich die Unterscheidbarkeit festhält und nur die Beziehungen auffaßt, in die sie durch die ordnende Abbildung φ zueinander gesetzt sind, so heißen die Elemente *natürliche Zahlen* oder *Ordinalzahlen* oder auch schlechthin *Zahlen*, und das Grundelement 1 heißt die *Grundzahl* der *Zahlenreihe N*. In Rücksicht auf diese Befreiung der Elemente von jedem anderen Inhalt (Abstraktion) kann man die Zahlen mit Recht eine freie Schöpfung des menschlichen Geistes nennen." ■

(DEDEKIND 1969/1887, 5 bzw. 17)

Diese beiden Erklärungen zeigen zwei wichtige Aspekte:
1. Die Grundidee, um zu den Zahlen zu gelangen, ist der *Abbildungsbegriff*. Mittels einer Abbildung kann etwas *entstehen, erzeugt werden* oder auch in etwas anderes *übergehen*.
2. Die Zahlen werden als *Ordinalzahlen* eingeführt. Diese Dedekindschen Ordinalzahlen sind die Grundlage des Rechnens.

Die Behandlung der Idee *Kardinalzahl* zur Klärung der Frage nach der Anzahl der Elemente eines Systems erfolgt erst im letzten Paragraphen des Werkes und zwar in der 161. Erklärung (DEDEKIND 1969/1887, 44). Diese Idee ist nicht Trägerin der Idee des Rechnens. Auf die außerordentliche Bedeutung der Ordinalzahlidee im Vergleich zur Kardinalzahlidee für das Rechnen hat auch DANTZIG sehr ausdrücklich in seinem Buch „Number, the Language of Science" hingewiesen:

- „... this latter [cardinal number] is incapable of creating an arithmetic. The operations of arithmetic are based on the tacit assumption that *we can always pass from any number to its successor*, and this is the essence of the ordinal concept." ■

(DANTZIG 1930, 9)

Wir halten fest: Eine vom Tätigwerden induzierte, etwas in Gang setzende Konstruktionsvorstellung ist zentral für das Zahlverständnis. Dieses besondere Zahlverständnis ist Grundlage für das verständnisbehaftete und damit intelligente Rechnen. Das Ausmaß der Fähigkeit im arithmetischen Denken ist von erheblichem Einfluss auf die Entwicklung des algebraischen Denkens, dem wir im letzten Abschnitt noch begegnen werden.

Funktional-logisches versus prädikativ-logisches Zurechtlegen

Für unser Anliegen ist es zunächst weiterführend, zwischen zwei kognitiven Sichtweisen zu unterscheiden, die leicht anhand der Entschlüsselung spezieller Matrizenaufgaben (Abb. 1) verdeutlicht werden können. Es ist lohnenswert, sich zunächst selbst eine Lösungsfigur auszudenken und die Begründung für ihre Tauglichkeit schriftlich festzuhalten, bevor im Text weitergelesen wird (für drei weitere Beispiele siehe:
www.fmd.uni-osnabrueck.de/ebooks/kognitive-mathematik.htm).

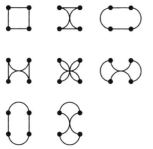

In der 3 x 3-Matrix fehlt unten rechts eine Figur. Die fehlende Figur ist sinnvoll – d.h. stimmig zu den anderen Figuren – zu ergänzen.

Tatsächlich unterscheiden sich Menschen dahingehend, ob und in welchem Ausmaß sie bei diesen und anderen Aufgaben eher eine funktional-logische oder eine prädikativ-logische Sichtweise einnehmen (MÖLLE et al. 2000, SCHWANK 1992, 1996, 2001, 2003). Im Falle der Analyse der zu vervollständigenden 3 x 3-Matrix in Abbildung 1 wirken sich diese Betrachtungsweisen entscheidend auf die Art und Weise des Zurechtlegens aus:

- *Funktional-logisches Zurechtlegen:* Es lässt sich eine Erzeugungsvorschrift ausmachen, mittels derer die jeweils gegenüberliegenden Seiten zunächst ein- dann auseinandergezogen werden: zeilenweise die linke und rechte, spaltenweise die obere und untere Seite (von links nach rechts bzw. von oben nach unten gelesen). Eine Anwendung dieser Erzeugungsvorschrift in der letzten Zeile und Spalte ergibt eine Art vierblättriges Kleeblatt als neunte Figur.
- *Prädikativ-logisches Zurechtlegen:* Auffallend ist die Gleichheit der gegenüberliegenden Seiten: zeilenweise die obere und untere, spaltenweise die linke und rechte Seite. Eine Art vierblättriges Kleeblatt als neunte Figur stimmt mit diesen Seitenvorgaben exakt überein. (Anhand einer schlichteren prädikativen Analyse lassen sich Paare an gleichen Figuren ermitteln, die um den punktsymmetrischen Mittelpunkt herum angeordnet sind. Die Wiederholung der quadratartigen Figur oben links vervollständigt diese Paaranordnung.)

Beim funktional-logischen Zurechtlegen ist das zeitliche Nacheinander von Bedeutung. Es wird versucht, wahrgenommene Unterschiede dadurch erklärbar zu machen, dass geeignete Veränderungsprozesse angesetzt werden. Das Funktionieren dieser Prozesse verleiht dem durchdachten Sinngefüge seine Logik.

Beim prädikativ-logischen Zurechtlegen hat das zeitliche Nebeneinander den Vorrang. Es wird auf seine strukturelle Ordnung hin untersucht. Ein Zusammenhang zwischen den Objekten wird dadurch hergestellt, dass Übereinstimmungen oder Verwandtschaften in einem oder mehreren Merkmalen gesehen werden. Die Stimmigkeit in der Anordnung der Merkmalsausprägungen verleiht dem durchdachten Sinngefüge seine Logik.

Es ist offenkundig, dass bestimmte enaktive Vorstellungen bei funktionalen Analysen eine tragende Rolle spielen: Zum Ziel führt das mentale Ausüben von Tätigkeiten, wobei etwas entsteht oder erzeugt wird. Funktionales Vorstellungsvermögen ist offensichtlich hilfreich für das Verstehen und Benutzen der DEDEKINDSCHEN Ordinalzahlen. Es ist nützlich, um sich in die natürlichen Zahlen einzufinden und ein tragfähiges Zahlkonzept aufzubauen, welches dann seinerseits die Erschließung anderer Zahlbereiche befruchtet.

Einsicht in funktional-logisch aufgebaute Beziehungsgeflechte muss nicht an Sprache gebunden sein. Die Möglichkeit einer zumindest untergeordneten Rolle der Sprache bei bestimmten logischen, intellektuell anspruchsvollen Analysen und Begriffsbildungen wird unterschätzt und ist gemeinhin wenig bewusst – daher die Motivation für die Titelwahl zu diesem Beitrag.

Geschlechtsspezifische Unterschiede

Überlegungen zur Dekomposition des prädikativen und funktionalen Denkens führen zu bestimmten Aufgabenarten der Experimentalpsychologie. Darunter sind solche, die vornehmlich das mentale Erkennen und Verwalten von Merkmalen erfordern, andere dagegen zielen auf das mentale Erkennen und Ausführen von Tätigkeiten.

KIMURA (1999) hat die erbrachten Leistungen bei diesen beiden Aufgabenausrichtungen unter geschlechtsspezifischem Aspekt analysiert. Passend zu den Ergebnissen unserer eigenen Untersuchungen, dass sich Mädchen vergleichsweise häufiger durch gute prädikative Leistungen auszeichnen, selten aber durch auffallend gute funktionale, und dass es bei den Jungen, wenn auch nicht ganz so extrem, umgekehrt ist, stellt sich bei KIMURAS Metaanalysen heraus, dass die Stärke von Frauen bei den merkmalsorientierten Aufgaben liegt, die Stärke von Männern dagegen bei den tätigkeitsorientierten Aufgaben.

Es muss zur Vorsicht aufgerufen und mit Bestimmtheit festgehalten werden, dass solche Forschungsergebnisse nur eine Tendenz angeben, aber keine Rückschlüsse im Einzelfall erlauben. Immerhin kann festgehalten werden, dass es lohnenswert ist, sich um die Frage der Diagnostik einer besonderen Begabung oder Schwäche im funktionalen/prädikativen Denken zu kümmern. Dies gilt sowohl bei sich selbst als Lehrkraft, da die persönlichen Vorstellungen den Unterrichtsstil und die Art und Weise der Vermittlung von Ideen prägen, wie auch bei den Schülern und Schülerinnen, damit diese in den ihnen eigenen Vorstellungswelten angesprochen und zum Austausch mit andersartigen Vorstellungswelten angeregt werden können.

Eines der wichtigen Instrumente, mit dem die Unterrichtsgestaltung beeinflusst wird, sind die Schulbücher. Ihre Inhalte wären nicht nur darauf hin zu untersuchen, inwieweit durch die Darstellungen z.B. Rollenstereotype aufgebrochen werden, emotionalen und motivationalen Komponenten Rechnung getragen oder Alltagsnähe praktiziert wird. Bei der Einführung neuer mathematischer Konzepte und deren Einbettung in bereits vorhandene Ideengefüge ist für den Lernerfolg auch wichtig, dass die unterschiedlichen kognitiven Präferenzen gezielt integriert und entsprechend trainiert werden.

Arithmetisches und algebraisches Denken – diagnostischer Bedarf und Förderbedarf

Wir haben gesehen, dass beim Einstieg in die Arithmetik, also dem ersten systematischen Umgang mit Zahlen, funktionale Vorstellungen eine wichtige Rolle spielen. Eine spannende Frage ist, wie sich aus der Denkform des In-Zahlen-Denkens die Denkform des In-Formeln-Denkens entwickeln kann. HEFENDEHL-HEBEKER (2001,83) spricht von der Notwendigkeit, eine Propädeutik der elementaren Algebra für den Mathematikunterricht auszuarbeiten und untersucht im Zuge erster Schritte einer Umsetzung, *„wie das Formelwissen auf das Zahlwissen bezogen und doch von ihm abgehoben ist ... ".* Wir ergänzen diesen Ansatz um die uns interessierende kognitive Komponente und fragen: Inwiefern nützen dabei diagnostische Erkenntnisse zu Begabungen bzw. Defiziten im funktionalen/prädikativen Denken?

Mathematisches Denken lässt sich besonders gut in solchen Fällen untersuchen, in denen Probleme nicht allein durch das Anwenden vorgefertigter, erlernter Verfahren gelöst werden können. Im Rahmen der Osnabrücker Zwergen-Mathe-Olympiade [ZMO] ist dazu beiläufig reichhaltiges Datenmaterial entstanden. Dieser Wettbewerb wird seit 2001 jährlich für die 3. Klassen der ca. 120 Grundschulen in Stadt und Landkreis Osnabrück angeboten. Inzwischen haben 924 Kinder teilgenommen. Eine der Besonderheiten ist, dass aufgrund der Teilnahmebedingungen in jedem Jahr etwa gleich viele Jungen wie Mädchen vertreten sind: Pro teilnehmender Klasse dürfen ein Mathe-Vertreter sowie eine Mathe-Vertreterin entsandt werden. Der Wettbewerbscharakter (z. B. werden ZMO-Wanderpokale an das jahrgangsbeste Mädchen und den jahrgangsbesten Jungen weiter gereicht) bedingt, dass jedes Jahr auch eins bis zwei Aufgaben gestellt werden, die nur für sehr wenige Kinder der 3. Jahrgangsstufe bewältigbar sind. Ein Beispiel für eine solche Aufgabe ist:

Im Zirkus Knobelix sitzen 224 Zuschauer. Es sind 38 Erwachsene mehr als Jungen und 6 Jungen mehr als Mädchen. Wie viele Mädchen, Jungen und Erwachsene sitzen auf den Zuschauerbänken?

Mithilfe der Technik, Gleichungen aufzustellen und diese geeignet umzuformen – also elementare Formelalgebra der Sekundarstufe I anzuwenden –, könnte die Antwort im Prinzip leicht erhalten werden (vgl. aber die Bemerkungen zu den Studierenden im weiteren Verlauf dieses Abschnitts). Diese das Denken entlastende Technik steht den Kindern nicht zur Verfügung. Dafür können sie sich in arithmetische Zusammenhänge eindenken, einige dieser von ihren Klassen entsandten Kinder sogar beeindruckend gut. So gelingt es einigen wenigen tatsächlich, sich mit ihrem Wissen über Zahlen und ihren Möglichkeiten des Eindenkens in Zahlzusammenhänge die Lösung zu erschlie-

Arithmetisches und algebraisches Denken 181

ßen. Ein funktional-logisches Vorgehen erweist sich hierbei als sehr hilfreich: Zahlen werden geeignet angesetzt (im vorliegenden Beispiel etwa als Startwert 100 Erwachsene gewählt) und der Sachverhalt damit durchgerechnet; dann wird im Wechsel geschickt nachjustiert und gerechnet, bis die für die Situation funktionierenden Werte ermittelt sind (im vorliegenden Beispiel 102 Erwachsene sowie 64 Jungen und 58 Mädchen).

Der, wenn man so will, Wermutstropfen ist, dass bislang ZMO-Aufgaben mit ähnlicher kognitiver Anforderung wie die der Zirkus-Knobelix-Aufgabe von mehr Jungen als Mädchen erfolgreich bearbeitet worden sind (zur genaueren Auswertung der o.g. Aufgabe s. SCHWANK 2003, 2005a). Es ist ein noch ungelöstes Problem, wie Mathematik so unterrichtet werden könnte, dass mehr Schüler und insbesondere mehr Schülerinnen in ihrem funktionalen Denken gestärkt und gefördert werden als bislang. Fest steht, dass zunächst einmal Lehrkräfte für diese Problematik sensibilisiert und sie sich dieser Problematik im kognitiven Leistungsprofil bewusst werden müssen.

Betrachten wir ein weiteres Beispiel[3].

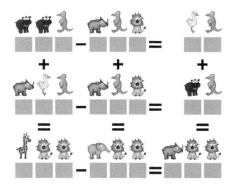

Aufgabenteil 1: In der Dschungelschule sind die Rechenaufgaben heute ganz besonders dargestellt. Finde heraus, für welche Ziffer jedes der Tierbilder steht.

Aufgabenteil 2: Erkläre, wie du die passenden Ziffern gefunden hast![4]

Keines der teilnehmenden 71 Mädchen, aber 7 der 72 Jungen schafften es, das Problem zu lösen. Im Nachfolgenden geben wir ihre Erklärungen dafür wieder, wie sie die passenden Ziffern gefunden haben (Rechtschreibfehler sind korrigiert).

---

3 Es hat sich bewährt, da die teilnehmenden Klassen zunächst kreative Bewerbungsbeiträge einsenden, bei denen es um „angewandte Mathematik" geht, pro Jahr ein Thema vorzugeben. Im Jahr der Zirkus-Knobelix-Aufgabe war das Thema „Zirkus", im Jahr der nun besprochenen Aufgabe „Dschungel". Passend zum Thema werden dann die Aufgaben gestaltet, die bei der Mathe-Hirnsport-Runde eingesetzt werden, an der die schon mehrfach erwähnten Vertreter der Klassen teilnehmen.

4 Aufforderungen zu Begründungen und Erklärungen sind fester Bestandteil der ZMO-Aufgaben.

1. *Als Erstes habe ich unten geguckt. Ich habe mir gedacht: Beispielsweise 5 kann man nicht von 5 subtrahieren wenn 5 rauskommen soll. Das geht nur mit der 0. Also habe ich überall wo ein Löwe ist eine 0 hingeschrieben. Dann habe ich rechts geguckt und gesehen, dass zwei gleiche Einerziffern null ergeben sollten, wenn man sie addiert. Das geht nur bei der fünf. Danach habe ich geraten und es hat alles gepasst.*
2. *Da unten die Einer immer Löwen sind, muss es die 0 sein, denn nur die 0 ergibt + sich sich. Die erste Spalte hat hinten nur Schnabeltiere bis auf beim Ergebnis das 0 ist, also muss das Schnabeltier die 5 sein. Und so habe ich dann immer weiter gerechnet bis alle Tiere eine Zahl hatten.*
3. *Eigentlich ging es nachdem ich die Löwen rausgefunden hatte ganz einfach. Löwe ist null denn: Löwe + Löwe = Löwe ist ja klar. Danach war ich so gut wie fertig.*
4. *Indem ich die hinteren Aufgaben zuerst gerechnet habe*
5. *Zuerst habe ich die erste Reihe irgendwie rausgekriegt*
6. *Ich habe geraten.*
7. *(Ohne Begründung)*

Auffällig ist wieder die Fähigkeit der bei dieser Aufgabe erfolgreichen Kinder, sich auf den Weg einer Zahlkonstruktion unter vorgegebenen Bedingungen einzulassen. Bei der Untersuchung von Lösungsmöglichkeiten gehen sie mit Variablen in funktionaler Weise um: Die Tierbilder werden so mit einem Wert belegt, dass das Ziel möglichst erreicht wird, ggfs. wird nachjustiert. Im Vergleich zu anderen Lösungsansätzen haben diese Kinder so gut wie keine Korrekturen bei ihren Zifferneintragungen vorgenommen und auch keine schriftlichen Nebenrechnungen durchgeführt.

Reicht die Verstandeskraft aus, sich z. B. „nur die 0 ergibt + sich sich" klarzumachen, wäre der Übergang zur Gleichungsschreibweise leicht ersichtlich: Die Gleichungsschreibweise ist dann eine Steno-Schrift für das, was man sich zu suchen überlegt hat, nämlich eine 1-stellige Zahl x (also $x \in \{0,1,2, ..., 9\}$), die von sich selbst abgezogen wieder x ergibt: $x - x = x$; woraus folgt: $0 = x$.

Theoretisch ist denkbar, dass die Jungen von ihren Eltern oder Lehrkräften besser auf die ZMO vorbereitet werden und beispielsweise mehr Aufgabenformate kennen, es mag auch sein, dass sie mit der Wettbewerbssituation besser zurechtkommen, oder, oder, ... Es fällt nur auf, dass immer wieder einige der Jungen schwierige, funktional-logisch lösbare Probleme knacken, dies aber keinem Mädchen oder nur weniger Mädchen als Jungen gelingt. Wir selbst haben es bislang noch nicht geschafft, vergleichbar schwierige, aber prädikativ-logisch gut lösbare Probleme für den Altersbereich der ZMO-Kinder zu konstruieren. Wir arbeiten daran. Überzeugende prädikative und funktionale Bearbeitungen von Aufgaben für höhere Jahrgangsstufen finden sich z. B. in HEFENDEHL-HEBEKER (2003) oder SJUTS (2008). Mit dem Osnabrücker Curri-

Arithmetisches und algebraisches Denken 183

culum wird u. a. versucht, den beiden Denkstilen im Mathematikunterricht gerecht zu werden (s. z. B. COHORS-FRESENBORG 2001, SCHWANK 1993).

Betrachten wir ein letztes Beispiel[5]. Es geht darum, dass sich die Kinder zu einem einfachen arithmetischen Zusammenhang äußern sollen, der verlangt, *alle* natürlichen Zahlen gedanklich mit einzubeziehen. Dazu ist ein geeigneter Variablenzugriff nötig.

Unterrichtsgespräche zu Aufgaben dieser Art gehören zweifellos in den Bereich der Propädeutik der elementaren Algebra. Wir fragen uns, wie die ZMO-Kinder mit dieser Anforderung umgegangen sind, ohne bislang im Unterricht in die Idee der Variablen und geeignete Schreibweisen eingeführt worden zu sein.

Susis kniffeliges Zahlenrätsel.
Susi hat sich zwei Zahlen gedacht. Dann hat sie für diese beiden Zahlen eine Rechnung aufgeschrieben.

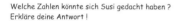

Welche Zahlen könnte sich Susi gedacht haben? Erkläre deine Antwort!

Susis kniffeliges Zahlenrätsel. – Im Weiteren schreibt Susi noch eine zweite Gleichung auf, so dass letztendlich der Idee nach ein Gleichungssystem mit zwei Unbekannten zu lösen ist:
$x_1 - x_2 = 2$, $x_1^2 - x_2^2 = 20$.
13 von 64 Mädchen und 16 von 64 Jungen ist dieses gelungen.

Die Erklärungen zu den Antworten auf die gestellte Frage reichen von keiner Angabe, der Angabe eines einzelnen Zahlenbeispiels (*„8 und 6. 8 – 6 = 2"*) über die Angabe mehrerer möglicher Zahlenbeispiele (*„Sie könnte 4 und 2, 6 und 4, 3 und 1, 2 und 0, usw."*) bis hin zu vollständigen, begrifflich-sprachlichen Erklärungen (komplette Auflistung s. SCHWANK et al. 2008).

Besonders gelungene Erklärungen der Mädchen:
1. *4 – 2 = 2, 6 – 4 = 2, 5 – 3 = 2, 3 – 1 = 2, 14 – 12 = 2! Es muss immer 2 ergeben. Deshalb kann man nicht 13 – 12 rechnen, weil das nicht 2 ergibt.*
2. *3 – 1, 4 – 2, 5 – 3 und so weiter, weil alles 2 ergibt.*
3. *4 und 2, 6 und 4 und so weiter, weil das alles 2 ergibt.*
4. *Die erste Zahl muss immer um 2 größer sein und es gibt ganz viele Möglichkeiten.*

Besonders gelungene Erklärungen der Jungen:
1. *Ich habe immer so gerechnet, dass ich auf 2 komme.*
2. *6 4, 7 5, 8 6, 9 7, 4 2, 3 1, 2 0. Man kann oft auf 2 kommen, und darum gibt es mehrere Möglichkeiten, um auf 2 zu kommen.*
3. *8 – 6 = 2   10 – 8 = 2 Weil ich von jeder Zahl so viel abziehen kann, dass 2 herauskommen.*

---

5 Neben der thematischen Aufgabengestaltungsart gibt es auch Aufgaben, in denen – in einem ausgewogenen Verhältnis – Mädchen oder Jungen Handlungsträger sind.

4. *Susi könnte: 3 – 1 = 2, 4 – 2 = 2 und bis ∞ – fast ∞ = 2 machen. Susi könnte nicht: 3 – 2 = 2 oder 5 – 100 = 2 und 5 + 0 = 2.*
5. *Susi könnte 7 – 5 nehmen. Es muss immer die Zahl 2 dazwischen passen.*
6. *3 und 1, 5 und 3, 6 und 4, 7 und 5, 8 und 6, 9 und sieben. Alle Zahlen wo die eine Zahl 2 mehr als die andere hat.*
7. *Alle, solange die eine zwei Zahlen höher ist.*
8. *4 u. 2, 6 u. 4, 8 u. 6, ... Die Zahlen müssen 2 Werte auseinander liegen. Die höhere Zahl muss am Anfang stehen.*
9. *(Durchgestrichen: Immer zwei Zahlen, die zwei auseinander sind, die höhere zuerst.) Die Zahlen müssen immer so viel wie das Ergebnis auseinander sein.*

Den Jungen gelingt es eher, den gegebenen Zusammenhang der Zahlen so auszudrücken, dass tatsächlich mehrere oder sogar alle Zahlenpaare erfasst werden, mit denen das gewünschte Rechenergebnis erzielt werden kann. Beim Durchspielen von Beispielen erkennen sie einen Konstruktionszusammenhang, der ihnen eine passende Verallgemeinerung auszudrücken ermöglicht.

Nicht nur aus Klausuren für Studierende im ersten Semester (Lehramt Mathematik für Grund-, Haupt und Realschule), die Aufgaben aus Mathematik-Schulbüchern für die Klassen 5 – 8 umfassen, wissen wir, dass sich das „blinde Rechnen" bis zum Abitur und in das Studium hinein fortsetzt (SCHWANK et al. 2007, 2008). Die Art des sorg- und sinnlosen Umgangs mit Zahlen findet sich nicht zuletzt beim Buchstabenrechnen wieder.

In einer Klausur haben wir eine zu „Susis kniffeliges Zahlenrätsel" (s. S. 183) der Logik nach analoge Aufgabe gestellt:
Zwei Zahlen unterscheiden sich um 12, ihre Quadrate um 480.
Wie heißen die beiden Zahlen?
Die insgesamt 62 teilnehmenden Studierenden bearbeiten die Aufgabe wie folgt (für eine detaillierte Auswertung s. SCHWANK et al. 2008):

- 30 gelingt es, beide Lösungszahlen korrekt zu bestimmen und dazu Gleichungen aufzustellen, die korrekt umgeformt werden.
- 5 gelingt es, beide Lösungszahlen anhand der Berechnung konkreter Zahlenbeispiele zu bestimmen.
- 27 bearbeiten die Aufgabe fehlerhaft oder gar nicht.

Die Herausforderung für den Mathematik Unterrichtenden ist, den Lernenden keine einfachen Ausweichmöglichkeiten zu eröffnen, sondern ihnen von Beginn an und fortwährend nahezulegen, dass Mathematik mit Sinn und Verstand betrieben wird. Eine sorgfältige Diagnose der eigenen Unterrichtskultur einhergehend mit der Diagnose der Entwicklung einer am mathematischen Verständnis orientierten Lernbereitschaft ist für eine Sicherstellung zu etablieren.

Fazit

Wir haben die Bedeutung des funktionalen Denkens für die ersten erfolgreichen Schritte in die Mathematik besonders betont, da die Anfänge in der Arithmetik begründet sind, die im Kern die funktional konstruierten DEDEKINDSCHEN Ordinalzahlen beinhalten. Konzepte für die Förderung des funktionalen Denkens existieren bislang erst wenige; diejenigen, die existieren, sind nicht weit verbreitet. BRAINERD (1973, 1979) hat bereits vor über 30 Jahren auf die Bedeutung der Stärkung des ordinalen Zurechtfindens für einen erfolgreichen Einstieg in die Arithmetik hingewiesen. Erst in jüngster Zeit sind die Ergebnisse seiner Studien wieder aufgegriffen worden (WEMBER 2003). Naheliegend wäre, funktionale Konzepte und zugehörige Lernumgebungen aus der Informatik in den Mathematikunterricht der Grundschule und der Sekundarstufe I zu integrieren. Geeignete Denkanstöße bieten z. B. Arbeiten von ALLEN-CONN et al. (2003/SQUEAK), PAPERT (1980/Turtle), REICHERT et al. (2004/KARA), SCHWANK (2005 b/Dynamische Labyrinthe). Erwähnenswert sind auch Überlegungen, die GALLIN/RUF im Rahmen ihrer Unterrichtsgestaltung im Format des Dialogischen Lernens ausgearbeitet haben – der Umgang mit dem (Tacho-)Zähler als ein funktionales Konzept zur Einführung und Verdeutlichung des Stellenwertsystems oder der Umgang mit Brüchen als ein funktionales Konzept, das ein vergleichsweise sanfteres Auf und Ab und damit ein sanfteres Verkleinern und Vergrößern erlaubt (GALLIN/RUF 1999, 92 ff. bzw. 343 ff.).

Nicht zuletzt müssen weitere Anstrengungen unternommen werden, um geschlechtsspezifischen Zugangsweisen zu mathematischen Ideen noch besser gerecht zu werden.

Literatur

ABRAHAM, ULF (2003): Lese- und Schreibstrategien im themazentrierten Deutschunterricht. Zu einer Didaktik selbstgesteuerten und zielbewussten Umgangs mit Texten. In: Abraham, Ulf u. a. (Hg.): Deutschdidaktik und Deutschunterricht nach PISA. Freiburg im Breisgau: Fillibach-Verlag, 204–219
ALLEN-CONN, B. J./ROSE, KIM (2003): Powerful Ideas in the Classroom; Using Squeak to Enhance Math and Science Learning. Glendale, California: Viewpoints Research Institute, Inc
ANDERSON, JOHN R. (1982): Acquisition of cognitive skill. Psychological Review, 89, 369–406
AUGST, GERHARD/DEHN, MECHTHILD (1998): Rechtschreibung und Rechtschreibunterricht. Können – Lehren – Lernen. Stuttgart: Klett

BASTIAN, JÜRGEN u. a. (2001): Durch Schülerrückmeldung den Unterricht verbessern. In: Pädagogik 5/01
BAUMERT, JÜRGEN (1993): Lernstrategien, motivationale Orientierungen und Selbstwirksamkeitsüberzeugung im Kontext schulischen Lernens. Unterrichtswissenschaft 4, 327–354
BAUMERT, JÜRGEN/KÖLLER, OLAF (1996): Lernstrategien und schulische Leistungen. In: Möller, Jens/Köller, Olaf (Hg.): Emotionen, Kognitionen und Schulleistung, Weinheim: Beltz, 137–154
BAUMERT, JÜRGEN/KLIEME, ECKHARD/NEUBRAND, MICHAEL u. a. (Hg.) (2001): PISA 2000. Basiskompetenzen von Schülerinnen und Schülern im internationalen Vergleich. Opladen: Leske + Budrich
BAURMANN, JÜRGEN (2002): Schreiben – Überarbeiten – Beurteilen. Seelze: Friedrich Verlag
BECKER-MROTZEK, MICHAEL/BÖTTCHER, INGRID (2006): Schreibkompetenz entwickeln und beurteilen. Berlin: Cornelsen Scriptor
BÖNSCH, MANFRED (1991): Variable Lernwege. Ein Lehrbuch der Unterrichtsmethoden. Paderborn: Schöningh
BÖNSCH, MANFRED (2000): Intelligente Unterrichtsstrukturen. Baltmannsweiler: Schneider, Hohengehren
BONSEN, MARTIN/BOS, WILFRIED/GRÖHLICH, CAROLA/ WENDT. H. (2008). Bildungsrelevante Ressourcen im Elternhaus: Indikatoren der sozialen Komposition der Schülerschaften an Dortmunder Schulen. In Stadt Dortmund. Der Oberbürgermeister (Hrsg.). Erster kommunaler Bildungsbericht für die Schulstadt Dortmund. Schulentwicklung in Dortmund. Münster et al.: Waxmann, 125–149
BOOTH, J. (1999): Computerdiagnostik. In: Petermann, Franz/Jäger, Reinhold S. (Hg.): Psychologische Diagnostik, München: Beltz, 186–197
BORTZ, JÜRGEN/LIENERT, GUSTAV A./BOEHNKE, KLAUS (2000): Verteilungsfreie Methoden in der Biostatistik. Heidelberg: Springer
BRÄHLER, ELMAR/HOLLING, HEINZ/LEUTNER, DETLEV/PETERMANN, FRANZ (Hg.) (2002): Brickenkamp Handbuch psychologischer und pädagogischer Tests (Bd. 1 und 2). Göttingen: Hogrefe
BRAINERD, CHARLES (1973): The origins of number concepts. Scientific American, 228 (3), 101–109

BRAINERD, CHARLES (1979): The origins of the number concept. New York: Praeger
BRÄU, KARIN (2005): Individualisierung des Lernens – Zum Lehrerhandeln bei der Bewältigung eines Balanceproblems. In: Heterogenität als Chance, Münster/Hamburg/Berlin/Wien/London/Zürich: LIT Verlag
BREMERICH-VOS, ALBERT/SCHLEGEL, SONJA (2003): Zum Scheitern eines Lesestrategietrainings für SchülerInnen der Orientierungsstufe. In: Abraham, Ulf u. a. (Hg.): Deutschdidaktik und Deutschunterricht nach PISA. Freiburg im Breisgau: Fillibach-Verlag, 409–430
BRUDER, REGINA (2000): Akzentuierte Aufgaben und heuristische Erfahrungen. In: Herget,W./Flade, L. (Hg.): Mathematik lehren und lernen nachTIMSS.Anregungen für die Sekundarstufen, Berlin: Volk und Wissen
BRUNER, JEROME (1964): Der Verlauf der kognitiven Entwicklung. In: Spanhel, Dieter (Hg.) (1973): Schülersprache und Lernprozesse, Düsseldorf: Schwann
BÜCHTER, ANDREAS/LEUDERS, TIMO (2005): Mathematikaufgaben selbst entwickeln. Berlin: Cornelsen Scriptor
BÜHNER, MARKUS (2004): Einführung in dieTest- und Fragebogenkonstruktion. München: Pearson Studium
Bundesministerium für Bildung und Forschung (2003): Begabte Kinder finden und fördern, Bonn
BÜNTING, KARL-DIETER/EICHLER,WOLFGANG/POSPIECH, ULRIKE (2000): Handbuch der deutschen Rechtschreibung. Berlin: Cornelsen Scriptor

CAMPIONE, JOSEPH C./BROWN, ANN L. (1974): The effects of contextual changes and degree of component mastery on transfer of training. In: H. W. Reese (Hg.): Advances in child development and behavior, NewYork: Academic Press, 49–114
COHORS-FRESENBORG, ELMAR (2001): Mathematik als Werkzeug zur Wissensrepräsentation: Das Osnabrücker Curriculum. Der Mathematikunterricht, 1, 5–13
CONN, B. J. ALLEN/ROSE, KIM (2003): Powerful Ideas in the Classroom; Using Squeak to Enhance Math and Science Learning. Glendale, California:Viewpoints Research Institute, Inc.

DANTZIG,TOBIAS (1934): Number, the language of science. NewYork: The Macmillan Company
DEDEKIND, RICHARD (1969/1887): Was sind und was sollen die Zahlen? Studienausgabe der 10. Auflage. Braunschweig: Vieweg
DOBBELSTEIN, PETER/PEEK, RAINER (2003): Mehr als Wiegen und Messen. Zentrale Lernstandserhebungen in Nordrhein-Westfalen. In: Forum Schule 2/2003
DOBBELSTEIN, PETER/PEEK, RAINER/SCHMALOR, HUBERTUS (2004): An Ergebnissen orientieren. In: Forum Schule 1/2004
DOBBELSTEIN, PETER/PEEK, RAINER (2006): Zielsetzung: Ergebnisorientierte Schul- und Unterrichtsentwicklung.Potenziale und Grenzen der nordrhein-westfälischen Lernstandserhebungen. In: Böttcher, Wolfgang/Holtappels, Heinz Günter/Brohm, Michaela (Hg.): Evaluation im Bildungswesen. Eine Einführung in Grundlagen und Praxisbeispiele,Weinheim: Juventa

EICHLER,WOLFGANG (2004): Sprachbewusstheit und Orthographieerwerb. In: Bremerich-Vos,Albert u. a. (Hg.): Neue Beiträge zur Rechtschreibtheorie und -didaktik. Freiburg im Breisgau: Fillibach-Verlag, 179–189
EISENBERG, PETER/FEILKE, HELMUTH (2001): Rechtschreiben erforschen. In: Praxis

Deutsch 170 (11/2001), 6-15

ELZEN-RUMP, VIOLA DEN/LEUTNER, DETLEV (2007): Naturwissenschaftliche Sachtexte verstehen – Ein computerbasiertes Trainingsprogramm für Schüler der 10. Jahrgangsstufe zum Selbstregulierten Lernen mit einer Mapping-Strategie. In: Schmitz, Bernhard/Landmann, Meike (Hg.): Selbstregulation erfolgreich fördern. Praxisnahe Trainingsprogramme für effektives Lernen, Stuttgart: Kohlhammer, 251–268

EMSE (2006). Positionspapier des Netzwerks „Empiriegestützte Schulentwicklung", Berlin http://www.iqb.hu-berlin.de/bista/dateien/EMSE_Positionsp.pdf

Englisch. Kernlehrplan für die Gesamtschule-Sekundarstufe I in Nordrhein-Westfalen. Frechen 2004 http://www.kmk.org/schul/Bildungsstandards/bildungsstandards-neu.htm

FISCHER, UTE (2004): Lesen auf Stufen. Leseverstehen diagnostizieren und binnendifferenziert trainieren. In: Praxis Deutsch 187 (09/2004), 22–31

FREGE, GOTTLOB (1977/1884): Die Grundlagen der Arithmetik: eine logisch-mathematische Untersuchung über den Begriff der Zahl. Hildesheim: Georg Olms

FREUDENTHAL, HANS (1970): Mathematik als pädagogische Aufgabe. Stuttgart: Klett

FRIEDRICH, HELMUT FELIX/MANDL, HEINZ (1992): Lern- und Denkstrategien – ein Problemaufriss. In: Friedrich, Helmut Felix/Mandl, Heinz (Hg.): Lern- und Denkstrategien. Analyse und Intervention, Göttingen: Hogrefe, 3–54

FRITH, UTA (1986): Psychologische Aspekte des orthographischen Wissens: Entwicklung und Entwicklungsstörung. In: Augst, Gerhard (Hg.): New Trends in Graphemics and Orthography. Berlin, New York: de Gruyter, 218–233

FULDE, AGNES (2007): Rechtschreiben erforschen 5/6. Handreichungen für den Unterricht. Berlin: Cornelsen

GALLIN, PETER/RUF, URS (1999): ich du wir 4 5 6. Sprache und Mathematik für das 4. – 6. Schuljahr. Zürich: Lehrmittelverlag des Kantons Zürich

GERSTER, HANS-DIETER (1984): Schülerfehler bei schriftlichen Rechenverfahren – Diagnose und Therapie. Freiburg: Herder

GOODLAD, SINCLAIR/HIRST, BEVERLEY (1990): Explorations in peer tutoring. Oxford: Blackwell

GREEN, NORM/GREEN, KATHY (2005): Kooperatives Lernen im Klassenraum und im Kollegium. Seelze: Kallmeyer

GROSS OPHOFF, JANA/KOCH, URSULA/HOSENFELD, INGMAR u. a. (2006): Ergebnisrückmeldungen und ihre Rezeption im Projekt VERA. In: Kuper, Harm/Schneewind, Julia (Hg.): Rückmeldung und Rezeption von Forschungsergebnissen – Zur Verwendung wissenschaftlichen Wissens im Bildungssystem, Münster: Waxmann, 19–40

GRUBITZSCH, SIEGFRIED (1999): Testtheorie Testpraxis. Eschborn: Verlag Dietmar Klotz

GRZESIK, JÜRGEN (2005): Texte verstehen lernen. Neurobiologie und Psychologie der Entwicklung von Lesekompetenzen durch den Erwerb von textverstehenden Operationen. Münster u. a.: Waxmann

HAENISCH, HANS/LUKESCH, H. (1981): Bruch- und Dezimalrechentests 6 (BDT 6). Braunschweig: Westermann

Literatur

HEFENDEHL-HEBEKER, LISA (2001): Die Wissensform des Formelwissens. In: Weiser, Werner/Wollring, Bernd (Hg.): Beiträge zur Didaktik der Mathematik für die Primarstufe. Festschrift für Siegbert Schmidt, Hamburg: Verlag Dr. Kovac, 83–98

HEFENDEHL-HEBEKER, LISA (2003): Didaktik der Mathematik als Wissenschaft – Aufgaben, Chancen, Profile. In: Jahresbericht der DMV 105 (2003), Heft 1, 3–29

HELFEN, MARGARETHE (2008): Dokumentation der individuellen Förderung. Lernentwicklungshefte für NRW. München: Luchterhand

HELLER, KURT A./PERLETH, CHRISTOPHER/HANY, ERNST A. (1994), Hochbegabung – ein lange Zeit vernachlässigtes Forschungsthema. Einsichten – Forschung an der Ludwig-Maximilians-Universität München, 3, Heft 1, 18–22

HELMKE, ANDREAS (2007): Unterrichtsqualität erfassen, bewerten, verbessern. Seelze: Kallmeyer

HENNECKE, MARTIN (2007): Rechengraphen – Eine Darstellungsform für Rechenwege von Schülergruppen. In: mathematica didacta 30, 68–96

HERGET, WILFRIED/JAHNKE, THOMAS/KNOLL, WOLFGANG (2004): Produktive Aufgaben für den Mathematikunterricht in der Sekundarstufe I. Berlin: Cornelsen

HEYMANN, HANS-WERNER/PALLACK, ANDREAS (2007): Aufgabenkonstruktion für die Lernstandserhebung Mathematik. In: Ministerium für Schule und Weiterbildung (Hg.): Lernstandserhebungen Mathematik in Nordrhein-Westfalen – Impulse zum Umgang mit zentralen Tests, Stuttgart: Klett, 14–46

HOLLING, HEINZ/KANNING, UWE P. (1999): Hochbegabung – Forschungsergebnisse und Förderungsmöglichkeiten. Göttingen: Hogrefe

HORSTKEMPER, MARIANNE (2006): Fördern heißt diagnostizieren. In: Friedrich Jahresheft 2006, Diagnostizieren und Fördern, Seelze: Friedrich, 4–7

HOSENFELD, INGMAR/HELMKE ANDREAS/SCHRADER, FRIEDRICH-WILHELM (2002): Diagnostische Kompetenz: Unterrichts- und lernrelevante Schülermerkmale und deren Einschätzung durch die Lehrkräfte in der Unterrichtsstudie SALVE. In: Prenzel, Manfred/Doll, Jörg (Hg.): Bildungsqualität von Schule: Schulische und außerschulische Bedingungen mathematischer, naturwissenschaftlicher und überfachlicher Kompetenzen. Zeitschrift für Pädagogik, 45, Beiheft, Weinheim: Beltz

HUBER, ANNE A. (2004): Kooperatives Lernen – kein Problem. Effektive Methoden der Partner- und Gruppenarbeit. Leipzig: Klett

HUSSMANN, STEPHAN/LEUDERS, TIMO/PREDIGER, SUSANNE (2007): Schülerleistungen verstehen – Diagnose im Alltag. In: Hußmann, Stephan/Leuders, Timo/Prediger, Susanne (Hg.): Praxis Mathematik, 49 (15)

HURRELMANN, BETTINA (2002): Leseleistung – Lesekompetenz. Folgerungen aus PISA, mit einem Plädoyer für ein didaktisches Konzept des Lesens als kultureller Praxis. In: Praxis Deutsch 176 (11/2002), 6–18

INGENKAMP, KARLHEINZ (1997): Lehrbuch der pädagogischen Diagnostik. Weinheim: Beltz

INGENKAMP, KARLHEINZ (1999): Pädagogische Diagnostik. In: Petermann, Franz/Jäger, Reinhold S. (Hg.): Psychologische Diagnostik, München: Beltz, 495–509

INGENKAMP, KARLHEINZ/LISSMANN, URBAN (2005): Lehrbuch der pädagogischen Diagnostik. Weinheim: Beltz

KAGAN, SPENCER (1990): Cooperative learning resources for teachers. San Juan Capistrano

KIMURA, DOREEN (1999): Sex and cognition. Cambridge: MIT Press
KLAUER, KARL JOSEF (1985): Framework for a theory of teaching. Teaching and Teacher Education, 1, 5–17
KLAUER, KARL JOSEF/LEUTNER, DETLEV (2007): Lehren und Lernen. Einführung in die Instruktionspsychologie. Weinheim: Beltz-PVU
KLIEME, ECKHARD u. a. (2003): Zur Entwicklung nationaler Bildungsstandards. Expertise. Bonn/Berlin
KNOCHE, NORBERT (1990): Modelle der empirischen Pädagogik. Mannheim/Wien/Zürich: BI Wissenschaftsverlag
KOEHLER, HEIDE (2004): Schülerselbsteinschätzung im Rahmen des Projekts EU-MAIL (European Mixed Ability and Individualised Learning). www.eu-mail.info
KRANZ, HELGER (2001): Einführung in die klassische Testtheorie. Eschborn: Verlag Dietmar Klotz
KÜHLE, BEN/PEEK, RAINER (2007): Lernstandserhebungen in Nordrhein-Westfalen. Evaluationsbefunde zur Rezeption und zum Umgang mit Ergebnisrückmeldungen in Schulen. In: Hosenfeld, Ingmar/Groß Ophoff, Jana (Hg.): Nutzung und Nutzen von Evaluationsstudien in Schule und Unterricht. Empirische Pädagogik, 21 (4), Themenheft, Landau: Verlag Empirische Pädagogik
KULTUSMINISTERKONFERENZ (2004): Vereinbarung über Bildungsstandards für den Mittleren Schulabschluss (Jahrgangsstufe 10). In: Bildungsstandards im Fach Deutsch für den Mittleren Schulabschluss. hg. von der Ständigen Konferenz der Kultusminister der Länder in der Bundesrepublik Deutschland. Darmstadt: Luchterhand
KÜNSTING, JOSEF/THILLMANN, HUBERTINA/WIRTH, JOACHIM u. a. (2008): Strategisches Experimentieren im naturwissenschaftlichen Unterricht. Psychologie in Erziehung und Unterricht, 55, 1–15

Landesinstitut für Schule/Qualitätsagentur (Hg.) (2006): Kompetenzorientierte Diagnose. Aufgaben für den Mathematikunterricht. Stuttgart/Leipzig: Klett
LEOPOLD, CLAUDIA/LEUTNER, DETLEV (2004): Selbstreguliertes Lernen und seine Förderung durch prozessorientiertes Training. In: Prenzel, Manfred/Doll, Jörg (Hg.): Bildungsqualität von Schule: Lehrerprofessionalisierung, Unterrichtsentwicklung und Schülerförderung als Strategien der Qualitätsverbesserung, Münster: Waxmann, 364–376
LEOPOLD, CLAUDIA/DEN ELZEN-RUMP, VIOLA/LEUTNER, DETLEV (2006): Selbstreguliertes Lernen aus Sachtexten. In: Prenzel, Manfred/Allolio-Näcke, Lars (Hg.): Untersuchungen zur Bildungsqualität von Schule. Abschlussbericht des DFG-Schwerpunktprogramms, Münster: Waxmann, 268–288
LEUDERS, TIMO (2001): Qualität im Mathematikunterricht der Sekundarstufe I und II. Berlin: Cornelsen Scriptor
LEUDERS, TIMO (Hg.) (2007): Mathematikdidaktik. Praxishandbuch für die Sekundarstufe I und II. Berlin: Cornelsen Scriptor
LEUTNER, DETLEV/BARTHEL, ANKE/SCHREIBER, BEATE (2001): Studierende können lernen, sich selbst zum Lernen zu motivieren: Ein Trainingsexperiment. In: Zeitschrift für Pädagogische Psychologie, 15, 155–167
LEUTNER, DETLEV/LEOPOLD, CLAUDIA (2003): Selbstreguliertes Lernen als Selbstregulation von Lernstrategien. Ein Trainingsexperiment mit Berufstätigen zum Lernen von Sachtexten. In: Unterrichtswissenschaft, 31, 38–56
LEUTNER, DETLEV/LEOPOLD, CLAUDIA (2006): Selbstregulation beim Lernen aus

Sachtexten. In: Mandl, Heinz/Friedrich, Helmut Felix (Hg.): Handbuch Lernstrategien, Göttingen: Hogrefe, 162–171
LIND, DETLEF (1994): Probabilistische Testmodelle. Mannheim/Leipzig/Wien/Zürich: BI Wissenschaftsverlag
LOMPSCHER, JOACHIM (1994): Lernstrategien: Zugänge auf der Reflexions- und Handlungsebene. LLF-Berichte, Bd. 9. Potsdam: Universität Potsdam, 114–129

MARTON, FERENCE/SÄLJÖ, ROGER (1976): On qualitative differences in learning: I – Outcome and process. In: British Journal of Educational Psychology, 46, 4–11
MARTON, FERENCE/SÄLJÖ, ROGER (1984): Approaches to learning. In: Marton, Ference/Hounsell, Dai/Entwistle, Noël (Hg.): The experience of learning. Edinburgh: Scottish Academic Press, 36–55
MAY, PETER (2007): HSP 5–9 B. Hamburger Schreib-Probe zur Erfassung der grundlegenden Rechtschreibstrategien. Seelze: vpm
MEYER, HILBERT (2004): Was ist guter Unterricht? Berlin: Cornelsen Scriptor
MEYERHÖFER, WOLFRAM (2003): Was testen Tests? Objektiv-hermeneutische Analysen am Beispiel von TIMSS und PISA. Dissertation, Universität Potsdam
Ministerium für Schule und Weiterbildung des Landes NRW (Jahr?): Europäisches Sprachenportfolio (ESP)
MÖLLE, MATTHIAS/SCHWANK, INGE/MARSHALL, LISA u. a. (2000): Dimensional complexity and power spectral measures of the EEG during functional versus predicative problem solving. Brain and Cognition. Vol. 44, No. 3, 547–563
MÖLLER, GERD/PALLACK, ANDREAS/FLEISCHER, JENS (2007): Da schau hin – was Lehrerinnen und Lehrer aus Lernstandserhebungen über ihre schwachen Schülerinnen und Schüler erfahren können. In: Peter-Koop, Andreas/Bikner-Ahsbahs, Angelika (Hg.): Mathematische Bildung – mathematische Leistung, Hildesheim: Franzbecker, 97–113
MÖNKS, FRANZ J./YPENBURG, IRENE H. (1998): Montessori-Pädagogik: Verborgener Lehrplan für hochbegabte Schüler. München: Ernst Reinhardt Verlag
MSJK NW (Hg.) (2004): Kernlehrplan für die Gesamtschule. Sekundarstufe I. Englisch: Frechen: Ritterbach Verlag
MÜLLER, ANDREAS (2003): Anstiftung zum Erfolg. www.institut-beatenberg
MÜLLER, ANDREAS (2006): Das Lernen gestaltbar machen. www.institut-beatenberg

OSSNER, JAKOB (1996): Gibt es Entwicklungsstufen beim Aufsatzschreiben? In: Feilke, Helmuth/Portmann, Paul R. (Hg.): Schreiben im Umbruch. Schreibforschung und schulisches Schreiben. Stuttgart u. a.: Klett, 74–84

PADBERG, FRIEDHELM (2002): Didaktik der Bruchrechnung. Heidelberg: Spektrum Akademischer Verlag
PALLACK, ANDREAS (2002): Nachhilfelehrer Computer. Hildesheim: Franzbecker
PALLACK, ANDREAS/DOBBELSTEIN, PETER/PEEK, RAINER (2005): Zentrale Lernstandserhebungen (Jahrgangsstufe 9) in Nordrhein-Westfalen – Konzeption, Durchführung und erste Ergebnisse zu den Fachleistungen in Mathematik im Schuljahr 2004/2005. Der Mathematisch Naturwissenschaftliche Unterricht (MNU), 496–503
PAPERT, SEYMOUR (1980): Mindstorms. Children, Computers and Powerful Ideas. New York: Basic Books
PARADIES, LIANE/LINSER, HANS JÜRGEN (2005): Differenzieren im Unterricht. Berlin:

Cornelsen Scriptor

PEEK, RAINER/PALLACK, ANDREAS/DOBBELSTEIN, PETER/FLEISCHER, JENS/LEUTNER, DETLEV (2006): Lernstandserhebungen 2004 in Nordrhein-Westfalen – zentrale Testergebnisse und Perspektiven für die Schul- und Unterrichtsentwicklung. In: Eder, Ferdinand/Gastager, Angela/Hofmann, Franz (Hg.): Qualität durch Standards? Beiträge zum Schwerpunktthema der 67. Tagung der AEPF, Münster: Waxmann, 219–233

PEEK, RAINER/DOBBELSTEIN, PETER (2006): Zielsetzung: Ergebnisorientierte Schul- und Unterrichtsentwicklung. Potenziale und Grenzen der nordrhein-westfälischen Lernstandserhebungen. In: Böttcher, Wolfgang/Holtappels, Heinz Günter/Brohm, Michaela (Hg.): Evaluation im Bildungswesen. Eine Einführung in Grundlagen und Praxisbeispiele (Grundlagentexte Pädagogik), Weinheim/München: Juventa, 177–194

PEEK, RAINER (2006a): FAIRgleiche: Wie unterschiedliche Rahmenbedingungen von Schulen bei Leistungsvergleichen und Ressourcenzuteilungen berücksichtigt werden können. In: Forum Schule. Magazin für Lehrerinnen und Lehrer, Heft 2/2006, 10–12

PEEK, RAINER (2006b). Dateninduzierte Schulentwicklung. In: Buchen, Herbert/Rolff, Hans-Günter (Hg.): Professionswissen Schulleitung, Weinheim: Beltz, 1343–1366

PIETSCH, M., BONSEN, M. & BOS, W. (2006). Ein Index sozialer Belastung als Grundlage für die Rückmeldung ‚fairer Vergleiche' von Grundschulen in Hamburg. In: Bos, Wilfried/Gröhlich, Carola/Pietsch, Marcus (Hrg.): KESS 4 – Lehr- und Lernbedingungen in Hamburger Grundschulen. Münster et al: Waxmann, 225–245

PINTRICH, PAUL R. (2000): The role of goal orientation in self-regulated learning. In: Boekaerts, Monique/Pintrich, Paul R./Zeidner, Moshe (Hg.): Handbook of self-regulation. San Diego, CA: Academic Press, 451–502

PRENZEL, MANFRED et al. (2004): PISA 2003. Münster: Waxmann

RATZKI, ANNE (2005): Pädagogik der Vielfalt im Lichte internationaler Schulerfahrung. Berlin, Hamburg, Münster: LIT Verlag

REICHERT, RAIMOND/NIEVERGELT, JÜRG/HARTMANN, WERNER (2004): Programmieren mit Kara – Ein spielerischer Zugang zur Informatik. Heidelberg: Springer

RENZULLI JOSEPH S./REIS, SALLY M. (2001): Das schulische Enrichment-Modell Begabungsförderung ohne Elitebildung. Handbuch und Begleitband. Aarau: Sauerländer

ROLFF, HANS-GÜNTER u. a. (1999): Manual Schulentwicklung. Handlungskonzept zur pädagogischen Schulentwicklungsberatung. Weinheim/Basel: Beltz

RUF, URS/GALLIN, PETER (1999): Dialogisches Lernen in Sprache und Mathematik. Band I und II. Seelze: Kallmeyer

RUPP, ANDRÉ/VOCK, MIRIAM/HARSCH, CLAUDIA (Institut zur Qualitätsentwicklung im Bildungswesen, IQB) (2007): Technical Report Part I 1 The Development, Calibration, and Validation of Standards-based Tests for English as a First Foreign Language at the IQB Part I –The Context for and Processes of Task Development. http://www.iqb.hu-berlin.de

SCHLEICHER, ANDREAS (2007): Individuelle Förderung, Rede auf dem bildungspolitischen Symposium Essen 03.02.2007: In: Schule NRW 03/07, 122–127

SCHRADER, FRIEDRICH-WILHELM (2001): Diagnostische Kompetenz von Eltern und Lehrern. In: Rost, Detlef H. (Hg.): Handwörterbuch Pädagogische Psychologie,

Literatur

Weinheim/Basel: Beltz S. 91–96

SCHRADER, FRIEDRICH-WILHELM/HELMKE, ANDREAS (2001): Alltägliche Leistungsbeurteilung durch Lehrer. In: Weinert, Franz E. (Hg.): Leistungsmessungen in Schulen, Weinheim/Basel: Beltz, 45–58

SCHREIBER, BEATE (1998). Selbstreguliertes Lernen. Münster: Waxmann

SCHWANK, INGE (1992): Untersuchungen algorithmischer Denkprozesse von Mädchen. In: Grabosch, Annette/Zwölfer, Almut (Hg.): Frauen und Mathematik. Die allmähliche Rückeroberung der Normalität?, Tübingen: Attempto, 68–90

SCHWANK, INGE (1993): Verschiedene Repräsentationen algorithmischer Begriffe und der Aufbau mentaler Modelle. Der Mathematikunterricht, 39(3), 12–26

SCHWANK, INGE (1996): Zur Konzeption prädikativer versus funktionaler kognitiver Strukturen und ihrer Anwendung. In: Analysenheft „Deutsche psychologische Forschung in der Mathematikdidaktik". Zentralblatt für Didaktik der Mathematik, 6, 168–183

SCHWANK, INGE (2001): Analysis of eye-movements during functional versus predicative problem solving. In: Novotna, Jarmila (Hg.): European research in mathematics education II, Prague: Charles University, 489–498

SCHWANK, INGE (2003): Einführung in funktionales und prädikatives Denken. In: Schwank, Inge: Lernfeld „Zur Kognitiven Mathematik". In: Zentralblatt für Didaktik der Mathematik, 35/3, 70–78

SCHWANK, INGE (2005a): Die Schwierigkeit des Dazu-Denkens. In: von Aster, Michael von/Lorenz, Jens-Holger (Hg.): Rechenstörungen bei Kindern – Neurowissenschaft, Psychologie, Pädagogik, Göttingen: Vandenhoeck & Ruprecht, 93–133

SCHWANK, INGE (2005b): Maschinenintelligenz: ein Ergebnis der Mathematisierung von Vorgängen. Zur Idee und Geschichte der Dynamischen Labyrinthe. In: Kaune, Christa/Schwank, Inge/Sjuts, Johann: Mathematikdidaktik im Wissenschaftsgefüge: Zum Verstehen und Unterrichten mathematischen Denkens, Osnabrück: Forschungsinstitut für Mathematikdidaktik, 39–72

SCHWANK, INGE/NOWINSKA, EDYTA (2007): Zur Vorbereitung algebraischen Denkens. Beiträge zum Mathematikunterricht 2008. Hildesheim: Franzbecker

SCHWANK, INGE/NOWINSKA, EDYTA (2008): Die Denkform des Formeldenkens. In: Barzel, Bärbel/Berlin, Tatjana/Bertalan, Dagmar u.a. (Hg.): Algebraisches Denken. Festschrift für Lisa Hefendehl-Hebeker, Hildesheim: Franzbecker, 111–122

SCHWARZ, HELLMUT (2000): English G 2000, Book 2, Listening Texts, Track 7. Berlin: Cornelsen

SCHWARZ, HELLMUT (Hg.) (2000): English G 2000, D5, D6. Erweiterte Ausgabe. Berlin: Cornelsen

SCHWARZ, HELLMUT (Hg.) (2002): Englisch G 2000, A6. Berlin: Cornelsen

SCHWARZ, HELLMUT (Hg.) (2007): English G21, D2. Berlin: Cornelsen

SCHWARZER, CHRISTINE (1979): Einführung in die pädagogische Diagnostik. München: Kösel

SJUTS, JOHANN (2008): Kompetenzdiagnostik im Lernprozess – auf theoriegeleitete Aufgabengestaltung und -auswertung kommt es an. In: mathematica didactica

SKOLVERKET (o. J.): Exempel pa pro-vuppgifter, Äp 9 – Engelska; http://www.ped.gu.se/sol/ep9es.html

SPIEGEL, HARTMUT/SELTER, CHRISTOPH (2004): Kinder & Mathematik. Seelze-Velber: Kallmeyer

STEYER, ROLF/EID, MICHAEL (1993): Messen und Testen. Berlin: Springer

THOMÉ, GÜNTHER (²2006): Entwicklung der basalen Rechtschreibkenntnisse. In: Bredel, Ursula u. a. (Hg.): Didaktik der deutschen Sprache – Ein Handbuch. 2 Bände. Bd. 1. Paderborn u. a.: Schöningh, 369–379

THOMÉ, GÜNTHER/THOMÉ, DOROTHEA (2004): Der orthographische Fehler zwischen Orthographietheorie und Entwicklungspsychologie. Aspekte der qualitativen Fehleranalyse und Förderdiagnostik. In: Bremerich-Vos, Albert u. a. (Hg.): Neue Beiträge zur Rechtschreibtheorie und -didaktik. Freiburg im Breisgau: Fillibach-Verlag, 163–177

TILLMANN, KLAUS-JÜRGEN (2004): System jagd Fiktion. Die homogene Lerngruppe existiert nicht. In: Heterogenität. Friedrich Jahresheft XXII, Seelze

WEMBER, FRANZ B. (2003): Die Entwicklung des Zahlbegriffs aus psychologischer Sicht. In: Fritz, Annemarie/Ricken, Gabi/Schmidt, Siegbert: Rechenschwäche – Lernwege, Schwierigkeiten und Hilfen bei Dyskalkulie, Weinheim: Beltz, 48–64

WEIDNER, MARGIT (2006): Kooperatives Lernen im Unterricht. Das Arbeitsbuch. Seelze: Klett/Kallmeyer

WEINERT, FRANZ EMANUEL (2000): Lehren und Lernen für die Zukunft – Ansprüche an das Lernen in der Schule. Manuskript zu einem Vortrag am 29.03.2000 in Bad Kreuznach. (Download: www.mathelier.de)

WEINERT, FRANZ EMANUEL (Hg.) (2001): Leistungsmessungen in Schulen, Weinheim: Beltz

WEINSTEIN, CLAIRE ELLEN/MAYER, RICHARD E. (1986): The teaching of learning strategies. In: Wittrock, Merlin C. (Hg.): Handbook of research on teaching. New York: Macmillan, 315–327

WERNING, ROLF (2004): Pädagogische Beobachtungskompetenz. In: Lernende Schule. Heft 26, Diagnostische Kompetenz, Seelze: Friedrich, 4–8

WILD, KLAUS-PETER/SCHIEFELE ULRICH/WINTELER, ADOLF (1992): LIST – Ein Verfahren zur Erfassung von Lernstrategien im Studium. Neubiberg: Gelbe Reihe

WILDT, MICHAEL (2007): Vom Unterrichten in heterogenen Lerngruppen. Köln: Aulis Verlag Deubner

WILLENBRING, MONIKA (2004): Ressourcen- und kompetenzorientierte Diagnostik aus systemischer Sicht. In: Lernende Schule. Heft 26, Diagnostische Kompetenz, Seelze: Friedrich, 10–15

WINTER, FELIX (2004): Leistungsbeurteilung: ein kritischer Punkt aller Förderbemühungen. In: Schulverwaltung. Spezial (2004) 2

WINTER, FELIX (2006): Diagnosen im Dienst des Lernens. In: Becker, Gerold/ Horstkemper, Marianne/Risse, Erika u. a. (Hg.): Diagnostizieren und Fördern. Stärken entdecken – Können entwickeln, Friedrich Jahresheft XXIV 2006

WIRTH, JOACHIM (2004): Selbstregulation von Lernprozessen. Münster: Waxmann

WÖSSMANN, LUDGER (2007): Letzte Chance für gute Schulen. München: Zabert Sandmann

ZIEGLER, ALBERT/HELLER, KURT A. (2000): Münchner Begabungsmodell. In: Heller, Kurt A. (Hg.) (2000): Hochbegabung im Kindes- und Jugendalter, Göttingen: Hogrefe

ZIMMERMAN, BARRY J. (2000): Attaining self-regulation: A social cognitive perspective. In: Boekaerts, Monique/Pintrich, Paul R./Zeidner, Moshe (Hg.): Handbook of self-regulation, San Diego, CA: Academic Press, 13–39

Register

Adaptive Tests 28–31, 56
Adressatenorientiertes Sprechen 170, 172
Akzeleration 97
Algebraisches und arithmetisches Denken 180–184
Alphabetische Phase 148, 149
Altersgemischte Klassen 97
Arbeitsrückblicke 75–76
Arithmetisches und algebraisches Denken 180–184
Aufgaben
  Deutsch (Bsp.) 20–21
  Diagnosetheorie-Anwendung 18–21
  Differenzierung durch 70, 116–117
  für Einzelarbeit 116–120
  Englisch (Bsp.) 156–161
  für Gruppenarbeit 124–126
  als Kern diagnostischer Tests 25–26
  und Kompetenzniveaus 147, 151–152, 153, 162–163
  in Lernstandserhebungen 47, 51, 55, 58
  Lesekompetenz 153, 154, 156–161
  Mathematik (Bsp.) 18–19, 122, 177–178, 180–184
  für Partnerarbeit 121–124
  Schreibkompetenz 151–152, 166
  Über- und Unterforderung bei 114
  für verstehensorientierte Diagnose 14
  siehe auch Diagnostische Aufgaben; Geschlossene Aufgaben; Halboffene Aufgaben; Offene Aufgaben; Tests
Aufgabenbezogene Rückmeldung 31–32
Auslesediagnostik 12–13, 14
Aussprache 173
Auswahlaufgaben 118
Authentizität, von Aufgaben 70

Basiskompetenzen
  und diagnostische Tests 27
  Hör-Sehverstehen 33–34, 61–63
  und Klassenarbeiten 38–39, 41
  Lesen 8, 152–155, 156–161
  Rechtschreibung 147–150
  Schreiben 150–152, 161–162, 163, 164–167
  Sprechen 167–173
Becker-Mrotzek/Böttcher-Schreib-Modell 150–151
Begabung *siehe* Hochbegabung

Berichtigungen 40, 41–42, 149
Beschleunigte Schullaufbahn 97
Bildungsgesamtplan (1974) 12
Bildungsstandards, KMK- 57–58, 145
Bilingualer Unterricht 98
Binnendifferenzierung
  Allgemeines 114–115, 127
  durch Aufgaben 70, 116–117
  bei Einzelarbeit 116–120
  bei Gruppenarbeit 124–126
  und Klassenarbeiten 37–38
  im Klassenunterricht 115
  bei Partnerarbeit 121–124
Brainwriting 126
Brief schreiben (Bsp.) 81–82, 151
Bruchrechnung (Bsp.) 17–18, 28–30, 32–33
Bund-Länder-Kommission 13

Checklisten 76–77, 83–84, 151–152
CITO-Abschlusstest 55
Computerbasierte Tests 30–31, 44, 56

D-Zug-Klassen 97
Dantzigs Zahlenbegriff 177
Dedekindsche Zahlen 176–177
Defizite 16, 36, 37, 39–40, 52
  siehe auch Fehler
Defizitorientierte Diagnose 14, 17, 18, 19–20, 21
Dehnungs-h 25–26, 148–149
Deutsch-Unterricht
  Aufgaben (Bsp.) 19–21, 64–69
  Diagnosetheorien im 19–21
  Partnerdiagnosebögen 83–84
  Selbsteinschätzungsbögen 81–82
  Validität von Aufgaben 25–26
  siehe auch Kompetenzniveaus (Deutsch)
Dezimalrechnung (Bsp.) 32–33
Diagnosetheorien
  Aufgaben (Bsp.) 18–21
  Prozessdiagnostik 13, 14
  spezielle Arten 13–17, 57–58
  Statusdiagnostik 12–13, 14
  Überblick 17
  siehe auch Diagnostizieren
Diagnostische Aufgaben
  Auswertung 34, 73
  Deutsch (Bsp.) 64–69
  Englisch (Bsp.) 60–63, 166, 168–170
  und Kompetenzniveaus 58–59,

164–171
Kriterien für 70
Mathematik (Bsp.) 31–33, 70–73
Umwandlung in 15, 71–72
Zielsetzungen 59
Diagnostische Kompetenz 6–11, 16, 35
Diagnostische Tests
   Allgemeines 22
   Aufgaben als Kern von 25–26
   und curriculare Vorgaben 58
   Designs und Verfahren 27–31
   Ergebnisse 31–34, 35
   Funktionen und Bestandteile 22–23
   und Unterrichtspraxis 35
Diagnostisches Interview 15
Diagnostizieren
   Definitionen 12
   Kompetenz zum 6–9, 11, 16, 35
   Überblick 9, 11
   siehe auch Klassenarbeiten; Kompetenzniveaus; Lernstandserhebungen; Selbsteinschätzung; Studien
Differenzierter Unterricht *siehe* Binnendifferenzierung
Drehtürmodell 98–99
Drei-Ringe-Modell 94
Drei-Schritt-Interview 122

Eigenständiges Lernen *siehe* Selbstständiges Lernen
Einzelarbeit 116–120
Einzelgespräche 69, 73
EIS-Prinzip 174–175
Elaborationsstrategien 105
Eltern-Schüler-Lehrer-Gespräch 135, 136
Enge Aufgaben *siehe* Geschlossene Aufgaben
Englisch-Unterricht
   Aufgaben (Bsp.) 60–63, 156–161, 166, 168–170
   siehe auch Kompetenzniveaus (Englisch)
Entwicklungsplan, individueller 135, 137, 138

Fächer *siehe* Deutsch-Unterricht; Englisch-Unterricht; Mathematik-Unterricht
Fachkonferenz 38, 52
Fähigkeiten *siehe* Kompetenzen
Feedback *siehe* Rückmeldung
Fehleinschätzungen 8–9, 49, 59
Fehler
   in Klassenarbeiten 42
   beim Lesen 161
   in Mathematik 29–30, 70, 73
   in Rechtschreibung 25–26, 148, 149
   beim Schreiben 162, 163, 164, 165
   beim Sprechen 173
   siehe auch Defizite; Korrekturen
Fertigkeiten *siehe* Kompetenzen
Finnland, Lernberatung in 130, 131–134
Flächenberechnung (Bsp.) 70–71, 72, 80
Flüssiges Sprechen 170, 172
Förderdiagnostik 13, 16–17
Förderkonzepte
   Förderstunden und -tage 90–91
   Gesamtschule (Bsp.) 88–90
   Lernwerkstätten 91
   Planung und Entwicklung 86–88
   Rahmenbedingungen 99–100
   Schülertutoren und Lernpatenschaften 92–93
   Unterrichtsarten 88
   siehe auch Hochbegabung
Fördern
   Definition 10
   Überblick 10–11
   siehe auch Binnendifferenzierung; Lernberatung; Lernstrategien
Förderplan 137, 139
Fragebögen, zur Selbsteinschätzung 38–39, 42–43, 79–83, 132–134
Freges Zahlenbegriff 176
Fremdsprachen
   und Selbsteinschätzung 140
   siehe auch Englisch-Unterricht
Fuldes Rechtschreibstrategien 82, 149
Funktionale Lernstrategien 104–106
Funktionales vs. prädikatives Denken (Mathematik) 177–179, 185

Gagnés Begabungsmodell 94
Geometrie (Bsp.) 70–71, 72, 80
Gesamtschule
   Förderkonzept (Bsp.) 88–90
   Lerntagebuch (Bsp.) 77–78
   NRW-Kernlehrplan 61, 156, 164, 167–168
Geschlechtsspezifische Unterschiede (Mathematik) 179, 181, 182, 184
Geschlossene Aufgaben
   Deutsch (Bsp.) 67–68
   Englisch (Bsp.) 62–63, 158–160
   Mathematik (Bsp.) 70–71

Register

Multiple-Choice-Aufgaben 40
und verfahrensorientierte
 Diagnose 14
Gespräche
 Karusselldiskussion 123
 Platzdeckchen-
  Schreibgespräch 125–126
 Schüler-Eltern-Lehrer-Gespräch 135
 Schüler-Lehrer-Gespräch 69, 73
 siehe auch Interviews
Graffiti-Methode 126
Grammatik 170, 173
Grundfertigkeiten siehe
 Basiskompetenzen
Gruppenarbeit 124–126, 169
 siehe auch Kleingruppen
Gruppenpuzzle 124–125

Halboffene Aufgaben
 Deutsch (Bsp.) 65–67, 68
 Englisch (Bsp.) 161, 166, 168–170
 Mathematik (Bsp.) 71
Heterogenität, Schüler- 6, 11, 37, 114, 129, 130
Hochbegabung
 Erkennen von 95–96
 Förderung von 96–99
 Modelle 94–95
Hör-Sehverstehen 33–34, 61–63

Ich-Du-Wir-Prinzip 121
Individualisierte Lehrmethoden siehe
 Binnendifferenzierung
Individueller Entwicklungsplan 135, 137, 138
Individuelles Fördern siehe Fördern
Informationsstrategie 104
Informationsverarbeitungsstrategien 104–105
Inhaltsbezogene Kompetenzen 40, 171–172
Inhaltsvalidität 24, 26–27
Innere Differenzierung siehe
 Binnendifferenzierung
Interviews
 diagnostische 15
 3-Schritt- 122
 siehe auch Gespräche
Intonation 173
Items siehe Aufgaben
Jahrgangsstufen, und
 Lernstandserhebungen 49–51
Jahrgangsstufenfachteam 44–45
Jahrgangsübergreifender
 Förderunterricht 88

Karusselldiskussion 123
Kernlernplan siehe NRW-Kernlehrplan
Klassen
 differenzierter Unterricht in 115
 Förderunterricht in 88
 für Hochbegabte 97
 und Lernstandserhebungen 49–51, 55
Klassenarbeiten
 Aufgaben-Gestaltung 28
 Funktionen 36
 und Kompetenzen 36–41
 Nachbereitung 41–43
 Probearbeiten 39
 Unterricht nach 44
 Vorbereitung 38–40
 Zeitpunkt 36–38
Klassenübergreifender
 Förderunterricht 88
Klassenunterricht, differenzierter 115
Klausuren siehe Klassenarbeiten
Kleingruppen 88
 siehe auch Gruppenarbeit
KMK-Bildungsstandards 57–58, 145
Kognitive Lernstrategien 103–104, 105, 108, 109, 110–111
Kompetenz, diagnostische 6–9, 12, 16, 35
Kompetenzen (Schüler)
 und Fremdsprachen 140
 Heterogenität der 6, 11, 37, 114, 129, 130
 inhaltsbezogene 40, 171–172
 und Klassenarbeiten 36–41
 mathematische 32, 70, 180–184
 bei Partner- und Gruppenarbeit 121, 124
 und PISA-Studie 26–27
 prozessbezogene 38, 39, 40, 121
 siehe auch Basiskompetenzen;
 Hochbegabung; Produktive skills;
 Rezeptive skills
Kompetenzniveaus (allgemein)
 von Aufgaben 58–59, 147
 und Lernstandserhebungen 48, 49–51, 58
 Rückmeldung auf Basis von 33–34
Kompetenzniveaus (Deutsch)
 Allgemeines 145–146
 Gefahren 146–147
 Lesen 152–155
 metakognitive Strategien 155
 Rechtschreibung 147–150
 Schreiben 150–152
 Voraussetzungen 147

Kompetenzniveaus (Englisch)
  Hör-Sehverstehen (Bsp.) 33–34, 61–63
  Lesen (Bsp.) 156–161
  rezeptive vs. produktive skills 60, 161–163
  Schreiben 161–162, 163, 164–167
  Sprechen 167–173
Kompetenzniveaus (Mathe) 35, 50, 51, 70
Kompetenzorientierte Diagnose
  Aufgaben (Bsp.) 18, 19, 20, 21
  als Diagnosetheorie 16
  laut KMK-Bildungsstandards 57–58
Konstruktvalidität 25
Kontrolle
  von Arbeitsrückblicken 76
  als Lernstrategie 106, 111–112
  im Wochenplan 118
Korrekturen 40, 41–42, 149
Kriterienorientierte
  Rückmeldung 33–34
Kriteriumsvalidität 25

Lehrkräfte
  diagnostische Kompetenz 6–10, 12, 16, 35
  effizientes Arbeiten 36, 40, 42, 43
  Lernstandserhebungs-
    Auswertung 51–52
  Rolle der 39–40, 116, 121, 124, 144, 169–170
  Schüler-Eltern-Lehrer-Gespräch 135, 136
  Schüler-Lehrer-Gespräch 69, 73
Lehrpläne *siehe* NRW-Kernlehrplan
Lernberatung
  Allgemeines 128–129
  Instrumente 131–140
  Rückmeldungen 142–144
  in Skandinavien 129–137, 138
  Vorgehen 140, 142
Lernen
  von Hochbegabten 95–96
  soziales 42, 43, 75, 121, 124
  siehe auch Selbstständiges Lernen
Lernentwicklungsplan 135, 137, 138
Lernmotivation *siehe* Motivation
Lernpatenschaften 93
Lernportfolio 78–79, 130, 142
Lernstandserhebungen
  Allgemeines 46
  Aufgaben 47, 51, 55, 58
  Auswertung 34, 47, 51–52
  Ergebnisse 48–49, 53–54, 55, 56

NRW- 27, 48, 49–51, 53
Vergleichsgruppen 48–51, 55
siehe auch Studien
Lernstrategien
  Definitionen 101
  Einsatz und Förderung 110–113
  Klassifikationen 102–110
Lerntagebücher 76, 77–78, 142
Lernumgebung 98, 107
Lernvertrag 137, 140, 141
Lernwerkstätten 91
Lernziele
  und Arbeitsrückblicke 75
  im Förderplan 137
  im Lernvertrag 140, 141
  und Motivation 104
  im persönlichen
    Entwicklungsplan 135
  und Rückmeldung 142, 144
  im Selbsteinschätzungsbogen 138
Lese-Rechtschreib-Kurse 88, 89
Lesekompetenz 8, 152–155, 156–161
Literarisches Verstehen 64–69
Logbuch 142

Makrostrategien 108
Mathematik-Unterricht
  und adaptive Tests 28–30
  arithmetisches und algebraisches
    Denken 180–184
  Aufgaben (Bsp.) 18–19, 31–33, 70–73, 122, 177–178, 180–184
  Diagnosetheorien im 14, 18–19
  diagnostische Test-
    Ergebnisse 31–33, 35
  funktionales vs. prädikatives
    Denken 177–179, 185
  Kompetenzniveaus 35, 50, 51
  und Lernstandserhebungen 49–50
  und Partner-Check (Bsp.) 122
  Selbsteinschätzungsbögen 79–80
  Unterforderung im 7–8
  Wochenplan (Bsp.) 119–120
  Zahlbegriff 174–177
Matrizenaufgabe (Bsp.) 177–178
Mehr-Faktoren-Modell 94
Mesostrategien 108
Metakognitive Lernstrategien 106, 108–109, 110–111, 155
Migranten, Lernpatenschaften für 93
Mikrostrategien 108
Modifikationsdiagnostik 13, 16–17
Mönks Mehr-Faktoren-Modell 94
Montessori-Schulen 97
Motivation

Register

von Hochbegabten 96
und Klassenarbeiten 41, 44
als Lernstrategie 104
und Lerntagebuch 76
Multi-Matrix-Design 27
Multiple-Choice-Aufgaben 40
Münchner Begabungsmodell 94–95

Niveaus *siehe* Kompetenzniveaus
Normorientierte Rückmeldung 32–33
NRW-Kernlehrplan 51, 61, 156, 162, 164, 167–168
NRW-Lernstandserhebungen 27, 48, 49–51, 53
NRW, SINUS-Transfer 31

Oberflächenstrategien 103–104, 105
Objektivität, Aufgaben- 59
Objektivität, Test- 24
Offene Aufgaben
  Arten 116–117
  Deutsch (Bsp.) 67, 68–69
  Mathematik (Bsp.) 72
Organisationsstrategien 104–105
Orthographie *siehe* Rechtschreibung
Osnabrücker Zwergen-Mathe-Olympiade 180–183

Pädagogische Diagnose *siehe* Diagnostizieren
Partner-Check 122
Partnerarbeit 121–124
Partnerdiagnosebögen 83–84
Partnerpuzzle 123–124
Peerteaching 92
Personenbeschreibung (Bsp.) 20–22, 151
Personenressourcen 15
Persönlicher Entwicklungsplan 135, 137, 138
PISA-Studie 8, 26–27, 146, 153, 154
Platzdeckchen-Schreibgespräch 125–126
Portfolio 78–79, 130, 142
Powerkurse 89, 90
Prädikatives vs. funktionales Denken (Mathematik) 177–179, 185
Primärstrategien 107
Probearbeiten 39
Produktive skills
  Rechtschreibkompetenz 147–150
  vs. rezeptive skills 60, 161–163
  Schreibkompetenz 150–152, 161–162, 163, 164–167
  Sprechkompetenz 167–173

Protoalphabetisch-phonetische Phase 148
Prozeduralisierung, als Lernstrategie 102–103
Prozentrechnung (Bsp.) 122
Prozessbezogene Kompetenzen 38, 39, 40, 121
Prozessbezogenheit, von Aufgaben 70
Prozessdiagnostik 13, 14
Prozessorientierte Lernstrategien 111–112

Qualitätsstufen *siehe* Kompetenzniveaus

Rechtschreibung
  Fehler 25–26, 148, 149
  Fuldes Strategien 82, 149
  Kompetenz 147–150
  Lese-Rechtschreib-Kurse 88, 89
  orthographische Phase 148, 149
Reliabilität, Aufgaben- 59
Reliabilität, Test- 24
Renzullis Drehtürmodell 98–99
Renzullis Drei-Ringe-Modell 94
Ressourcen, Definition von 15
Ressourcenorientierte Diagnose 15–16, 18, 19, 20, 21
Ressourcenstrategien 107, 109, 110
Rezeptive skills
  Hör-Sehverstehen 33–34, 61–63
  Lesekompetenz 8, 152–155, 156–161
  vs. produktive skills 60, 161–163
Rückmeldung
  bei diagnostischen Tests 31–34
  bei Lernberatung 142–144
  bei Lernstandserhebungen 52, 54–56
  siehe auch Selbsteinschätzung

SALVE-Studie 7–8
Schreibkompetenz 150–152, 161–162, 163, 164–167
Schriftliche Übungen *siehe* Klassenarbeiten
Schriftliches Formulieren 74–76
Schüler-Eltern-Lehrer-Gespräch 135, 136
Schüler-Lehrer-Gespräch 69, 73
Schülerkompetenzen *siehe* Kompetenzen (Schüler)
Schülertutoren 92
Schülerwettbewerbe 97–98
Schulformen
  und Lernstandserhebungen 48–49,

50–51, 55
siehe auch Gesamtschule
Schweden, Lernberatung in 130, 135–137, 138
Seh-Hörverstehen 33–34, 61–63
Selbsteinschätzung
Allgemeines 74, 85
Arbeitsrückblicke 75–76
Checklisten 76–77
in Finnland 131–134
Lerntagebücher 76, 77–78
und Lernziele 140
Partnerdiagnosebögen 83–84
Portfolio 78–79
schriftliches Formulieren 74–76
Selbsteinschätzungsbögen 38–39, 42–43, 79–83, 132–134
Selbstständiges Lernen
Einzelarbeit 116–120
durch Lernstrategien 104–106, 107, 108–109, 111, 112, 155
Lernwerkstätten 91
Nachbereitung von Klassenarbeiten 41–43
Stellenwert 39, 85
siehe auch Lernberatung
Selektionsdiagnostik 12–13, 14
Semantische Aspekte und Lesekompetenz 154
Tiefenverarbeitungsstrategien 103–104, 105
SINUS-Transfer NRW 31
Skandinavien, Lernberatung in 129–137, 138
Soziales Lernen 42, 43, 75, 121, 124
Soziales Verhalten 96, 137
Sprechkompetenz 167–173
Stationenarbeit 75, 120
Statusdiagnostik 12–13, 14
Stimmführung 173
Studien
PISA 8, 26–27, 146, 153, 154
SALVE 7–8
siehe auch Lernstandserhebungen
Stützstrategien 107
Systemische Diagnostik 17

Teiloffene Aufgaben *siehe* Halboffene Aufgaben
Tests
adaptive 28–31, 56
Beurteilung von 24–25, 34
CITO-Abschlusstest 55
computerbasierte 30–31, 44, 56
siehe auch Aufgaben; Diagnostische Tests; Klassenarbeiten
Textmarkierungsstrategie 102–103, 106, 107, 111, 112, 113
Think-Pair-Share 121
Thomés Rechtschreib-Modell 147–148
Tiefenverarbeitungsstrategien 103–104, 105
Transferierbarkeit, von Lerninhalten 105–106

Üben, von Lernstrategien 113
Überforderung 28, 114
Überprüfung *siehe* Kontrolle
Universitätsveranstaltungen für Hochbegabte 97
Unterforderung 7–8, 28, 114
Unterrichtsfächer *siehe* Deutsch-Unterricht; Englisch-Unterricht; Mathematik-Unterricht
Unterrichtsstunde 100

Validität, Aufgaben- 59, 70, 71
Validität, Test- 24–27
Variablenkontrollstrategie 107
Verabredungen (Partnerarbeit) 123
Verarbeitungstiefe 103–104, 105
Verfahrensorientierte Diagnose 14, 18, 20, 21
Verstehensorientierte Diagnose 14–15, 18, 19, 20, 21

Weinerts Kompetenz-Definition 7, 12
Wiederholungsstrategien 103, 105
Willenbrings Ressourcen-Definition 15
Wochenplan 118–120
Wortschatz 67, 170, 173

Zahlbegriff 174–177
Zeitliche Aspekte
Förderstunden und -tage 90–91
von Klassenarbeiten 36–38
von Lernstandserhebungen 55–56
von Lernstrategien 108
Wochenplan 118–120
45-Minuten-Takt 100
Zeitungsartikel schreiben (Bsp.) 83–84
Ziele, Lern- *siehe* Lernziele
Zuverlässigkeit *siehe* Reliabilität
Zwergen-Mathe-Olympiade 180–183

3-Schritt-Interview 122
4-S-Brainstorming 126
45-Minuten-Takt 100